Nina Rauprich • Wenzel oder Der Weg in die Freiheit

Sehr spannend!

Bitte lesen!

D1728864

OMNIBUS

Foto: © privat

DIE AUTORIN

Nina Rauprich, 1938 in Bielefeld geboren, absolvierte zunächst eine Ausbildung als landwirtschaftlich-technische Assistentin und nahm dann Schauspielunterricht in Berlin. Nach ihrer Heirat und der Geburt ihrer Kinder begann sie zu schreiben. Heute lebt die Autorin in Bad Münstereifel.

Nina Rauprich

Wenzel oder
Der Weg
in die Freiheit

Band 20875

Der Taschenbuchverlag
für Kinder und Jugendliche
von Bertelsmann

Umwelthinweis:
Dieses Buch wurde auf chlorfrei gebleichtem
Papier gedruckt.

Erstmals als OMNIBUS Taschenbuch Januar 2001
Gesetzt nach den Regeln der Rechtschreibreform
© 1998 Verlag Heinrich Ellermann, Hamburg
Umschlagbild: Tilman Michalski
Umschlagkonzeption: Klaus Renner
fs · Herstellung: Stefan Hansen
Druck: Presse-Druck Augsburg
ISBN 3-570-20875-3
Printed in Germany

www.omnibus-verlag.de   10 9 8 7 6 5 4 3 2 1

Inhalt

Habe Mut, dich deines eigenen
Verstandes zu bedienen!

Immanuel Kant
(1724–1804)

Wenzel

Wenzel fror jämmerlich. Seit Stunden kauerte er in diesem Schuppen und um ihn herum war der Tod in seiner ganzen Erbärmlichkeit. Kadaver lagen am Boden, Tierleichen von Hunden und Ziegen. Ein abgeschlagener Wolfskopf bleckte noch immer die Zähne. Häute, steif von geronnenem Blut, trockneten auf länglichen Holzgestellen, und in Bottichen waberten Därme und Fett. Der Verwesungsgeruch war so dick, dass Wenzel glaubte, ihn auf den Lippen zu schmecken.

Als er durch das offene Fenster eingestiegen war, hatte der Gestank ihm fast den Atem genommen. Unschlüssig war er neben dem Fenster stehen geblieben. Der Ekel hatte ihn gewürgt. Aber gleichzeitig trieb ihn die unsinnige Hoffnung, zwischen so viel Abfall doch noch Essbares zu finden. Ein Stück Hammel, Rippen mit Fleischresten dran – Wahnvorstellungen hatten ihn bedrängt, Hungervisionen. Er war tiefer in den Schuppen vorgedrungen. Als er das Schaffell am Boden liegen sah, hatte er sich darauf niedergekauert und war erschöpft liegen geblieben.

Hier drinnen war es windgeschützt und trocken. Ein gutes Versteck. Kein ›Ehrlicher Mann‹ würde ohne Not diesen stinkenden Ort aufsuchen. Auch die anderen, die ›Unehrliche Leut‹ genannt wurden, Bettler, Diebe, Juden, Zigeuner und Landstreicher machten einen Bogen um so ein Anwesen. Ein Hofhund war hier nicht notwendig. Niemand würde sich freiwillig diesem Ekel aussetzen, niemand, der auch nur ein Quäntchen Hoffnung und Ehre besaß. Aber Wenzel besaß gar nichts. Und der Gestank dämpfte den Hunger.

Der große Herbstmarkt war gestern so zu Ende gegangen wie er begonnen hatte, in strömendem Regen. Das meiste fahrende Volk hatte sich beeilt beim Abbau der Buden und Stände. Auch die vielen Handwerker, Kesselflicker, Seifensieder, Töpfer, Leinweber und andere waren eilig in ihre Häuser und Werkstätten zurückgekehrt. Die Bauern mit ihrem Vieh, ihren Tragekörben und Karren waren wie die Wiesel auf und davon. Nur Laurenz hatte gar nichts gemacht, außer das bisschen Geld, das er verdient hatte, zu versaufen. Es war kein gutes Geschäft gewesen. Die Mottenkugeln, Duftkissen und Liebestropfen verkauften sich immer schlechter. Selbst das Pulver aus Eberzahn zur Steigerung der Manneskraft hatte kaum Abnehmer gefunden. Aber für ein Besäufnis reichte es dennoch.

»Weiß der Teufel, was für Kerle in diesen finsteren Eifelwäldern hausen!« Laurenz hatte geflucht und gesoffen. Jetzt lag er in seinem klapprigen Reisekarren und schnarchte. Oder er war bereits wach und schrie aus Leibeskräften nach Wenzel um ihn zu verprügeln. Immer wenn Laurenz einen Brummschädel hatte, brauchte er einen, den er verprügeln konnte. Meistens hatte es Wenzel abgekriegt.

Der Junge bibberte vor Kälte, Fieber und Angst. Mit Laurenz durch die Lande zu ziehen, war kein Leben. Wenn er ihn jetzt fand, gab es eine Extraportion Schläge, denn er durfte den Wagen ohne Erlaubnis nicht verlassen und hatte es doch getan. Vielleicht schlug Laurenz diesmal so heftig zu, dass alles aus und vorbei war, der Hunger, die Wut, das ganze jammervolle Leben. Einfach aus und vorbei. Aber wenn er ihn nicht fand, wenn dieser Säufer ohne ihn weiterzog, würde es dann noch schlimmer kommen?

Wenzel fand keine Antwort auf die Frage. Panik stieg in ihm auf. Wer konnte schon wissen, was im nächsten Augenblick geschah? Er hatte sich doch nur fortgeschlichen, weil er unter den Pülverchen und Tinkturen kein Mittel gegen den Hunger fand und weil im Reisekarren weder ein Kanten Brot noch ein Zipfelchen Wurst lag. Auch am Abend vorher hatte er schon nichts zu essen bekommen. Der Hunger hatte es so gewollt, nicht Wenzel. Der Hunger hatte ihn hierher getrieben, die Gasse hinauf bis an die Stadtmauer, zu diesem Haus, zu diesem Schuppen. Das Fenster hatte offen gestanden. Er war kein Dieb, kein Einbrecher. Wenzel kauerte sich noch mehr zusammen. Vielleicht war er bald auch nur noch ein Stück stinkendes totes Fleisch.

Allmählich legte sich der Aufruhr in seinem Inneren wieder. Er versank in einen dumpfen Zustand zwischen Schlafen und Wachen.

Auf dem Herbstmarkt hatte Wenzel sich erkältet, weil er aus den nassen Kleidern nicht herausgekommen war. Laurenz hatte im Trockenen gehockt, hinter seinen Auslagen. Aber Wenzel musste davor im Regen stehen und die Waren ausrufen. Er musste Käufer anlocken, aufpassen, dass kein Taschendieb seine flinken Finger zwischen die Fläschchen mit Riechsalz und die Schachteln mit Bartpomade schob. Er musste das Warzenpulver und die Veilchenpastillen vor Feuchtigkeit schützen und das Regenwasser von der Plane, die als Dach über die Waren gespannt war, ablaufen lassen, wenn sie zu schwer durchhing. Vom Hellwerden bis zur Dunkelheit hatte er barfuß im Matsch gestanden. Jetzt beutelte ihn das Fieber. Dazu kam noch der Hunger.

Das Fell, auf dem er lag, war weich und trocken. Gut zum Ausruhen. Er war so müde. Doch das Elend ließ ihn nicht los. Türangeln quietschten, Licht fiel in den dämmrigen Raum. Wenzel schreckte hoch. Laurenz! Er hatte ihm nachspioniert und kam mit der Eselspeitsche. Wenzel krümmte sich zusammen. Er fing, ohne dass es ihm selbst bewusst war, an zu wimmern. Aber das Toben und Fluchen, das jeden Wutausbruch von Laurenz einleitete, blieb aus. Wenzel hob den Kopf ein wenig und sah braune Stiefel. Die gehörten nicht Laurenz. Ein Fremder!

Der Mann hatte größere Füße und bessere Stiefel als Laurenz. Er hatte ein breites Kinn und oberhalb seiner Nasenwurzel eine steile Falte. Sein Blick verriet Ärger.

»Bitte unterwürfigst um Vergebung«, stammelte Wenzel und erhob sich von dem Schaffell. »Das Fenster stand offen. Ich wollte nur meine Kleider trocknen. Wenn der Herr erlauben, gehe ich jetzt.«

»Woher kommst du?«, fragte der Mann.

Wenzel zeigte auf das angelehnte Fenster.

»Das meine ich nicht. Deine Aussprache verrät, dass du nicht aus dieser Gegend bist. Woher also?«

»Ich bin gekommen aus der großen Stadt Prag in Böhmen«, gab Wenzel Auskunft. Er bemühte sich deutlich zu sprechen. Aber seine Stimme, die von der Erkältung heiser war, machte das fast unmöglich.

»Aus Böhmen, sagst du? Ein weiter Weg.« Der Mann musterte ihn abschätzend. »Bist vor dem Krieg dort auf und davon. Überall lungert jetzt fremdes Volk herum. Eine schlimme Zeit. Aber lüg nicht! Du bist nicht hier eingedrungen, um deine Kleider zu trocknen. Willst du mir weismachen, dass du meinen Schuppen mit einer Herberge verwechselt hast?«

Wenzel merkte, dass er nicht so einfach davonkam. Immer und überall gab es Schwierigkeiten. Das ganze Leben war eine Kette von Mühsal und Ärger. Er hatte dieses stinkende Loch nicht mit einer Herberge verwechselt. Aber er konnte doch jetzt nicht von seiner Not reden, vor diesem Mann, der drohend am Tor stand und ihn nicht hinaus ließ. Weil ihn Hunger und Krankheit geschwächt hatten und er so müde war, sagte Wenzel einfach, wie es war: »Ich bin fortgelaufen.«

Der Regen trommelte auf das Dach. Frostige Oktoberkälte wehte durch das offene Tor herein. Wenzel bibberte am ganzen Körper. Der Mann nahm deutlich wahr, in welch elender Verfassung dieser schlotternde Junge war. Er sah aber auch, dass er einen stämmigen Körperbau hatte. Wenn der wieder zu Kräften kam, konnte er einen guten Knecht abgeben. Einer, der aus Böhmen kam und irgendwo weggelaufen war, stellte keine Ansprüche.

»Ein Herumtreiber bist du also. Ein Vagabund! Solche wie du werden bei uns aus der Stadt getrieben«, sagte der Mann unnötig scharf. »Aber ich sehe, dass du krank bist. Erzähl mir deine Geschichte später. Komm mit! Ich zeige dir, wo der Pferdestall ist. Dort findest du einen Strohsack und eine Decke. Ich lasse dir Suppe und Medizin bringen. Wenn du das Fieber überwunden hast, wirst du für mich arbeiten.«

Eine Pferdedecke, schwer und kratzig, ein Strohsack und ein Stall – wie gut das tat. Ein Wunder! Von einem Augenblick auf den anderen hatte sich alles geändert. War einfach geschehen. Wenzel schloss die Augen. Es war immer so, Gott und die Obrigkeit lenkten die Geschicke der Welt. Jetzt hatten Gott und ein fremder Herr ihm geholfen in seiner Not. Laurenz mochte schreien so laut er wollte. Hier war nur das leise Schnaufen von zwei Pferden zu hören, das Klirren der Ketten, mit denen sie angebunden waren und manchmal das Scharren ihrer Hufe. Wenzel fühlte sich geborgen und vergaß die Wachsamkeit. Aber im Schlaf stöhnte er. Andere Quälgeister tauchten auf wie Schatten an der Wand und verstrickten ihn in Erinnerungen. Er hörte das Grölen fremder Soldaten, die Schreie seiner Mutter, dann ihr Verstummen. Wieder ging er zum Waschtrog neben dem Brunnen im Hof und fand die kleine Schwester, Augen und Mund weit aufgerissen, unter Wasser. In ihrem erstarrten Kindergesicht spiegelte sich sein eigenes, als er sich darüber beugte. Wenzel glaubte zu ersticken am Qualm des brennenden Hauses. Aber in Wirklichkeit war es der Husten, der ihn quälte und die Flöhe, die ihn stachen. Wenn er aufwachte, verschwanden die Schatten. Dann war er zufrieden.

Nach einiger Zeit bekam er Besuch. Ein Mädchen, nicht viel älter als er, stand neben seinem Strohsack und schüttelte ihn leicht an der Schulter. Sie hielt ihm einen Becher hin.

Wenzel richtete sich auf, nahm einen Schluck und verzog das Gesicht. »Willst du mich vergiften? Das schmeckt wie Katzenpisse.«

Sie lachte. »Halt dir die Nase zu und trink. Ein Kräutersud, gut gegen die Halskrankheit und das Fieber. Meine Mutter hat ihn zubereitet. Sie kennt sich aus.«

Er legte beide Hände um den Becher und beugte das Gesicht tief über das dampfende Getränk. »Ich muss essen«, murmelte er, »sonst verhungere ich. Gib mir ein Stück Brot, bitte.«

»Zuerst musst du die Medizin schlucken, dann bekommst du Suppe – du entlaufener Böhme.«

Wenzel zuckte zusammen. »Woher weißt du das? Hat einer nach mir gefragt? Wo bin ich hier eigentlich?«

»Du redest zu viel«, sagte sie schnippisch. »Trink, ehe es kalt wird und frag nicht, in wessen Haus du dich eingeschlichen hast. Du wirst noch früh genug dahinter kommen. Wenn du bisher kein Ehrloser warst, dann bist du es jetzt. Wir haben dich nicht eingeladen. Nun trink endlich, es tut dir gut.«

Irgendetwas an ihr erinnerte ihn an Sophia, seine ältere Schwester. Er glaubte nicht, dass dieses Mädchen ihn vergiften wollte, obwohl das Gebräu übel roch und noch übler schmeckte. Er wunderte sich, dass sein Magen es überhaupt annahm. Als der Becher leer war, spürte er ein Kribbeln in den Fingerspitzen. Er legte sich zurück und wurde in einen tiefen Schlaf hineingezogen.

Diesmal träumte er nicht. Er verlor jedes Zeitgefühl. Als sie ihn abermals wachrüttelte, hatte er Mühe zu begreifen, wo er war. Er setzte sich auf und spürte einen leichten Schwindel. Aber er fror nicht mehr. Er fühlte sich auch nicht mehr so kraftlos. Der Verwesungsgeruch, der wie ein nasses Tuch an allem ringsum klebte, war ihm wieder ganz bewusst. Doch da war noch etwas. Wie ein Rinnsal schlängelte sich der feine Duft einer Hafersuppe durch den Gestank. Er streckte beide Hände aus.

Sie reichte ihm einen Napf, in dem ein Holzlöffel steckte.

Wenzel aß. Jeder Schluck Suppe löste eine kleine Revolution in ihm aus. Sein Magen verkrampfte und entspannte sich in raschem Wechsel. Er musste sich zwingen langsam zu essen, obwohl er am liebsten alles in einem einzigen gierigen Schluck verschlungen hätte. Der Napf war schon leer und immer noch hielt Wenzel ihn verkrampft fest.

Während er aß, hatte sie ihn stumm beobachtet. Jetzt fragte sie: »Hast du einen Namen, du böhmischer Hungerleider?«

Ihre Stimme ließ ihn aufschrecken. Er war so mit dem Essen beschäftigt gewesen, dass er alles andere für einen Augenblick vergessen hatte.

»Bitte, was?«, stammelte er. »Ach so, ja – ich bin Wenzel.«

»Und ich bin Anna Katrijn*«, erwiderte sie. »Falls du dich waschen willst, dort in der Ecke steht ein lederner Eimer. Auf dem Hof ist der Brunnen. Du klebst vor Dreck.«

Sie ging.

Wenzel saß aufrecht auf dem Strohlager und versuchte seine Gedanken zu ordnen. Er ahnte, dass er lange und tief geschlafen hatte. Aber wie lange? War jetzt Morgen oder Abend? In den Stall drang nur wenig Licht von außen herein. Er konnte die Stunde nicht abschätzen. Merkwürdig, so verloren in der Zeit zu sein.

Er legte sich wieder hin, kroch tiefer unter die Decke, aber er war nicht mehr müde. Er dachte an das Mädchen Anna Katrijn. Ob sie fünfzehn war wie er? Nein, eher sechzehn. Die hatte ja schon Rundungen in ihrem Kleid. Kein bisschen geflickt war das, und Schuhe trug sie auch. Der ging es gut. Das konnte man sehen. Hunger kannte die nicht.

Wenzel kratzte sich am Arm und scheuerte mit der Hacke des linken Fußes am rechten Schienbein entlang. Diese elenden Flöhe! In Prag musste er nicht auf Stroh schlafen. Da hatte er

* sprich: Katrein

eine eigene Kammer gehabt, mit einem Bett, einer Kommode und einem Stehpult für seine Schulaufgaben. Es war ein angenehmes Leben gewesen in dem soliden, ordentlichen Vorstadthaus seiner Eltern. Sein Vater war Schreiber für die einfachen Leute. Da gab es viel zu tun. Er musste Dokumente aufsetzen, Amtsschreiben und Bittgesuche verfassen und manchmal auch Liebesschwüre und Eheversprechen in säuberlichen Buchstaben auf hartem Papier niederschreiben. Ob er dem Krieg entkommen war? Und Sophia? Sie war ein Jahre älter als er, wie diese Anna Katrijn vielleicht.

Wenzel schaute auf die fleckige Holzwand, hinter der die Pferde leise schnaubten. Prag war so weit weg. Hinter diesem Stall lag der stinkende Schuppen und dahinter die Gasse, die bergab führte, in die Stadt hinunter, deren Namen er nicht einmal wusste. Außerhalb der Stadtmauer begann die Landstraße. Die endlose Straße, die durch dunkle Wälder nach Trier führte, am Fluss entlang, durch Dörfer und Weiler, nach Augsburg, nach Nürnberg, nach Pressat, nach Böhmen, weiter und immer weiter. Es waren verschiedene Straßen, aber eine glich der anderen, wenn der Magen knurrte, die Füße wund waren und die Gedanken sich im Kreise drehten. Irgendwo hinter all dem lag Prag. Ich werde zurückkehren, dachte Wenzel. Eines Tages ganz bestimmt.

Er geriet ins Träumen und ließ wieder erscheinen, was es längst nicht mehr gab. Er liebte dieses Eintauchen in die Vergangenheit, obwohl er wusste, dass es nicht ungefährlich war. Wie der Strudel im Fluss einen ahnungslosen Schwimmer erfasst, so packte ihn oft die Erinnerung und riss ihn fort, ohne dass es ihm rechtzeitig gelang, sich in angenehmere Träume zu retten. Der 26. November anno 1741, den er ausmerzen wollte aus seinen Gedanken, zog ihn unheilvoll auf den Grund, wenn er es wagte, in seine Träume abzutauchen. Dann hörte er wieder die Glocken. Alle Kirchen in Prag läuteten ohne Unterlass. Krieg! Die Soldaten der österreichischen Herrscherin Maria

Theresia flohen in die Wälder. Dafür kamen Truppen aus Bayern in blauen Uniformen. Sie kämpften unter dem Wittelsbacher Karl Albrecht. Zusammen mit französischen Husaren in roten Uniformen galoppierten sie durch die Vorstadt. Den Reitern folgten die Fußsoldaten. Sie zertrümmerten Türen und Fenster der kleinen Häuser. Sie schlugen mit den Kolben ihrer Gewehre, spießten mit ihren Bajonetten, warfen die kleine Schwester, die noch ein Baby war, in den Waschbottich im Hof, töteten die Mutter, die es verhindern wollte. Sie plünderten das Haus. Dann steckten sie eine brennende Fackel ins Strohdach.

Er konnte sich unter dem Hollerstrauch beim Hühnerstall verstecken. Sie fanden ihn nicht. Er sah zu, wie sie raubten und mordeten. Ihre Uniformen waren fleckig von Blut und Asche, ihre Stiefel aufgerissen. Einer hatte auf sein Bajonett einen Hahn gespießt. Ein anderer trug seinen Löffel am Hut wie eine Feder. Wenzel konnte den Blick nicht abwenden. Es war wie ein Krampf. Weder Angst noch Entsetzen drangen in sein Bewusstsein. Das kam erst später.

Damals war er zwölf und voller Pläne. Der Vater hatte ihm schon früh Schreiben und Lesen beigebracht. Weil er klug und eifrig war, durfte er mit zehn auf das strenge Gymnasium der Jesuiten gehen. Er war so stolz gewesen.

Drei Jahre waren seit dem Überfall auf sein Elternhaus vergangen, alle Pläne zerronnen und Prag so weit weg.

Wenzel lag mit offenen Augen auf seinem kargen Lager. Er fühlte sich innerlich wund, aber äußerlich beschützt in der Abgeschiedenheit des Stalls. Damals unter den tief herabhängenden Zweigen des Hollerstrauchs war es anders gewesen. Vielleicht wäre er nie entdeckt worden, wenn ihn nicht der beißende Qualm aus seinem Versteck getrieben hätte. Als er sich hustend und würgend über die ertrunkene Schwester beugte, hatte ihn ein Hauptmann von hinten gepackt.

Der Offizier nahm ihn mit. Das Regiment brauchte Pferdeknechte für den Rückzug. Sie verschleppten ihn, ritten wochenlang nach Westen, bis tief nach Bayern hinein. Dort schlossen sie sich anderen Husaren an. Der neue Hauptmann gab Befehl wieder nach Osten zu ziehen. Er drängte zum schnellen Aufbruch. Zurück blieben zwei zu Tode geschundene Pferde, ein zerbrochener Karren und Wenzel.

Er marschierte allein los, dorthin, wo er Prag vermutete. Er schlug sich durch und hätte es schaffen können, trotz aller Gefahren. Wenn ihn die zwei Reiter nicht so übel getäuscht hätten!

Sie waren in raschem Trab näher gekommen. Neben ihm zügelten sie ihre Pferde und fragten, wie weit es noch bis zum nächsten Dorf sei. Wenzel hatte keine Ahnung und nur den Kopf geschüttelt.

»Bist wohl fremd hier. Wohin so allein?«

»Nach Prag«, hatte er kaum hörbar gemurmelt.

Aber sie hatten gute Ohren und lachten beide. Ungläubig und wie es Wenzel damals schien, sogar voller Bewunderung.

»Da hast du dir viel vorgenommen. Komm, sitz auf! Noch sind die Pferde frisch. Wir nehmen dich ein Stück mit. Zufällig müssen wir auch zur böhmischen Grenze.«

Wie gut sich das angehört hatte! Wie verlockend! Zwei junge Männer mit leichtem Reisegepäck. Sie waren fröhlich und voller Kraft. Und er fühlte sich so verloren.

Nicht lange, dann bogen sie von der Straße ab und ritten querfeldein. Er hatte sich nicht darüber gewundert. Männer wie die, kannten sich in der Welt aus. Ihre Freundlichkeit hatte ihn arglos gemacht. Er döste vor sich hin.

Sie hielten vor einem Bauernhaus an. Zwei scharfe Hunde knurrten unmissverständlich. Wenzel zog die Beine hoch. Auch die Reiter zeigten Respekt und warteten, bis ein Alter aus dem Haus kam und die Hunde in einen Zwinger sperrte. Erst danach schubsten sie Wenzel vom Pferd.

Was nun geschah, war so unbegreiflich für ihn gewesen, dass Wenzel selbst in der Erinnerung noch die Starre zu fühlen glaubte, die er damals empfand. Von zehn Talern war die Rede gewesen, dann von acht, von fünf. Schließlich einigten sie sich auf sechs. Als die beiden Reiter das Geld eingesteckt hatten, wendeten sie die Pferde und ritten davon, ohne ihm auch nur einen Blick zuzuwerfen. Da ahnte er, dass er in eine Falle getappt war. Aber noch immer wusste er nicht, in welche.

Mit einem Wink, der keinen Widerspruch und keine Frage duldete, wies der Alte ihn an, mit ins Haus zu kommen. Er führte ihn eine Stiege hinab in ein Kellergewölbe. Hier war es stockfinster. Aber der Alte kannte sich aus. Er schob ihn vor sich her, bis zu einer Tür. Ein Riegel quietschte, die Tür öffnete sich einen Spalt und Wenzel wurde hineingestoßen.

In der rechten oberen Ecke war eine Luke, durch die ein wenig Licht in das Gewölbe fiel. Wenzel hörte Stroh rascheln. Eine Gestalt erhob sich vom Boden und kam auf ihn zu. Sie war nicht größer als er selbst. Es war ein Mädchen.

»Du kannst dich neben mich setzen«, sagte das Mädchen. »Da drüben ist mein Platz.« Sie ging zur Wand und hockte sich nieder.

Noch andere Gestalten waren um ihn herum. Trotz des schwachen Lichtes konnte er erkennen, dass es ebenfalls Kinder waren.

»Warum seid ihr hier?«, flüsterte Wenzel. »Was macht der Alte mit uns?«

»Verkaufen«, antwortete das Mädchen.

»Verkaufen?« Wenzel konnte es nicht glauben. »Das kann er nicht, ich bin ein freier Bürger Prags!«

»Das war einmal, Bruder«, sagte ein Junge in Wenzels Heimatdialekt. »Prag ist keine freie Stadt mehr.«

»Wovon redet ihr?«, fragte das Mädchen.

»Vom Krieg«, antwortete Wenzel leise.

»Krieg ist immer. Der hört nie auf. Das kannst du mir glauben«, sagte das Mädchen. »Und uns verkaufen sie.«

Seine Gefangenschaft in dem feuchten Keller hatte nur wenige Tage gedauert. Kinder waren eine begehrte Ware und wurden unter der Hand verkauft. Der Alte hatte ihn an den heimatlosen Laurenz verschachert. So war Wenzel Leibeigener geworden. Von da an hatte er nicht mehr Rechte als der Esel, der den Karren zog. Und so wurde er auch behandelt.

In Erinnerung an die erste Zeit mit Laurenz rieb sich Wenzel das linke Handgelenk, an dem er Narben hatte. Sie stammten von der Kette, mit der er nachts an den Wagen gefesselt worden war, damit er nicht weglaufen konnte. Laurenz war von Süden kommend den Rhein abwärts gezogen und hatte den Winter in der großen Stadt Cölln verbracht. Hier hatte ihm Laurenz die Kette abgenommen. Bei Frost erstarren Fluchtgedanken. Außerdem zeigte sich Wenzel willig. Als sie im Frühjahr wieder auf Wanderschaft gingen, war kein Widerstand mehr in ihm gewesen. Laurenz wusste, wie man Kinder abrichtete.

Es war der Hunger, der Wenzel dazu gebrachte hatte sich fortzuschleichen, nicht Mut oder Auflehnung. Er wollte nur nach Nahrung suchen und zurückkehren, ehe Laurenz aus seinem Suff aufwachte. Zuerst war er über den Marktplatz gegangen, auf dem die Abfälle vom Herbstmarkt noch nicht weggeräumt waren, dann weiter, an dem Flüsschen entlang, das sich durch die Stadt schlängelte. Es war noch früher Morgen. Der Bäcker hatte bereits geöffnet, aber Wenzel traute sich nicht zu betteln. Er gehörte nicht zu den Armen, denen hier Wohnrecht gewährt wurde. Wenn der Bäcker wollte, konnte er nach einem Büttel* rufen oder den Hund auf ihn hetzen.

Da die Stadt klein war, kam er bald an ein Stadttor. Er sah zwei bewaffnete Wachen und drückte sich seitlich in eine Gasse, ehe sie ihn bemerkten. Doch schon bald kam er an ein weiteres Tor. Wieder versuchte er sich unsichtbar zu machen, diesmal im Schutz der Stadtmauer, an deren Innenseite Holzschuppen und Ställe errichtet waren. Wenzel spürte bereits die Krankheit in allen Gliedern. Seine Beine fühlten sich so schwer an, als ob

---

* Gerichtsdiener, auch Polizist

er den ganzen Tag über die Landstraße getrottet wäre. Und es nieselte schon wieder. In den dicht bewaldeten Hügeln, die er über die Stadtmauer hinweg sehen konnte, hingen grau und schwer die Wolken.

In seiner Verzweiflung war er weiter durch die Stadt geirrt. Er hatte Plätze und breite Straßen gemieden, ebenso den Fluss mit seinen Brücken, wo man ihn weithin sehen konnte. Irgendwann war er dann in diese kurze Gasse geraten. Karrenspuren hatten sich hier tief in den Lehm eingedrückt. Der verwitterte Putz an den Häusern verriet Armut und Feuchtigkeit in den Stuben. Ein übler Geruch lag über der Gegend. Am Ende der Gasse hatte Wenzel wieder ein Tor gesehen. Doch das war geschlossen. Es standen auch keine Wachen davor. Über dem Tor erhob sich ein kantiger Turm. Seitlich daran war ein Wohnhaus gebaut aus behauenen Felssteinen, trutzig wie der Turm und mit Schindeln bedeckt. Zu dem Anwesen gehörte auch ein Stall und ein solide gebauter Schuppen. Das alles hob sich deutlich von der sonst ärmlichen Umgebung ab. Es wirkte abgesondert wie eine Bastion und hatte etwas Abweisendes. Doch gerade das war es, was ihn unbewusst anzog. Er wollte sich verkriechen.

Wenn nur der Gestank nicht wäre, dachte Wenzel jetzt. Aber ich kann ihn aushalten. Laurenz stinkt auch wie ein alter Bock. Hier ist es warm und niemand treibt mich. Wo soll ich sonst hin? Es heißt zwar, die Österreicher hätten Prag schon im Dezember 1742 zurückerobert. Aber jetzt reden die Leute davon, dass der preußische König mit einem Heer in Böhmen eingefallen ist. Und der neue deutsche Kaiser soll die Österreicher aus der Gegend um München vertrieben haben. Krieg, überall Krieg. Von nichts anderem wird mehr auf den Märkten geredet.

Die Geschäfte waren schlecht gegangen, denn selbst hier, weit im Westen der deutschen Provinzen wimmelte es von Soldaten. In Flandern kämpften Franzosen gegen Engländer, die ebenfalls mit den Österreichern verbündet waren. Die angeworbenen jungen Männer zogen von einer Schlacht zur anderen, je nachdem, wer sie bezahlte. Auf dem Herbstmarkt hatten sie herumgelungert. Franzosen, Holländer, Luxemburger und ein bunter Haufen verschiedener Herkunft unter kaiserlicher Besoldung. Täglich fielen Trupps in die kleine Stadt ein, verlangten Quartier und Ställe für ihre Pferde. Kaum waren die einen weitergezogen, kamen andere. Die Bürger stöhnten. Sie standen vor den bunten Auslagen der Marktbuden, aber sie kauften nur wenig. Sie mussten die fremden Soldaten mit Essen versorgen, mussten ihre Verwundeten und Kranken aufnehmen und Tuch abgeben für ihre Bekleidung. Da blieb nur wenig Geld für die eigenen Bedürfnisse übrig.

Laurenz hasste Soldaten, weil sie ihm das Geschäft verdarben, seinen Karren anrempelten und ihn aus den Schänken warfen, wenn er das Maul zu voll nahm.

Hier unter dem kantigen Turm war davon nichts zu spüren. Wenzel schlug die Decke zurück. Er musste pinkeln und tat das bei den Pferden. Zwei gut genährte Gäule waren das. Dann ging er zur Stalltür, um nach der Tageszeit und dem Wetter zu schauen. Der Regen hatte nachgelassen. Kalter Wind jagte ihm eine Gänsehaut über den Rücken. Ein letzter Schimmer vom Tageslicht spiegelte sich auf dem nassen Hausdach. Es war also Abend. Wenzel schloss die Tür wieder.

Heute Nacht muss ich mir nicht das Schnarchen und Rülpsen von Laurenz anhören, dachte er. Und morgen? Wer weiß das schon? Es geschieht doch nur, was Gott und die Obrigkeit vorgesehen haben. Man muss es nehmen, wie es kommt.

Aber der Tag war noch nicht zu Ende. Wenzel quälte der Husten und ließ ihn nicht zur Ruhe kommen. Er hörte, wie jemand die Stalltür öffnete. Dann huschte ein Lichtschein an den Wänden entlang. Anna Katrijn kam mit einer Stalllaterne und leuchtete ihm ins Gesicht.

»Wenn du mir hilfst, die Pferde zu füttern, darfst du dir von dem Brot nehmen«, sagte sie.

Er stand sofort auf und folgte ihr im schwachen Schein der Laterne. Neben der Stalltür hatte sie einen Korb abgestellt, in dem Küchenabfälle lagen und obendrauf Brotkanten. Er griff danach.

»Die sind steinhart«, sagte sie. »Meine Mutter kocht nie Brotsuppe wie die armen Leute. Wir geben das Altbackene unseren Pferden. Du kannst dir die Kanten in Wasser einweichen. Aber pack erst mal mit an. Der Hafersack ist so schwer.«

»Halt die Lampe hoch und zeig mir, wo der Hafer steht. Ich mache das für dich«, bot ihr Wenzel an.

Sie lief vor ihm her und redete weiter: »Mein Vater hatte immer Knechte. Nicht nur für die Pferde. Aber sie sind fortgelaufen, wollten lieber zu den Soldaten. Bleibst du bei uns?«

»Im Strohsack sind so viele Flöhe«, sagte Wenzel ausweichend.

Anna Katrijn lachte. »Du bist komisch, verkriechst dich wie eine kranke Ratte in unserm Schuppen und jammerst dann über die Flöhe. Binde den Hafersack wieder fest zu und zieh ihn an dem Tau dort unter die Decke hoch. Wir bewahren unser Getreide meistens da oben auf, damit die Mäuse nicht drankommen. So, und nun hol noch Wasser vom Brunnen!«

Wenzel tat willig, was sie verlangte. Er dachte an das Brot, das er sich zur Seite gelegt hatte. Nur rasch noch einen Eimer Wasser, dann konnte er wieder unter die warme Decke kriechen.

Auf dem Hof war es matschig. Anna Katrijn blieb im Stall zurück. Wenzel musste sich allein zurechtfinden. Aber der Brunnen war deutlich zu erkennen. Auf dem Rand stand ein Eimer, der an einem Seil befestigt war. Wenzel ließ ihn in den Brunnenschacht hinab. Als er in das Wasser eintauchte, spannte sich das Seil in seiner Hand. Er packte fester zu. In diesem Augenblick tippte ihm jemand von hinten auf die Schulter.

Es war ein dürrer Mann, der wild mit den Armen fuchtelte. Dabei redete er auf Wenzel ein, abgehackt, wirr und ziemlich erregt. Das Gestammel bestand aus deutschen Worten und kehligen Lauten einer anderen Sprache. Wenzel begriff nicht, was der von ihm wollte, aber er erkannte sofort, dass es einer von den Gemeinen war, ein Fußsoldat. Sie glichen sich alle, zu welchem Regiment sie auch gehörten, ob sie eine Uniform trugen oder zerfetzte Stiefel, ob sie eine Waffe in den Händen hielten oder wie dieser Kerl Geldmünzen klimpern ließ.

»Hau ab! Lass mich in Ruhe!«, schrie Wenzel.

Der andere streckte den kleinen Finger seiner linken Hand hoch. »Hast du? Gib mir, gib mir Finger! Ich kann bezahlen.« Wieder ließ er die Münzen klimpern.

»Ich weiß nicht, was du willst. Geh mir aus dem Weg!«, stieß Wenzel hervor. Er hatte inzwischen den Eimer hochgezogen und versuchte damit zum Stall zu laufen.

Aber der Soldat ließ sich nicht abwimmeln. »Finger! Hier, siehst du? Das will ich.«

Wenzel verschüttete Wasser als er versuchte, mit dem vollen Eimer zu laufen. Der andere packte ihn am Arm und blies ihm seinen Branntweinatem ins Gesicht.

Der ist ja besoffen, gleich geht er durch wie ein gereizter Gaul, dachte Wenzel. Bei den Husaren damals ist auch einer verrückt geworden. Wenzel stieß die Stalltür mit dem Fuß auf. Der Soldat, der bisher mit mühsam zurückgehaltener Erregung auf ihn eingeredet hatte, fing jetzt laut an zu fluchen und wilde Verwünschungen zu schreien.

Anna Katrijn erschien in der Türöffnung und hielt die Lampe hoch. »Verschwinde!«, schrie sie. »Sonst henken wir dich!«

Der Soldat zuckte zusammen. Er wich zurück, erst langsam, mit tastenden Schritten, dann drehte er sich um und rannte weg. Kurz darauf hatte ihn die Dunkelheit verschluckt.

Wenzel stand neben dem Wassereimer, den er an der Stalltür abgesetzt hatte. Er starrte das Mädchen an. Wie die den Gemeinen verscheucht hatte! Einfach so! »Ich glaube, ich habe immer noch Fieber«, murmelte er.

»Das kann schon sein«, sagte Anna Katrijn, »aber der Dummkopf war keine Einbildung. Solche wie der kommen öfters.«

»Was wollte er?«, fragte Wenzel. »Er hat so komisch geredet.«

Sie hob die Laterne. »Du fragst zu viel. Bring den Pferden was zu saufen und glotz mich nicht so an. Ich bin keine Hexe.«

Er nahm den Eimer und tränkte die Pferde. Als er fertig war, holte er das Brot, das er sich zur Seite gelegt hatte und goss die letzten Tropfen Wasser darauf. Dann ging er rasch zu seinem Lager, denn er zitterte wieder vor Kälte.

Er konnte sie jetzt nicht mehr sehen. Aber an dem Lichtschein, der an den Stallwänden entlang huschte, merkte er, dass sie noch da war.

»Du brauchst dich nicht zu fürchten«, sagte sie aus der Dunkelheit heraus. »Der Gemeine kommt nicht wieder. Er wollte den Finger eines Gehenkten kaufen. Viele fragen danach und bezahlen mit ihrem letzten Heller oder mit Beutegut dafür. Sie glauben, wer den Finger eines Gehenkten am Leibe trägt, ist unverwundbar im Krieg. Eine Menge junger Burschen gehen freiwillig zu den Regimentern, aber sterben will keiner.«

Sie schlug die Stalltür zu, ohne auf seine Antwort zu warten. Wenzel hätte auch gar nicht gewusst, was er dazu sagen sollte. Der Finger eines Gehenkten? Gütiger Gott, ihn schauderte.

Trotz Schreck und Verwirrung war Wenzel viel zu erschöpft um zu grübeln. Die Gedanken zerfaserten wie ein alter Reisigbesen, fielen ab, lösten sich auf. Er schlief, hustete, schlief weiter. Am anderen Morgen weckte ihn jener Mann, der ihn im Schuppen überrascht hatte.

Wenzel kroch sofort unter der Decke hervor. Er zog den Kopf ein und wartete.

»Bist du wieder gesund?«, fragte der Mann.

»Nein, Herr, aber durch Eure Güte bin ich nicht verhungert und hatte eine warme Nacht.«

Der Mann musterte ihn. »Woher sprichst du so gut unsere Sprache? Nur dein Dialekt verrät, dass du nicht von hier bist.«

»In Prag leben viele Deutsche und Österreicher«, gab Wenzel zur Antwort. »Mein Vater hat oft mit mir deutsch gesprochen, obwohl wir Böhmen sind.«

»Bist du zur Schule gegangen?«

»Ja, Herr.«

Wieder traf ihn ein musternder Blick.

»Ich will nicht wissen, was dich hierher verschlagen hat«, sagte der Mann. »Du siehst heruntergekommen aus. Wir leben in wirren Zeiten. Da ist es oft besser, keine Fragen zu stellen. Aber du scheinst mir aufrichtig zu sein. Wenn du willst, kannst du bei mir bleiben. Ich bin Meister Hans, der Scharfrichter von Steinweiler an der Ryss. – Nun erschrick nicht gleich zu Tode. Du wirst ja ganz blass!«

Der Mann klopfte ihm väterlich auf die Schulter.

Wenzel war unfähig sein Entsetzen zu verbergen. Sein Herz raste wie bei einer wilden Flucht. Er wollte etwas sagen, schreien, davonstürzen. Aber sein Atem stockte. Er konnte sich nicht von der Stelle rühren. Vor ihm stand groß und mächtig das Grauen in Menschengestalt: Der Henker!

Er hörte, dass der andere redete, aber er war zu erschrocken, um den Sinn der Worte zu erfassen. Erst, als er einen leichten Stoß fühlte und eine Hand auf seiner Schulter, die ihn vorwärts schob, wich die Erstarrung aus seinen Gliedern. Das Entsetzen aber blieb. Wenzel wurde aus dem Stall geschoben, über den Hof, vorbei am Brunnen, bis in das gegenüberliegende Wohnhaus. Er stolperte auf den Stufen, doch in der Wohnstube entspannte er sich. Sie war geheizt. Ein schwerer Tisch aus Eichenholz stand mitten im Raum, mehrere Stühle davor und eine geschnitzte Bank. An der Wand zwischen zwei kleinen Fenstern sah Wenzel einen Schrank mit Tellerbord im oberen Teil, voll irdener Schüsseln und Platten. Der untere Teil des Schrankes hatte eine bemalte Tür. An der gegenüberliegenden Wand stand ein Kachelofen, der so wohlige Wärme verbreitete, wie Wenzel sie lange nicht mehr gespürt hatte. Die Ecke zwischen Kachelofen und Zimmertür nahm ein Webstuhl ein. Über der Tür hing ein geschnitzter gekreuzigter Christus. Wenzel war überrumpelt von so viel Gemütlichkeit. Einen wunderbaren Augenblick lang vergaß er, dass hinter ihm der Henker stand.

»Wie zu Hause«, murmelte er in sich versunken.

Anna Katrijn kam herein mit einer Schüssel Suppe und frisch gebackenem Brot.

»Setz dich und iss so viel du magst«, forderte ihn der Henker auf.

Wenzel langte zu. Der Duft von warmem Brot war unwiderstehlich. Es gab nichts Köstlicheres auf der Welt. Doch seine Nackenhaare sträubten sich. Er war beim Henker. Es gab nichts Entsetzlicheres auf der Welt.

Abermals ging die Tür auf und eine rundliche Frau kam herein. Sie trug eine weiße Haube auf dem Kopf, die ihr das sittsame Aussehen einer besser gestellten Bürgersfrau gab.

»Gott zum Gruß«, murmelte Wenzel artig.

Sie nickte ihm zu und reichte ihm ein Stück Käse. »Kennst du das?«, fragte sie in einem Dialekt, der anders war als der von Anna Katrijn und ihrem Vater. »In meiner Heimatstadt Leyden isst man das gern.«

»Es ist Käse«, sagte Wenzel. »In meiner Heimatstadt Prag isst man den auch.«

Sie ließen ihm Zeit. Wenzel stopfte sich voll. Je mehr sein Magen sich füllte, desto mehr wichen Angst und Schrecken in den Hintergrund. Doch er vergaß nicht, wo er war. Seit die französischen Husaren sein Elternhaus niedergebrannt hatten, war er in keiner Wohnstube gewesen, hatte nie Behaglichkeit gespürt, so wie jetzt. Wenn nur dieses stachelige kalte Ziehen im Nacken nicht wäre.

Von der Gasse herauf erscholl Pferdegetrappel. Kurz darauf hielten zwei Reiter im Hof neben dem Brunnen. Wenzel konnte sie durchs Fenster sehen. Anna Katrijns Mutter stieß einen Freudenschrei aus. »Meister Simon vom Niederrhein und Cornelis, der neue Henker von Utrecht!«, rief sie. »Komm, Wenzel, mach dich nützlich, versorg die Pferde!«

Großer Gott, steh mir bei! Eben war da nur ein Henker, jetzt sind es schon drei, dachte Wenzel.

Anna Katrijn und ihr Vater gingen hinaus, um die Männer zu begrüßen.

»Hast du nicht gehört?«, fragte Meister Hans schon auf der Schwelle zu Wenzel gewandt. »Du sollst die Pferde versorgen.«

Verängstigt, aber an Gehorsam gewöhnt, beeilte sich Wenzel das zu tun, was von ihm verlangt wurde. Doch mehr, als die schwitzenden Rösser am Zügel zu halten, fiel ihm nicht ein.

Die Reiter lösten ihre Satteltaschen und das übrige Reisegepäck. Dabei redeten sie fröhlich lachend wie Verwandte, die zu Besuch kamen. Wenzel stand einfältig herum.

»Na, du scheinst mir ein rechtes Mondkalb zu sein«, rief einer der Männer zu ihm herüber. »Weißt du nicht, was man mit müden Pferden macht?« Dann drehte er sich zu dem Henker um: »Wo habt Ihr denn diesen Strolch aufgelesen, Gevatter? Den pustet ja der Wind um!«

Alle lachten, nur Wenzel konnte an der Bemerkung nichts Witziges finden. Er brachte die Pferde in zwei leere Boxen im Stall und band sie fest. Dann ließ er den Hafersack von der Decke herunter. Hastig knotete er den Strick auf. Dabei verschüttete er eine Menge Körner. So schnell er konnte, versuchte er sie wieder in den Sack zurückzuschaufeln. Er fühlte sich von der Krankheit noch immer schlapp und von den verwirrenden Umständen ganz durcheinander. Jetzt rasch den Sack wieder hochziehen. Die letzten Körner mochten sich die Mäuse holen.

Aber der Sack war schwer. Wenzel zog mit beiden Händen, nahm alle Kraft zusammen, hängte sich an das Seil und riss daran. Der Sack bekam unerwartet Schwung, sauste hoch und stieß gegen die Decke. Durch den Aufprall platzte er. Ein Regen von

Haferkörnern prasselte auf Wenzel herab. Er ließ entsetzt das Seil los. Der Sack sauste wieder herunter und schlug dumpf auf.

Das war zu viel. Er ließ alles liegen, lief zur Stalltür, rannte über den Hof, am Brunnen vorbei, schaute nicht zum Henkershaus und stürzte die Gasse hinunter. Erst im unteren Teil wurde er langsamer und an der Brücke, die hier über das Flüsschen führte, blieb er stehen. Sein Atem ging stoßweise und sein Herz hämmerte.

Das Wetter hatte sich gebessert. Die Sonne strengte sich noch einmal richtig an. Viele Menschen hielten sich draußen auf. Einige Frauen hatten Wäsche auf den Steinen der Ufermauer ausgebreitet und rieben sie kräftig mit Seife ein. Dann warfen sie ihren Holzeimer in den tiefer liegenden Fluss, zogen ihn am Seil wieder hoch und kippten das Wasser über die Wäsche.

Wenzel blickte zu ihnen hin. Auch in Prag gab es einen Fluss, viel größer und breiter. Der hier war kaum mehr als ein Bach. Die kleinen Häuser ringsum, der Marktplatz, das Kloster und die Kirche, die schmalen Brücken und die Stadtmauer samt Toren und Türmen könnten in der Moldau versinken, dachte er. Nichts würde man mehr davon sehen, außer vielleicht die Zinnen der Stadtmauer und das hohe Dach der Klosterkirche.

Ein Junge, ungefähr so alt wie er selbst, turnte auf den Steinen am Ufer herum als müsse er etwas beweisen.

Wenzel drehte ihm den Kopf zu und fand ihn blöd.

»Kannst du pfeifen?«, fragte der Junge, der nur auf einen Blick von Wenzel gewartet hatte.

»Klar«, sagte Wenzel, »aber ich mag nicht.«

»Ich habe dich beobachtet.« Der Junge kam näher. »Soll ich sagen, woher du kommst?« Er fing laut an zu pfeifen.

Wenzel spürte überhaupt keine Lust sich mit diesem Angeber zu unterhalten. Sein Atem hatte sich vom Laufen noch immer nicht ganz beruhigt. Und im Stall lagen die Körner. Im Stall des Henkers. Er musste sich Gedanken darüber machen, wohin er gehen wollte. Sollte er die Stadt verlassen? Wenn er bloß nicht so matt wäre, und die Nächte nicht so kalt! Er konnte doch jetzt nicht mehr im Freien schlafen, ohne Decke.

Auf der anderen Seite des Flusses kam ein Tross Soldaten heran. Sie führten einen Küchenwagen mit und mehrere Karren voll Kriegsgerät. Es waren ungefähr zwanzig Gemeine zu Fuß und zwei Offiziere zu Pferde. Hinter dem letzten Karren lief eine geschundene Gestalt mit verfilzten Haaren, zerrissener Kleidung und blutenden Füßen. Ein Gefangener, dem die Hände gefesselt und am Karren festgebunden waren.

»Der kriegt Arrest«, verkündete der Angeber. »Unser Kerker ist schon total überfüllt. Vor ein paar Wochen fiel ein ganzes Regiment der österreichisch-ungarischen Truppen unter General Graf von Chandos hier ein. Da war was los! Über tausend Fußsoldaten, dazu Hauptleute, Fähnriche, Leutnants, mehrere Feldscherer, Wagenmeister, Trompeter, Knechte und was nicht alles. Die hatten sechsunddreißig Gefangene dabei. Weißt du, was die hier wollten?«

»Sich voll fressen, ausruhen, die Pferde pflegen, das Kriegsgerät ausbessern, ihre Karren mit Proviant auffüllen und dann weiterziehen.«

»Stimmt!«, sagte der Junge etwas enttäuscht. »Woher weißt du das?«

»Weil es überall so ist, nicht nur bei euch.«

Der Junge nickte. »Weißt du auch, dass sie die Kranken zurücklassen?«

»Sie lassen alles zurück, was kaputt, verwundet, krank und verloren ist«, sagte Wenzel.

Der Junge stand auf und rückte näher zu Wenzel. »Du bist nicht von hier. Was hast du bei Meister Hans gemacht? Ich habe dich gesehen, wie du von da oben herunter gerannt kamst.«

»Ich war nur an dem Turm«, log Wenzel, »wollte durch das Tor aus der Stadt. Aber es war leider zu.«

»Ha!«, stieß der Junge hervor und setzte sich ganz gerade, so, als wollte er größer erscheinen als er war. »Durch das Tor wolltest du? Erzähl doch nicht so einen Unsinn. Da geht keiner freiwillig durch. Weißt du nicht, dass es das Büßertor heißt? Es ist immer geschlossen, außer wenn Meister Hans mit seinem Arme-Sünder-Karren hinausfährt zum Rabenstein. Beug dich mal ein wenig zurück. Siehst du die freie Bergkuppe dort oben, wo der Wald aufhört? Da ist der Richtplatz. Wer gute Augen hat, kann den Galgen vom Marktplatz aus erkennen.«

»Ich muss weg«, sagte Wenzel, »hab noch einen weiten Weg vor mir.«

»Wohin musst du denn?«

»Was geht's dich an?« Wenzel wurde ungeduldig. »Ich will nach Hause. Wohin denn wohl sonst?« Er wandte sich ab und hoffte den andern los zu sein.

Aber der war nicht abzuwimmeln. »Warte, ich gehe noch bis zum Cöllnischen Tor mit dir. Bist du auch aus Holland wie die Frau Meike?«

»Nein!«, fuhr Wenzel ihn an. »Ich komme aus Prag. Frau Meike kenne ich nicht.«

Der Junge schwieg. Er blieb hinter Wenzel zurück. So ganz schien er immer noch nicht aufzugeben. Doch der Abstand vergrößerte sich.

Wenzel ging am Flüsschen entlang zum Marktplatz. Der war leicht zu finden, weil dort das Kloster mit der alles überragenden Kirche stand. Nicht weit davon hatte Laurenz seinen Karren abgestellt. Obwohl Wenzel diesen alten Säufer hasste, wollte er auf einmal doch wissen, ob er noch auf ihn wartete. Mehr als zwei Jahre war er seinen Launen ausgeliefert gewesen. Eine lange Zeit voller Entbehrung und Lieblosigkeit. Und dennoch, Laurenz war der einzige Mensch, den er hatte. Manchmal war er auch verträglich gewesen.

Aber Laurenz hatte sein unstetes Leben schon wieder aufgenommen. Der Karren war fort. Dieser schäbige Reisewagen, an dem die Achsen quietschten, die Farbe abblätterte und in dessen Deichsel die Holzwürmer raspelten, darüber die Plane, verschlissen von Regen und Sonne, heruntergekommen alles, verbraucht, kaputt, wie sein Besitzer selbst.

Ohne mich wird Laurenz zu Grunde gehen, dachte Wenzel. Er ist krank, spuckt zu oft Blut. Wir waren beide voneinander abhängig. Seltsam, dass mir das nicht früher klar geworden ist. Jetzt ändert es nichts mehr.

Er schlenderte weiter, eingesponnen in trübe Gedanken. Um den vielen Menschen ringsum zu entkommen, kletterte er die steile Uferböschung hinab bis ans Wasser. Er fand eine Stelle, wo keine Wäscherinnen waren. Aus einer Ritze zwischen den Ufersteinen wuchs eine Birke. Ihr Stamm war dünn und verbogen wie ein Mauerhaken. Als Wenzel danach griff, spürte er, dass sie auch so hart war wie ein Mauerhaken.

Von oben fiel ein Schatten auf das zähe Bäumchen und auf ihn. Der kleine Angeber war noch immer da.

Eine Weile stand er nur so herum, doch dann griff er nach dem Stamm der Birke, hängte sich daran und schwang sich abwärts. Rechtzeitig bevor das Holz brach, ließ er los und sprang. Seine Füße fanden jedoch keinen richtigen Halt. Er landete auf dem Hintern. Wenzel wartete, ob der andere zu jammern anfing. Aber der überspielte seine Bruchlandung sofort.

»Soll ich mal raten?«, lenkte er ab. »Du hast gar kein Zuhause. Ich weiß zwar nicht, was du bei Meister Hans wolltest, doch in die Judengasse kommt keiner ohne Grund. Ich kenne mich da aus. Mein Vater ist Flickschneider und hat dort seine Werkstatt. Gegenüber von uns hat Onkel Isaak sein Haus. Er flickt Schuhe und näht Stiefel. Neben ihm wohnt Onkel Samuel. Er muss die Steuern eintreiben. Ein schrecklicher Beruf, das kannst du mir glauben. Dann ist da noch der Gerber gleich neben der Abdeckerei von Meister Hans. Der Scharfrichter und die Frau Meike sind keine Juden, so wie wir. Auch der Gerber nicht. Aber die christlichen Bürger wollen nicht mit uns zusammen wohnen und mit dem Scharfrichter auch nicht, egal ob er Jude oder Christ ist. Vor dem fürchten sich alle. Und die Laugen des Gerbers stinken so schrecklich. Deshalb muss er seine Arbeit in der Judengasse machen. So sind die feinen Leute nun mal. Sie kommen nie in unsere Gegend, außer wenn sie Geschäfte mit uns machen. Du siehst allerdings nicht aus wie einer, der Geld hat. Deshalb bist du mir gleich aufgefallen.«

Wenzel suchte sich einen vom Wasser rund gerollten Sitzplatz. Ohne den andern anzusehen, murmelte er: »In Prag, da wo ich herkomme, gibt es auch Juden. Viel mehr als nur drei Familien. Sie treiben Handel mit allem, was es auf der Welt gibt. Meine Mutter hat immer gesagt, Juden scheffeln Gold wie die Bauern das Korn. Bist du reich?«

Auf diese Frage ging der Junge nicht ein. »Glaub nicht, dass alle Juden nur Handel treiben. Ein Vetter von mir ist Gelehrter, Astronom und Philosoph«, fuhr er fort. »Er stellt ellenlange Berechnungen auf. Zweimal im Jahr wandert er nach Cölln, zu der Universität dort. Er zeigt einem anderen Gelehrten die vielen Zahlen, die er aufgeschrieben hat. Aber weil er davon nicht leben kann, ist er auch noch Lehrer für die Kinder in der Judengasse. Die dürfen nämlich nicht in eine richtige Schule gehen. Auch die Anna Katrijn lernt zweimal in der Woche bei ihm Schreiben und Lesen.«

Ein hochmütiger Ausdruck erschien auf Wenzels Gesicht. »Ich bin zu den Jesuiten in die Schule gegangen«, sagte er. »Mein Vater wollte, dass ich ein Medicus werde. Aber Gott hat anders entschieden.« Er stand auf. »Jetzt muss ich auf die Landstraße. Es wird Zeit. Ich weiß noch nicht, wo ich heute Nacht bleibe.«

Der Junge sah ihn bestürzt an. »Auf der Landstraße? Da soll es sehr gefährlich sein, habe ich gehört. Ich würde nicht allein auf Wanderschaft gehen.«

»Hast du vielleicht eine Kutsche für mich oder ein paar jüdische Verwandte, die zufällig nach Böhmen reisen und mich mitnehmen?«, fragte Wenzel voll Spott und Bitterkeit. »Zu den Soldaten gehe ich jedenfalls nicht.«

»Nun, ich weiß ja nicht, aber dem Meister Hans sind neulich die Knechte weggelaufen«, berichtete der Junge eifrig. »Sind beide zusammen fort. Hast du ihn nach Arbeit gefragt?«

»Den Henker?«, stieß Wenzel hervor. »Das ist noch schlimmer als Pferdeknecht bei den Husaren. Weißt du überhaupt, was du da sagst? Nein, du weißt es nicht.«

»Überleg mal«, fuhr der Junge unbeirrt fort. »Auf der Landstraße ist es übel, viel Gesindel, besoffene Fußsoldaten, Räuber, Satansbrüder. Und dann die Kälte! Bei Meister Hans hast du jedenfalls Essen und ein Dach über dem Kopf. Auf der Straße hast du das nicht.«

»Ja, schon«, gab Wenzel zu. »Aber niemand wird mir mehr die Hand geben, wenn ich ein Henkersknecht bin.«

»Wenn du erschlagen auf der Landstraße liegst, wird dir auch niemand mehr die Hand geben«, meinte der Junge.

Wenzel zog die Knie an und schlang die Arme darum, als müsste er sich selbst festhalten. Es war eins so schlimm wie das andere, die Landstraße oder die Arbeit bei einem Scharfrichter. Immer musste man zwischen zwei Übeln wählen. Er stöhnte. »Mir ist ganz schwindelig. Alles dreht sich in meinem Kopf. Ich weiß nicht, was ich tun soll. Zu Meister Hans kann ich gar nicht mehr zurück, weil der Hafersack geplatzt ist und die Körner im Stall verstreut liegen. Deshalb bin ich weggerannt.«

Der Junge kam näher heran. »Vielleicht hat es noch keiner gemerkt. Schleich dich zurück und bring den Schaden so schnell du kannst in Ordnung. Versuch es wenigstens. So würde ich es machen. Und wenn es Ärger gibt, nun, dann kannst du immer noch auf die Landstraße.«

»Aber es ist eine Schande beim Henker zu dienen! Mir graut vor ihm.«

»Mit Meister Hans kann man auskommen. Wir haben uns an seine Nachbarschaft gewöhnt«, sagte der Junge. »Für immer würde ich an deiner Stelle auch nicht bleiben. Aber das musst du doch auch nicht.«

Wenzel, der nicht wusste, wo er die Nacht verbringen sollte, dachte an den warmen Stall und an das frische Brot. »Vielleicht in ein paar Tagen«, sagte er, »bis ich wieder gesund bin. Falls die mich da oben im Henkershaus überhaupt noch haben wollen. – Wie heißt du eigentlich?«

»Daniel. Und du?«

»Wenzel.« Er streckte sich und stand auf. »Weißt du, ich möchte so gern nach Prag zurück. Aber immer kommt was dazwischen.«

Sie kletterten die Ufermauer hoch und gingen zusammen bis zum Markt. Dort meinte Daniel: »Du kriegst das mit dem Hafersack schon hin. Wenn du hier bleibst, können wir uns öfter treffen.« Dann lief er einfach weg.

Als Wenzel in die holprige Gasse einbog, blickte er zu den drei kleinen Häusern der jüdischen Familien, die hier abgesondert von der übrigen Stadt im Gestank der Gerberei und überragt von Büßertor und Henkershaus standen. Eine trostlose Gegend ist das. Aber dieser Daniel hat sie mir schon ein bisschen vertraut gemacht, dachte Wenzel.

Er schlich sich in den Stall zurück und suchte einen anderen Sack für die Körner. Dann nahm er den Reisigbesen, der hinter der Tür stand, und fegte die Reste zusammen. Dabei dachte er an Prag. Vielleicht in ein paar Tagen, oder im nächsten Frühjahr, wer weiß.

Frau Meike

Frau Meike war eine reinliche Hausfrau, die gern kochte und gern aß. Trotz ihrer Leibesfülle kroch sie in alle Ecken des Hauses um den Staub zu entfernen, die Spinnen zu verscheuchen und die Butzenscheiben der Fenster blank zu wischen. Stets funkelten die Messinggriffe an ihrem Küchenherd. Wenn sie den Kachelofen in der Stube einheizte, vergaß sie nie einen Apfel in die Luke zu legen, weil sie den Duft von Bratäpfeln besonders liebte. Genauso hatte es ihre Mutter gemacht.

Meikes Kindheit war untrennbar verwoben mit dem Duft von Bratäpfeln, dem Klappern des Weberschiffchens in der Stube und dem lauten Gerangel zwischen ihren drei Schwestern und ihrem Bruder Jan. Langeweile oder Traurigkeit hatte es nie gegeben. Jedenfalls nicht in Frau Meikes Erinnerung.

Ihr Vater war Henker in Leyden bis zu seinem Tod gewesen. Danach hatte Jan das Amt übernommen. Sie und ihre Schwestern hatten alle Scharfrichter geheiratet. Meike wäre nie auf die Idee gekommen sich über ihr Leben zu beklagen oder darüber nachzudenken, wie es anders sein könnte. Wurde man als Scharfrichterstochter geboren, starb man auch als Ehefrau eines Scharfrichters. So war die gottgewollte Ordnung.

Einmal, als Anna Katrijn noch klein war, hatte sie ihre Mutter gefragt, ob sie später, wenn sie groß sei, den Bäckerjungen heiraten dürfe. Frau Meike hatte über so einen Unsinn gelacht. Doch weil Anna Katrijn nicht aufhörte, von dem Bäckerjungen zu reden, hatte ihre Mutter sie mit in den Hof genommen zu der alten Weide.

»Sieh mal«, hatte sie erklärt, »dieser Baum ist sehr weise. Jedes Jahr bringt er wieder Weidenkätzchen hervor. Noch nie ist ihm eingefallen sich Kastanien zu wünschen. Eine Scharfrichterstochter kann sich ebenso wenig einen Bäcker wünschen, wie ein Weidenbaum Kastanien. Es ist undenkbar.«

Frau Meike ging selten aus dem Haus. Seit Anna Katrijn gelernt hatte, das Gemüse an den Marktständen auszuwählen, überließ sie ihrer Tochter meistens das Einkaufen. Anna Katrijn feilschte auch mit den Bauern um die Preise, was Frau Meike nur bei jüdischen Händlern tat. In die Kirche durfte sie nicht. Der Rat der Stadt hatte es untersagt. In Leyden war es der Henkersfamilie erlaubt gewesen, ganz hinten, bei dem offenen Portal, der Messe zu folgen. Ein Verwandter ihres Mannes in Mölln hatte es sogar geschafft, sich einen eigenen Kirchenstuhl zu kaufen und abgesondert von den übrigen aufstellen zu lassen. So war das anderenorts. Aber hier, in Steinweiler, war ihr die heilige Messe verwehrt. Wozu sollte sie da noch aus dem Haus gehen? Sie liebte ihr kleines Reich, dieses solide, feste Gebäude, das ein anderer Scharfrichter vor nunmehr vierzig Jahren hatte bauen lassen, für sich und künftige Generationen. Hier herrschte sie.

Abgesehen davon, dass sie nicht zur Kirche gehen durfte, gab es noch einen anderen Wehmutstropfen in ihrem Leben. Jedes Mal, wenn sie die leeren Kammern im oberen Teil des Hauses lüftete, überfiel sie die Erinnerung an die fröhlichen Spiele mit ihren Geschwistern. Sie wünschte sich sehnlichst Kinder. Aber Anna Katrijn war die Einzige geblieben. Gott allein wusste warum.

Als der kranke, ausgehungerte böhmische Junge in ihrer kleinen Welt auftauchte, regte sich sofort ihr mütterliches Empfinden. Er war fast noch ein Kind und anders als die Schinderknechte, die sonst die grobe Arbeit erledigten, die als Nebentätigkeit bei jedem Scharfrichter anfiel.

Vom Küchenfenster aus hatte sie gesehen, wie Wenzel davongestürzt war und wie er schuldbewusst zurückgeschlichen kam. Der war noch nicht abgebrüht. Sie nahm sich vor, aus diesem Häufchen Elend wieder einen Menschen zu machen, der dem Ebenbild Gottes glich.

Zunächst einmal musste die Dreckschicht runter. Sie stellte zwei Eimer Wasser auf den Küchenherd. Während es sich erwärmte, holte sie einen Bottich aus dem Schuppen und schob ihn zum angrenzenden Pferdestall. Wenzel lief herbei um anzufassen, ohne zu ahnen, dass diese Mühe ihm galt.

Frau Meike holte das warme Wasser und goss es in den Bottich. Dann blickte sie Wenzel an und sagte: »Runter mit den Lumpen!«

Erst jetzt begriff er, dass hier ein warmes Bad für ihn vorbereitet war. Ungläubiges Staunen lag in seinen Augen. »Für mich?«

»Ja, für wen denn wohl sonst?« Frau Meike klatschte in die Hände. »Nun beeil dich, ehe das Wasser kalt wird. So ein verlauster kleiner Stinker wie du kommt mir nicht ins Haus.«

Wenzel zog rasch sein verschlissenes Hemd über den Kopf. Aber dann zögerte er und nestelte verlegen an dem Strick, mit dem er seine Hose festhielt.

Frau Meike lächelte. »Schämst du dich vor mir? Das ist ein gutes Zeichen. Hast dir also noch Anstand unter all dem Schmutz bewahrt.«

Sie drehte ihm den Rücken zu, bis er im Bottich saß. Dann reichte sie ihm ein Stück braune Seife und eine Bürste.

»Wasch dich gründlich und vergiss auch die Haare nicht«, ermahnte sie ihn. »Ich gehe derweil nachsehen, ob ich für dich saubere Kleider finde.«

Wenzel rubbelte sich, so gut es in dem engen, runden Holztrog möglich war. Der Schmutz saß tief in seiner Haut und löste sich nur schwer. An den Beinen hatte er Schrunden und am ganzen Körper Flohstiche. Obwohl das Wasser angenehm warm war, fror er, weil die kühle Luft über seinen Körper strich. Er rutschte so tief er nur konnte in den Bottich, aber entweder ragten die Beine aus dem Wasser oder der Oberkörper. Wenn der linke Arm sich unter Wasser wärmte, fror der rechte. Er hustete, nieste, bibberte und rieb dabei so heftig, als wollte er die Gänsehaut abwaschen.

Frau Meike kam mit einem Hemd und einer Decke. Das Hemd war weit und hing Wenzel bis auf die Waden. Sie legte ihm die Decke um die Schultern und schaute ihn kopfschüttelnd an.

»Du kommst mir vor wie Petrus vor der Himmelstür. Wir müssen uns etwas anderes einfallen lassen. Wenn Anna Katrijn dich so sieht, quietscht sie vor Lachen.«

Hinter Wenzel öffnete sich die Stalltür. Aber nicht das Mädchen kam herein, sondern Meister Hans. Er starrte Wenzel an und dann seine Frau. Über seiner Nasenwurzel bildete sich wieder die steile Falte, die Wenzel schon einmal bei ihm beobachtet hatte.

»Meike, er ist kein Kind. Wenzel soll hier arbeiten«, sagte er streng. »Wir haben Besuch in der Stube und du kümmerst dich um diesen Knecht.«

»Ja«, erwiderte seine Frau fest. »Wenn Männer in der Stube miteinander reden wollen, haben Frauen dort nichts zu suchen. Ist es nicht so?«

»So ist es«, bestätigte Meister Hans, »aber musst du deswegen diesen Jungen in ein Nachthemd stecken? Er soll die Pferde satteln. Cornelis und Simon wollen heute noch weiter. Wie soll er denn in diesem Aufzug arbeiten?«

Frau Meike blickte ihren Mann ruhig an. »Ich tue nur, was meine Christenpflicht ist. Jeder Knecht in unserm Haus bekommt Essen und Kleidung als Lohn. War es jemals anders? Für Wenzel haben wir nichts Passendes. Deswegen werde ich mit ihm zu Meister Salomon gehen und ihm eine Hose kaufen. Heute gehört der Junge mir. Ab morgen ist er dein Knecht und kann mit der Arbeit anfangen.«

Meister Hans schüttelte kaum merklich den Kopf. »Meike, häng dein Herz nicht an fremde Kinder«, sagte er leise. »Der Junge gehört dir nicht.«

Sie hielt seinem Blick stand. Zwischen beiden lief ein stummes Ringen ab, das Wenzel nicht deuten konnte. Er trat ein paar Schritte zurück, nahm die Decke von den Schultern, wickelte sie fest um den Körper, aber so, dass seine Arme frei blieben. Dann hob er rasch den Strick auf, mit dem er seine alte Hose festgebunden hatte. Damit umwickelte er jetzt die Decke. So ging es einigermaßen. Er holte die Pferde aus dem Stall und führte sie auf den Hof hinaus.

Als die beiden Scharfrichter fortgeritten waren, kam Frau Meike wieder zu ihm. Ihr Gesicht war gerötet und hatte einen trotzigen Ausdruck. Sie hatte eine Schere und einen Kamm mitgebracht. Damit machte sie sich sogleich über Wenzels verfilzte Haare her.

Es zupfte und ziepte, aber Wenzel sagte nichts. Ihre Fürsorge war ihm lästig. Warum konnte sie ihn nicht in Ruhe lassen? Musste man als Henkersknecht wie ein feines Bübchen aussehen? Ohne den Filz auf seinem Kopf kam er sich nackt vor. Außerdem wärmte der.

Als sie endlich aufhörte an ihm herumzurupfen, sagte sie: »So, nun gehen wir zu Meister Salomon, damit er dir eine Hose und ein Hemd näht. Der Flickschneider ist froh, wenn er Arbeit hat, und billig ist er auch. Danach holen wir aus der Apotheke ein Mittel gegen deine Läuse.«

Wenzel schluckte. »Dem Meister Hans wird's nicht recht sein«, nuschelte er. »Kann ich jetzt meine Hose wieder anziehen?«

Sie ging zu dem Bottich, neben dem Wenzels Kleider noch auf dem Boden lagen. Mit spitzen Fingern hob sie Hemd und Hose auf und warf sie in das Badewasser. »Wenn sie sauber sind, kannst du sie bei der Arbeit tragen. Aber jetzt komm mit, so wie du bist.«

Wenzel kam sich lächerlich vor. Er schämte sich, wie ein Bettelmönch herumzulaufen. Außerdem war alles so beunruhigend, waschen, kämmen, entlausen, neue Sachen. Er fiel ja jetzt schon überall auf, mit seiner rosa Haut.

Die beiden Reiter kamen ihm wieder in den Sinn, die so freundlich und hilfsbereit gewesen waren – und ihn dann verkauft hatten. Was wollte diese Frau von ihm? Was wollte der Judenjunge, der ihn beschwatzt hatte in das Haus des Henkers zurückzukehren? Gott hatte seine schützende Hand über ihn gehalten, als er aus dem Stall gerannt war. Aber dann war dieser Daniel gekommen und hatte sich wie eine Wanze an ihn geheftet. Auf einmal bäumte sich alles in Wenzel auf. Er machte die Beine steif wie Laurenz' Esel, wenn der keinen Schritt weiter wollte. Auch Wenzel wollte nicht weiter. Wirre Gedanken und Ängste jagten ihm Schreckensbilder ein.

Frau Meike deutete seine Bockbeinigkeit aus ganz anderen Gedanken und Gefühlen heraus. »Hast du dir den Fuß gestoßen?«, fragte sie. »Die Gasse ist fürchterlich zerfurcht. Wir bräuchten dringend Pflastersteine. Weißt du was? Meister Isaak kann dir aus Abfallleder ein paar Sandalen nähen. Dann hast du wenigstens eine Sohle unter den Füßen. Das hilft eine Menge.«

»Nein, nein!«, stieß Wenzel hervor. »Meine Füße sind an steinige Wege gewöhnt. Wirklich, ich will nicht –«

Sie lachte und schnitt ihm das Wort ab. »Du bist ein ungewöhnlich bescheidener Junge. Das gefällt mir. Die Knechte, die wir sonst im Stall hatten, waren alle raffgierig, nahmen, was sie kriegen konnten und klauten noch obendrein. Komm, hier wohnt Meister Isaak.«

Sie öffnete die Tür eines niedrigen Fachwerkhauses und zog Wenzel hinter sich her in die Schuhmacherwerkstatt. Ein würziger Geruch nach Leim, Leder, Wachs und ein bullernder Holzofen verbreiteten Wohlbehagen. Zwischen Regalen, vollgestopft mit halb fertigen Schuhen, Lederstücken, Riemen und Schusterleisten aller Größen saß Meister Isaak auf einem dreibeinigen Schemel bei der Arbeit. Er war klein und hatte einen runden Rücken. Sein Kopf dagegen war ungewöhnlich groß und seine Nase geradezu übermäßig.

Frau Meike begrüßte den Schuhmacher freundlich, ohne ihm nahe zu kommen. Sie zeigte auf den unglücklichen Wenzel. »Dieses Menschlein braucht etwas an die Füße, damit es wieder lachen kann«, sagte sie.

»Ich mache ihm ein paar Stiefelchen mit Fell«, schlug Meister Isaak vor, »da hüpft ihm das Herz vor Freude.« Er blickte auf Wenzels Füße, als wollte er schon mal mit den Augen Maß nehmen.

»Sandalen«, entschied Frau Meike. »Stiefel muss er sich erst verdienen.«

»Gut, gut, wie Ihr wünscht.« Meister Isaak ließ seinen großen Kopf auf die Brust sinken. Er stand gebeugt vor Wenzel, ganz vertieft in den Anblick seiner nackten Füße.

»Hat viele Entbehrungen hinter sich, der gute Junge«, murmelte er. »Die Füße sagen eine Menge aus über das Leben eines Menschen, selbst über seine Bestimmung hier auf Erden. Glaubt mir, Frau Meisterin, an den Füßen kann man die Seele erkennen. Seht selbst, wie er unbewusst die großen Zehen krümmt. Ein Zeichen, dass ihm gar nicht wohl ist. Er möchte am liebsten davonlaufen. Aber diese spitzen Knöchelchen an den Gelenken, die so weit herausstehen, halten ihn zurück. Er sehnt sich nach einem festen Halt, den er verloren hat. Voller Zwiespalt ist er. Ja, und dann der hohe Spann, ganz ungewöhnlich! Wirklich sehr ausgeprägt. Oh, ich sage Euch, dieser Junge ist etwas Besonderes. Man sieht es ihm nicht an, aber die Füße können nicht täuschen. Ich kenne mich da aus. Habt Ihr bemerkt, dass der rechte Fuß ein klein wenig breiter zu den Zehen hin verläuft als der linke? Man muss genau hinschauen, sonst fällt es gar nicht auf. Aber in den unscheinbaren Dingen verbergen sich oft tiefe Geheimnisse. Ich würde es so deuten: Das Schicksal hat ihm eine schwere Prüfung zugedacht. Bis er dafür reif ist, muss er viel erdulden. Leiden ist ein guter Lehrmeister. Aber in dem hohen Spann deuten sich auch hohe Kräfte an. Der Junge hat eine edle Seele und er ist stark. Schaut Euch nur die Form der Zehnägel an, wirklich ungewöhnlich. Vergleicht sie mal mit anderen. Ein Hinweis ist das –«

»Meister Isaak!«, unterbrach Frau Meike. »Ihr seid ein Philosoph! Aber nehmt jetzt Maß. Es sollen einfache Schuhe werden, eine Sohle, ein paar Riemen zum Halten, nichts sonst. Sie dürfen nicht mehr als ein paar Groschen kosten.«

»Nun, sagen wir sechs Albus«, entgegnete der Schuhmacher. »Ein Pfund Butter kostet seit Lichtmess auf dem Markt neun Albus. Ist es da nicht gerecht, für ein paar solide Sandalen sechs Albus zu verlangen? Ein Paar feste Stiefelchen in seiner Größe würde ich, wegen der guten Nachbarschaft, für zwei Taler, zwei Gulden und zwei Albus anfertigen.«

»Sandalen«, entschied Frau Meike, »für fünf Albus und keinen Groschen mehr.«

Der Schuhmacher nahm einen Stichel und ließ sich auf die Knie nieder. Er ritzte die Umrisse von Wenzels Füßen auf ein Stück Leder. Dann richtete er sich wieder auf.

»Morgen kann er die Schuhchen abholen. Ich werde bis in die Nacht arbeiten. Der Junge ist etwas Besonderes, Frau Meisterin. Wir werden uns alle noch über ihn wundern.«

»Schon gut, Meister Isaak. Er ist unser Knecht. Mehr braucht er gar nicht zu sein.« Frau Meike ging entschlossen zur Tür, um die prophetischen Eingebungen des alten Schuhmachers nicht aufs Neue zu entfesseln.

Wenzel sog den würzigen Geruch der Werkstatt noch einmal tief ein, so als könnte er ihn mitnehmen, wie eine Prise Wohlbehagen.

Meister Salomon, der Schneider, der am unteren Ende der Judengasse Haus und Werkstatt hatte, war ein nüchterner Mann und eher wortkarg. Frau Meike gab ihm ein Stück graues Leinen, das sie bei sich trug.

»Selbstgewebt, damit es nicht zu teuer wird«, sagte sie. »Näht ihm ein Hemd draus.«

Der Schneider nickte und nahm bei Wenzel Maß. »Der Stoff ist reichlich. Ich werde ein paar Abnäher anbringen«, schlug er vor. »Der Junge wird noch wachsen.«

»Recht so, Meister Salomon. Nun braucht er noch eine Hose, wie sie für einen Knecht angemessen ist. Habt Ihr eine gebrauchte in Euren Flicksachen?«

Der Schneider hatte verschiedene Haufen alter Kleidungsstücke in dem engen Raum, der ihm als Werkstatt diente, angesammelt. Darunter waren abgetrennte Ärmel, ausgefranste Röcke, Stoffreste verschiedener Größe und Lumpen jeglicher Art. Aber er hatte auch mehrere Ballen mit grobem und feinem Tuch von besserer Qualität. Als Maßschneider durfte er nicht arbeiten. Das war der christlichen Zunft vorbehalten. Juden wurden in den Handwerkszünften nicht aufgenommen. So musste Meister Salomon sich mit Aufträgen begnügen, die den anderen Schneidern im Ort zu billig oder zu mühsam waren. Er einigte sich rasch mit Frau Meike über den Preis für ein neues Hemd und eine fast neue Hose.

Wenzel stand im Hintergrund und wurde gar nicht gefragt. Ihm war das alles unheimlich. Die Angst, wieder hereingelegt zu werden, saß tief. Andererseits war es so verlockend, Schuhe, ein Hemd und eine neue Hose zu bekommen. Er dachte an den Strohsack im Stall. Der hatte Flöhe und war warm. Da wusste man, woran man war. Aber konnte man einer Henkersfrau trauen?

Die Apotheke von Steinweiler lag nur ein paar Schritte vom Marktplatz entfernt, zwischen dem Klostergarten hinter der Kirche und dem Hospiz. Das Hospiz war ein ebenerdiges, längliches Gebäude, in dem Kranke und Sterbende versorgt wurden. Wenzel sah mehrere Soldaten mit blutigen Verbänden und Krücken am Eingang in der Sonne stehen. In einiger Entfernung von ihnen hockte eine Bettlerin auf der Erde und hielt die Hand auf. Frau Meike ging mit resoluten Schritten an ihr vorbei.

Die Eingangstür zur Apotheke hatte einen dunkelgrünen Anstrich. Darüber war ein Strauß blühender Heilkräuter gemalt, so naturgetreu, dass Wenzel meinte, die Blumen riechen zu können. Beim Öffnen der Tür ertönte ein melodisches Glockenspiel. Der Innenraum war mit hohen Regalen versehen und einem Holztisch, auf dem ein Destillierkolben, Flaschen und allerhand Gefäße, sowie eine große und eine kleine Pendelwaage standen. Über allem lag ein stechender Schwefelgeruch. Der Apotheker war untersetzt, breitschultrig, mit schlohweißem Haar und wolkigem Vollbart. Er trug einen schwarzen Anzug.

Wenzel wurde an ein Bild aus der Jesuitenschule in Prag erinnert, auf dem Gott-Vater, umrahmt von Engeln, dargestellt war. Auch die tiefe Stimme des Apothekers passte zu Wenzels Vorstellung von Gott. Verschüchtert wagte er kaum aufzuschauen.

»Er hat Läuse«, kam Frau Meike ohne Umschweife zur Sache. »Wir haben ihn bei uns aufgenommen, weil er irgendwo verloren gegangen ist. Aber Läuse springen von einem Kopf auf den anderen.« Sie schüttelte sich.

Mit einem Brummlaut nahm der Apotheker das zur Kenntnis. »Ich rühre eine Paste aus Galluskraut* an. Damit muss er sich den Kopf einreiben, nach dreißig Stunden mit Knochenseife auswaschen und den Strohsack, auf dem er schläft, verbrennen. Wir haben gerade abnehmenden Mond, die richtige Zeit, um Ungeziefer loszuwerden«, sagte er mit seiner tiefen Gott-Vater-Stimme.

Dann schüttete er verschiedene Pulver und Tropfen zusammen und zerrieb getrocknetes Galluskraut in einem Steinmörser.

---

* heutiger Name: Herbstzeitlose (Colchicum autumnale)

»Ich brauche dringend Nierenfett, Hammeltalg und getrocknetes Wolfsblut aus Eurer Abdeckerei«, sagte der Apotheker, während er die Essenzen mischte. »Drüben im Hospiz fehlt es an allem. Wie soll ich Wundsalben für die vielen Soldaten herstellen, wenn mir die Zutaten fehlen? Es ist eine Plage mit den durchziehenden Regimentern. Habt Ihr gehört, dass der Obrist von Winterfeld von uns 102 Karren und 246 Pferde gefordert hat? Sonst kann er nicht weiterziehen, behauptet er. Der Bürgermeister und die Ratsherren verhandeln seit neun Tagen mit dem Marquis von Winterfeld. Aber er rückt nicht von seinen Forderungen ab.«

Der Apotheker schlug mit der Faust auf den Tisch, dass die Geräte klirrten und die beiden Waagen ins Schwingen gerieten. »Was haben wir hier im Fürstentum Jülich mit dem Krieg der Preußen und Österreicher zu tun?«, polterte er weiter.

»Ich weiß es doch auch nicht«, seufzte Frau Meike. »Ihr bekommt Euer Fett. Ich schicke Anna Katrijn damit vorbei. Seit uns die Knechte fortgelaufen sind, ist Einiges in der Abdeckerei liegen geblieben. Aber der Junge hier wird uns bei der Arbeit helfen. Ich bin sicher, dass Wenzel tüchtig ist.«

»Wenzel? Ein fremdländischer Name.« Der Apotheker runzelte die Stirn. »Auch so einer, den der Krieg verblasen hat.«

Als die Läusepaste angerührt war, hatte Frau Meike noch einen Wunsch.

»Habt Ihr vielleicht ein paar Gramm von diesem braunen indischen Gewürz für mich?«, fragte sie.

Der Apotheker schüttelte bedauernd den Kopf. »Seit Wochen hoffe ich, dass ein jüdischer Händler aus dem Orient mit Zucker kommt. Aber durch die Kriegswirren gelangt kaum noch Ware von weit her bis zu uns. Die Gräfin von Schaffendorf und die Frau Bürgermeisterin warten auch darauf. Zucker ist ein unvergleichlicher Genuss. Und so gut für das Gemüt! Glaubt mir, ich könnte reich werden, wenn der Krieg nicht wäre.«

Sie seufzten beide und nickten sich zum Abschied zu. Dennoch war deutlich zu spüren, dass der Apotheker sehr auf Abstand hielt. Kein Handschlag besiegelte das Geschäft, keine noch so flüchtige Nähe. Sie brauchten einander für die kleinen Alltäglichkeiten. Doch das machte sie nicht ebenbürtig. Den Henker, seine Familie und seine Knechte berührte man nicht.

Das Glockenspiel an der Tür bimmelte lieblich als Frau Meike und Wenzel wieder hinausgingen.

Wenzel wollte kaum glauben, was er eben gehört hatte. Frau Meike konnte sich Zucker leisten? Vorausgesetzt, es gab welchen in der Apotheke. Noch nie hatte Wenzel dieses süße Gewürz aus Indien gesehen oder gar gekostet. Aber er kannte es vom Erzählen. Zucker naschten die Engel im Himmel und die Könige auf Erden, manchmal auch die reichen Bürger, die ganz reichen. – Und Frau Meike?!

Staunen und Ehrfurcht ergriff ihn. Wer mit Zucker würzte war reich und deshalb etwas Besseres. Wie die Kaffeetrinker. Das waren ebenfalls feine Leute. Aber Wenzels Weltbild war nun schon so sehr durcheinander geraten, dass er sich darüber kaum noch Gedanken machte.

Am nächsten Morgen begann die Arbeit.

»Weißt du, was ein Schinder oder Abdecker ist?«, fragte ihn Meister Hans.

»Nein, Herr.« Wenzel zog den Kopf zwischen die Schultern und wagte nicht den Henker anzuschauen. Er ahnte schon, dass sich dahinter nichts Angenehmes verbarg.

»Nenne mich Meister. Ich bin kein Herr. Mein Beruf erlaubt diese Anrede nicht«, sagte der Henker. »Also, wie heißt das?«

»Ja, Meister«, antwortete Wenzel, wie es von ihm erwartet wurde.

»So ist es recht, und nun sperr die Ohren auf! Ein Schinder muss verunglücktes und krankes Vieh, dessen Fleisch uns Menschen schaden würde, auf den Schindanger bringen und dort verbrennen. Die Asche wird in alle Winde verstreut oder ver-

47

graben. Der Schindanger liegt außerhalb der Stadt, neben der Richtstätte. Du erkennst den Platz schon von weitem an dem hohen Galgen. Die Arbeit eines Henkers ist zweifach. Er muss die Sünder ihrer gerechten Strafe zuführen, damit ihre Seelen geläutert werden, bevor sie vor Gott treten. Und er muss verhindern, dass unreines Getier Krankheiten und Schaden über die Menschen bringt. Auch Bestien wie Wölfe, Geier und wilde Hunde gehören auf den Schindanger. Doch vorher müssen wir sie abdecken. Das bedeutet, ihnen das Fell abziehen, ihre Federn rupfen, ihr Fett, einen Teil der Knochen, kurz alles, was uns Menschen noch von Nutzen ist, herauslösen. Das wird deine Arbeit sein. Ich erwarte, dass du es ordentlich machst.«

»Meister, ich glaube, das kann ich nicht«, stammelte Wenzel.

»Du meinst, du bist dir zu gut für einen Schinderknecht? Woher dieser Stolz?«

Wenzel schluckte. »Verzeihung, es ist nur – ich wollte sagen, ich bin nicht stark.«

»Deine Kräfte reichen aus, da bin ich mir sicher. Womit hast du dir denn bisher dein Brot verdient?«

»Zuerst war ich Pferdeknecht bei den französischen Husaren und danach habe ich bei einem Bader gelebt. Ich habe ihm geholfen, Mittel gegen sichtbare und unsichtbare Plagen herzustellen.«

Meister Hans verzog keine Miene. »Nun, wie bei einem Quacksalber geht es in einer Abdeckerei nicht gerade zu. Aber du wirst dich daran gewöhnen. Es bleibt dir keine andere Wahl. Du bist freiwillig in meinen Schuppen eingedrungen, hast in meinem Pferdestall geschlafen, hast in meiner Stube gesessen. Die Bürger von Steinweiler haben dich mit der Meisterin gesehen. Kein ehrbarer Mensch wird dir Arbeit geben oder die Mahlzeit mit dir teilen, denn du gehörst nun zu den Verfemten wie der Henker und seine Familie. Niemand kann dir diesen Makel wieder abnehmen. Einmal Henker, immer Henker. So verhält es sich auch mit den Schinderknechten.«

Wenzel schreckten die Worte nicht, obwohl sie laut und heftig waren. Auch als Leibeigener war er ehrlos gewesen. Aber wer wusste das außer Laurenz? Und der war längst über alle Berge mit seinem Klapperkarren. Und wie war das mit den Knechten von Meister Hans? Hatten die Werber der Soldaten nach deren Ehre gefragt? Der Schandfleck wurde einem nicht ins Gesicht gebrannt. In Prag war er Jesuitenschüler gewesen. Wenn er dorthin zurückkehrte, konnte er verschweigen, was ihm zugestoßen war.

»Was schwirrt dir im Kopf herum?«, unterbrach Meister Hans seine Gedanken. »Du hast ein ehrliches Gesicht, kannst deine Gefühle schlecht verbergen. Die Knechte, die ich bisher hatte, waren älter als du und rohe Kerle. Die Meisterin ist dir zugetan. Das hast du wohl selber schon bemerkt. Also sei dankbar. Es soll dir bei uns nicht schlecht gehen. Doch nun Schluss mit den Worten! Komm mit an die Arbeit.«

Wenzel war erleichtert, dass Meister Hans keine Antwort auf seine Frage erwartete. Er folgte ihm in den Schuppen. Wenn ich mich anstrenge, gibt es heute vielleicht keine Prügel, machte er sich selber Mut. Der Gestank ist abscheulich, aber er tut nicht weh.

Meister Hans schien Bärenkräfte zu haben. Mit einer Hand hob er den Kadaver einer Ziege hoch und warf ihn in die Nähe des offenen Schuppentores. Dann nahm er ein Messer mit breiter Klinge, das wie ein kurzes Schwert aussah. Er ritzte das Fell am Bauch und an den Beinen auf, holte dann weit aus und trennte mit einem einzigen Hieb den Kopf vom Rumpf.

»So macht man das«, sagte er. »Beim nächsten Bock bist du dran. Jetzt zieh das Fell ab. Du kannst das kurze Messer dort zur Hilfe nehmen.«

Wenzel zog, zerrte, stach und schabte an dem Ziegenrumpf herum. Unglaublich, wie fest die Haut noch am toten Fleisch saß. Der Henker beobachtete ihn und schüttelte unwillig den Kopf.

»Pack richtig zu! Mit spitzen Fingern geht das nicht.« Er griff mit beiden Händen das Stück Fell, das Wenzel mühsam gelöst hatte und zog daran, als sei es nichts als eine junge Baumrinde. Ehe Wenzel Luft holen konnte, lag das ganze Fell an einem Stück neben dem glitschigen Ziegenleib.

»Nun hol die Eingeweide heraus«, befahl der Henker. »Denk dabei nicht an den Panscher, für den du gearbeitet hast. Jetzt bist du Schinderknecht. Je eher du dich daran gewöhnst, desto besser für dich.«

Das Ausweiden war nicht so anstrengend wie das Häuten. Aber Wenzel verkrampfte sich immer mehr, weil ihn der Ekel würgte. Bis zu den Ellenbogen musste er hineingreifen in den verwesenden Leib. Er stellte sich so ungeschickt an, dass Meister Hans ungeduldig wurde.

»Kannst du wenigstens das Pferd aus dem Stall holen?«, fuhr er ihn an. »Du Quacksalber-Gehilfe. Los, spann an und dann lade alles auf, was wir verbrennen müssen.«

Das ging Wenzel leicht von der Hand. Das Zugpferd war eine gutmütige, alte Stute, die allein wusste, was von ihr erwartet wurde. Wenzel klopfte ihr dankbar den Hals und die Stute stupste ihn mit ihren weichen Nüstern. Dann schüttelte sie ihren Kopf mit der struppigen Mähne, als ekelte sie sich genauso wie Wenzel vor dieser Stinkarbeit.

Nicht nur der zerlegte und ausgenommene Ziegenkadaver landete auf dem Schinderkarren. Auch zwei tote Hunde mit räudigem Fell. Dann musste Wenzel den Wolfskopf festhalten, der ihn schon einmal fürchterlich erschreckt hatte. Der Henker brach die kräftigen Zähne heraus und schnitt die Ohren ab.

»Das sind brauchbare Teile für Amulette«, sagte er. »Aber mit so etwas kennst du dich wohl aus. Oder hat dein Bader keine Amulette hergestellt?«

»Doch, viele!«, antwortete Wenzel, der froh war zu zeigen, dass es auch Dinge gab, von denen er etwas verstand. »Ein Wolfsohr zusammen mit einem getrockneten Adlerauge in einem Leinensäckchen um den Hals getragen, gibt kränkelnden Jungen tierische Kraft. Die Zähne würde ich zu Pulver zermahlen, Meister. Ein Quäntchen davon mit Asche von Wacholderbeeren, einem zerriebenen Mistelblatt und Eberblut, in Branntwein geschüttelt, damit es nicht gärt, ist ein Wundermittel, wenn ein Mann keine Knaben zeugen kann.«

»Das kannst du der Meisterin verraten«, sagte der Henker. »Sie stellt Heilmittel her für die einfachen Leute, die sich den teuren Medicus nicht leisten können. Aber die meisten, die in der Dunkelheit an unser Fenster klopfen, vermummt, damit sie niemand erkennt, fürchten sich vor bösen Geistern und wollen Mittel gegen Tod und Teufel.«

»Und wenn der Kindersegen ausbleibt oder gar nicht mehr aufhören will,« ergänzte Wenzel eifrig. »Auch gegen den bösen Blick, einen verwirrten Verstand und nächtliche Heimsuchung durch Verstorbene brauchen sie Mittel. Davon versteht ein Medicus nichts.«

Meister Hans warf den gefledderten Wolfskopf auf den Schinderkarren. Er schien nichts hören zu wollen von der Hexenküche eines umherziehenden Baders. Wenzel verstummte wieder.

Bis auf die Felle, einem Haufen Knochen, einer Schüssel voll geronnenem Wolfsblut, ein paar Zähnen, Krallen und abgeschnittenen Ohren lag nun alles auf dem Karren.

»Leg deinen Strohsack noch obendrauf. Er wird brennen wie Zunder«, sagte der Henker. »Die Meisterin ist der Ansicht, dass auch Läuse und Flöhe auf den Schindanger gehören.« Dann drehte er sich um und ging ins Haus.

Als Wenzel aus dem Stall zurückkam, sah er den Henker mit einem Schlüssel in der Hand, der beinahe so groß war wie der Schürhaken, mit dem seine Mutter die Asche aus dem Herd geholt hatte. Unglaublich! Wie wuchtig musste das Schloss sein und erst die Tür, zu der dieser Riesenzacken passte! Wenzel fasste das Pferd am Zügel und folgte dem Henker, der ohne Anweisung vorausging. Schon nach wenigen Schritten wusste Wenzel, dass er nun durch das Büßertor gehen musste.

Das Pferd kannte seinen Weg und zog ihn mit. Das war gut so, denn sonst hätte Meister Hans sich wohl sehr gewundert, warum sein neuer Knecht die Beine steif machte und nicht weiter gehen wollte.

Es bringt Unglück, Verderben, Wahnsinn, die Hölle, dachte Wenzel verzweifelt. Wer durch ein Büßertor geht, den verfolgen die Seelen der gehenkten Mörder, der verbrannten Hexen und der auf dem Rad zu Tode gefolterten Ketzer. Ich brauche einen Schutz, der irrende Seelen bannt. Sonst ist es um mich geschehen. Eine Hostie! Ja, dachte Wenzel, ich brauche eine Gott geweihte Hostie, die mir den Teufel und alle dunklen Mächte vom Leibe hält.

Hinter dem Büßertor ging es steil bergauf, doch bald knickte der Pfad nach rechts weg und verlief nun parallel zum Hang, außerhalb der Stadtmauer, am Wald entlang. Von hier oben hatte man einen weiten Blick nach Steinweiler hinein. Wenzel konnte die gesamte Stadtmauer sehen, den Fluss und die Häuser, die sich dem Wasserlauf anpassten. Die Klosterkirche fiel ihm sofort auf, daneben das Hospiz und keine zwanzig Fuß entfernt das ochsenblutrote Rathaus. Er zählte vier Stadtausgänge, zusammen mit dem Büßertor, durch das er soeben steifbeinig vor Angst hinaus gestolpert war.

Doch jetzt waren seine Schritte sicherer. Er tätschelte die Stute, die sich ziemlich ins Zeug legen musste, um den Karren den holprigen Weg hinaufzuziehen. So unerwartet wie alles im Leben kam und ging, durchdrang Wenzel jetzt Hoffnung. Es wird alles gut, sagte er sich, wenn ich nur erst den Gottesschutz bei mir trage. Dann kann mir nichts mehr geschehen.

Die Arbeit war kein Problem mehr. Ein paar tote Tiere verbrennen, ein bisschen Asche im Wind verstreuen, dann zurück ins Henkerhaus, die Stute ausspannen, sich am Brunnen waschen. Der Tag war schon zur Hälfte rum.

Auf der Bank vorm Haus ruhte er sich aus. Anna Katrijn brachte ihm einen Becher Wasser und setzte sich zu ihm.

»Ich verrate dir was«, flüsterte sie. »Aber lass dir nichts anmerken. Meine Mutter hat durchgesetzt, dass du in der Mägdekammer hinter der Küche schlafen darfst. Zuerst hat mein Vater ein bisschen geknurrt, weil du unser Schinderknecht bist und die anderen immer im Stall geschlafen haben. Aber wir kriegen bald noch einen Knecht. Es ist einer von den Soldaten, die im Gefängnis sitzen. Er hat nur noch ein paar Tage zu verbüßen und dann will er meinem Vater helfen. Die Mägdekammer steht schon lange leer. Wir brauchen sie nicht. Jetzt kriegst du sie.«

»Eine Kammer für mich allein? Im Haus?«, fragte Wenzel, der seine Freude kaum zurückhalten konnte. »Warum steht sie leer?«

»Weil meine Mutter keine Magd mehr will. Die Weibsbilder sind schlimmer als biblische Plagen, behauptet sie. Wir hatten mal eine, die war bucklig und so dreckig unter den Kleidern, dass sie wie ein Scheißhaufen stank. Eine andere war wirr im Kopf. Meine Mutter hat sie schon nach wenigen Tagen fortgejagt. Danach kam eine, die hat immer gezittert und dabei ganz viel Geschirr zerschlagen. Dann die Theresa. Sie hat uns bestohlen. Mein Vater hat sie selbst zum Vogt* gebracht. Nachdem sie gestanden hatte, musste er sie stäupen**. Hast du vor dem roten Rathaus die Säule gesehen mit den eisernen Ringen? Daran werden Betrüger und Diebe gebunden, die gebrandmarkt oder gestäupt werden. Die letzte Magd, an die ich mich erinnern kann, bekam einen dicken Bauch. Sie hat Unzucht getrieben. Aber sie ist heimlich nachts fortgelaufen um sich der Strafe zu entziehen. Von solchen Ludern will meine Mutter keine mehr in ihrer Küche sehen. Lieber lässt sie mich die Arbeit machen.« Anna Katrijn seufzte.

---

* Richter
** mit Ruten schlagen

»Ich verstehe nicht, warum sich die Meisterin keine ordentliche Magd sucht«, wunderte sich Wenzel. »Bei uns zu Hause hatten wir eine, die hat immer gesungen bei der Arbeit und oft eine weiße Schürze getragen. Sie war sauber und fleißig. Wir mochten sie gern.«

Anna Katrijn blickte auf ihre Füße. Wenzel spürte, dass sie etwas bedrückte, aber er konnte sich nicht erklären, was. »Nun sag schon, warum?«, bohrte er weiter. »Ich verstehe es nicht.«

»Wer beim Henker Magd war, ist anrüchig. Hast du das denn noch nicht begriffen? So ein Mädchen will keiner heiraten und niemand gibt ihm Arbeit. Deshalb kommen nur solche, die nichts mehr zu verlieren haben: Verrückte oder Verkrüppelte, Pockennarbige, Huren, übles Gesindel.«

Wenzel schwieg betroffen. Ihre heftigen Worte zeigten ihm, wie unzufrieden sie war. Es machte ihm auch klar, was andere Leute nun von ihm denken würden. Zum Glück kannte ihn hier niemand. Und Steinweiler war nicht die Welt. Wenn im späten Frühjahr die Nächte nicht mehr so kalt waren, würde er sich erkundigen, in welcher Richtung Böhmen lag. Er musste nicht hier ausharren wie Anna Katrijn. Aber er hütete sich, von seiner Hoffnung zu reden.

»Ich will keinen Henker heiraten«, sagte Anna Katrijn nach einer längeren Pause. Sie starrte trotzig vor sich hin. »Lieber würde ich ins Kloster gehen. Aber nicht mal die frommen Schwestern nehmen eine Henkerstochter auf. Ich weiß es, weil die Ursula von Meister Cornelis es versucht hat. Ihr Vater hat es erzählt. Ich habe gelauscht.«

Frau Meike erschien an der Tür. »Anna Katrijn, was sitzt du hier rum? Räum die Küche auf und scheuer die Töpfe. Zum Schwatzen ist der Feierabend da. Doch feg zuerst die Stube aus. Ich will mich an den Webstuhl setzen. Da habe ich es nicht gern, wenn du um meine Füße herumwedelst.«

Anna Katrijn verzog das Gesicht. »Immer muss ich fegen und die Küche aufräumen«, maulte sie.

Auch für Wenzel gab es noch genug zu tun. Zuerst trug er die Felle, die noch im Schuppen lagen, zum Gerber ins Nachbarhaus. Dann mussten die Knochen zum Seifensieder gebracht werden. Er fand eine Kiepe, die ihm fast bis in die Kniekehlen hing. Die lud er voll, nahm sie auf den Rücken und legte sich zusätzlich das Stirnband um, das schon vor ihm jemand am oberen Rand des Weidenkorbes befestigt hatte. Gekrümmt, das Band vorm Kopf, lief er wie ein Ochse im Joch.

»Du findest den Seifensieder in Ryssbach«, hatte Meister Hans gesagt. »Es ist das erste Dorf, in das du kommst, wenn du durch das Ost-Tor gehst. Sag den Wachen, dass der Henker für dich bürgt. Auf dem Rückweg kannst du deine neuen Kleider abholen.«

Die Judengasse hinunter ging es noch ganz gut. Aber schon auf der Brücke, über dem Flüsschen drückte ihn die schwere Kiepe. Der Husten wurde heftiger, weil er vor Anstrengung keuchte. Eine Frau, die Äpfel verkaufte, zeigte ihm, welche Straße zum Ost-Tor führte. Dahinter lag die Landstraße nach Ryssbach.

Als Wenzel zurückkam, müde und mit wundgescheuertem Rücken, läuteten die Glocken der Klosterkirche zum Abendgebet.

Morgen bitte ich den Priester um eine Hostie, nahm sich Wenzel vor. In neuen Kleidern und mit Sandalen an den Füßen wird mich jeder für einen ordentlichen Bürger halten. In Lumpen darf man nicht in die Kirche gehen. Das weiß ich wohl. Bettler müssen draußen vor dem Portal bleiben. Die Priester sind streng mit armen Leuten. Aber morgen wird alles gut.

An diesem Abend durfte er zum ersten Mal in der Mägdekammer schlafen. Auf einem frischen Strohsack.

Frau Meike lächelte über Wenzels Freude und Dankbarkeit, die aus seinen Augen strahlte.

»Bist wirklich noch ein halbes Kind«, sagte sie und seufzte wehmütig. »Könntest mein Junge sein. Ich werde dich zur Sauberkeit erziehen und einen tüchtigen Knecht aus dir machen. Aber du musst gehorchen!«

»Ja, Frau Meisterin.«

Die Mägdekammer hinter der Küche war ein schmaler, enger Verschlag ohne Tür und Fenster. Aber Wenzel war selig. Wofür brauchte man ein Fenster, schon gar, wenn der Winter bevorstand und man es wegen der Kälte doch nicht öffnete? Von der Küche drang Wärme herein und den Strohsack fand man auch im Dunkeln.

Von nun an musste er morgens als Erster aufstehen und die Glut im Herd anfachen. Dann rasch einen Topf mit Wasser aufsetzen, bevor Frau Meike aus ihrer Schlafkammer kam um das Frühstück vorzubereiten. Er durfte in der Küche essen, während die Henkersfamilie die Mahlzeiten in der Wohnstube einnahm. Ein bequemes Leben war das.

Kurz nach dem Morgenmahl kam ein lebhafter Mann, der noch nicht ganz dreißig Jahre alt sein mochte. Die Haare standen ihm lockig vom Kopf ab. Er trug eine schwarze, abgewetzte Hose und eine ebenfalls schwarze Weste über einem Hemd mit weiten Ärmeln. Auffallend waren seine funkelnden Augen. Das musste Daniels Vetter sein, der Herr Magister-Astronom.

Wenzel hätte gern gehört, was Anna Katrijn gerade lernte. Aber er hatte keine Gelegenheit zu lauschen. Der Henker rief nach ihm.

»Wir müssen ein verrücktes Rindvieh abholen«, sagte er. »Spann beide Pferde vor den Leiterwagen. Der Karren ist zu klein für eine ausgewachsene Kuh.«

Kurz darauf rumpelten sie die Judengasse hinunter.

Wenzel sah Daniel mit zwei anderen Jungen zusammenstehen. Er grinste ihm zu. Aber Daniel schaute weg als würde er ihn nicht wieder erkennen.

Meister Hans war nicht sonderlich gesprächig. Er gab Wenzel nur kurze Anweisungen, vertraute ihm die Zügel an, griff aber immer wieder ein.

»Für einen ehemaligen Pferdeknecht hältst du den Wagen schlecht in der Spur«, murrte er. »Du musst noch viel lernen. Die Abdeckerei ist Arbeit für die Knechte. Damit will ich mich nicht aufhalten.«

»Anna Katrijn hat mir gestern erzählt, dass bald noch ein Knecht kommt«, sagte Wenzel. »Zu zweit wird es besser gehen, Meister.«

»Das erwarte ich.« Der Henker zeigte nach links. »Bieg hier in den Feldweg ein. Langsam – ja, so ist es recht, und die Zügel wieder locker lassen.«

Sie sahen die Kuh schon aus einiger Entfernung. Der Bauer, dem sie gehörte, stand zusammen mit einem Nachbarn über dem Tier, das an Vorder- und Hinterbeinen gefesselt am Boden lag. Die Kuh verdrehte die Augen. Sie hatte blutigen Schaum vorm Maul.

»Meister Hans, gut, dass Ihr kommt. Dieses Rindvieh ist verhext«, stöhnte der Bauer. »Reißt ihm das Fell runter und verbrennt den Schädel. Das Fleisch will ich für mich und meine Familie.«

»Wenn ihr das Fleisch esst, verdreht ihr auch die Augen und spuckt Blut«, sagte der Henker. »Es ist die dritte Kuh, die ich in so einem Zustand sehe. Verbrennt das Stroh, auf dem sie gestanden hat und räuchert den Stall mit Wacholder und Beifuß aus, damit die Krankheit entweicht. Sonst sind bald auch die anderen Tiere verseucht.«

»Wir haben nur die eine Kuh«, jammerte der Bauer. »Ist denn das Fell wenigstens noch zu verwenden? Ich will es dem Gerber bringen, wenn ich schon das Fleisch hergeben muss.«

»Nein«, sagte Meister Hans. »Das Fell steht mir zu. Es ist Lohn für meine Arbeit. So hat es unser Fürst bestimmt.«

»Mit dem Henker soll man nicht handeln«, mischte sich nun der andere Mann ein, der bisher geschwiegen hatte. »Versuch es erst gar nicht. Das bringt Unglück und davon hast du schon genug. Überlass ihm deine Kuh und halt's Maul.«

Der Bauer sank in sich zusammen und sagte gar nichts mehr.

Meister Hans holte unter dem Sitzbock des Leiterwagens eine Keule hervor. Er packte das dünnere Ende und betäubte die Kuh mit einem gezielten Schlag zwischen die Hörner. Dann schlitzte er ihr die Kehle auf.

»Nicht von jedem Tier können wir das Blut verwenden«, erklärte er Wenzel. »Wenn dunkle Mächte am Werk sind, muss das Blut im Boden versickern. Die Erde hat Kräfte sich zu schützen, Wasser würde das Unheil weitertragen. Du darfst niemals Flüsse und Bäche verunreinigen. Merk es dir.«

Als das Bluten allmählich aufhörte, zerrten sie die tote Kuh zum Wagen. Die drei Männer und Wenzel schafften es nur gemeinsam sie hinaufzuhieven. Kaum lag der Kadaver oben, wandten sich der Bauer und der andere ab. Sie liefen grußlos davon.

Um sich die Arbeit zu erleichtern, brachten sie die Kuh gleich auf den Schindanger. Dort zogen sie ihr das Fell ab, zerlegten sie und schichteten einen Scheiterhaufen auf.

Danach ließ der Henker Wenzel mit der Arbeit allein, nicht ohne ihm vorher genaue Anweisungen gegeben zu haben. »Alle Knochen müssen restlos verbrennen. Grabe für die Asche ein Loch und verschließe es anschließend wieder sorgfältig. Achte darauf, dass keine Funken ins dürre Gras fliegen. Du darfst Feuer niemals aus den Augen lassen. Erst wenn es ganz erloschen ist, kommst du zurück. Ich verlasse mich darauf, dass du die Arbeit ordentlich machst.«

Er warf das Kuhfell auf den Wagen und trieb die Pferde an.

Wenzel sah ihm nach. Laurenz hatte ihn nie allein gelassen. Der war von Argwohn ganz zerfressen. Wie gut tat es, hier am Feuer zu sitzen, ohne ständig beaufsichtigt und angetrieben zu werden. Man konnte den Gedanken nachhängen und träumen.

Wenzel sah zu, wie sich das, was eben noch eine lebendige Kuh gewesen war, in den Flammen verwandelte und zerfiel. Wo mag das Leben hingehen?, fragte er sich. Ist es mit dem Blut in die Erde geflossen? Ist es aufgestiegen mit dem Wind? Wo mag der Himmel sein, in dem Gott thront? Direkt über mir? Oder hinter den Bergen? Manchmal hatte Laurenz im Suff geschrien: »Es gibt keinen Gott. Niemand hat ihn je gesehen. Alles nur Lug und Trug.«

Irgendwas flog an Wenzel vorbei und landete im Feuer. Funken sprühten. Er kam sofort auf die Beine und drehte sich um. Aber da war niemand. Ringsum leuchtete das bunte Herbstlaub und weiter oben, auf der Kuppe des Hügels, stand einsam der Galgen. Ein ausgefranster Strick baumelte im Wind hin und her – hin und her.

Wenzel wandte den Blick wieder dem Feuer zu. Er drehte einige Scheite, damit sie gleichmäßig abbrennen konnten und schob den Kuhschädel mehr ins Zentrum der Glut. Da sauste wieder etwas durch die Luft. Diesmal hatte Wenzel bemerkt, aus welcher Richtung es kam. Er reckte sich hoch und sah Daniel flach in eine Mulde geduckt, wie ein Hase in der Ackerfurche.

»Du kannst ruhig aufstehen«, sagte Wenzel laut. »Meinst du, ich sehe dich nicht?«

Daniel kam zu ihm. »Beim ersten Mal hast du mich nicht bemerkt. Wie ein Frischling hast du die Nase in die Luft gehalten und geschnuppert. Ich kann gut zielen. Stimmt's?«

Der muss schon wieder angeben, dachte Wenzel. Laut fragte er: »Was treibst du dich hier herum?«

Daniel nahm eine Astgabel vom Boden auf und stocherte damit im Feuer, dass die Funken stoben.

»Lass das!«, befahl Wenzel scharf. »Heute Morgen war ich Luft für dich und jetzt schleichst du mir nach.«

Daniel setzte sich mit gekreuzten Beinen auf den Boden. »Sei nicht gleich beleidigt. In der Judengasse bleibt nichts verborgen. Wenn mein Vater uns zusammen sieht, verdrischt er mich mit seiner Schneiderelle. Aber wer traut sich schon auf den Schindanger? Mein Vater jedenfalls nicht.« Er grinste.

Wenzel kam um das Feuer herum und setzte sich neben ihn. »Ach, so ist das! Du darfst dich nicht mit mir einlassen, weil ich beim Henker bin.«

»Ja, leider«, sagte Daniel.

»Aber ihr Juden seid doch auch ehrlose Leute?«

»Die Christen sehen uns so. Wir, unter uns, haben durchaus Ehre«, erklärte Daniel. »Nur den Henker und seine Leute meiden alle wie die Pest.«

»Aber ihr handelt mit Frau Meike und feilscht um die Preise. Dein Onkel hat mir Sandalen geschustert und dein Vater hat mir Hemd und Hose geschneidert. Sie haben dafür Geld von Frau Meike genommen – Henkersgeld.«

»Das ist erlaubt. Geschäfte kann man mit jedem machen. Ein Taler ist niemals ehrlos, egal von wem er kommt. Verstehst du das?« Daniel sah gespannt zu Wenzel hinüber.

»Ein bisschen vielleicht, aber eigentlich doch nicht«, grübelte Wenzel. »Ich habe noch nie über solche Sachen nachgedacht.«

»Du solltest nachdenken! Mein Vetter behauptet, das ganze Übel in der Welt kommt daher, weil einfache Leute ihren Verstand nicht gebrauchen. Sie lassen alles mit sich machen wie das dumme Vieh. Ich denke zum Beispiel darüber nach, warum wir mit dem Henker in einer Gasse wohnen müssen. In Steinweiler ist es Juden nicht erlaubt zu wohnen, wo sie wollen. In anderen Städten ist es ähnlich. Wir dürfen nicht einmal ein Stockwerk auf unser Haus draufsetzen. Das ist Gotteslästerung, sagen die Christen. Ein Jude darf nicht hoch hinaus.«

»Das kommt daher, weil ihr an den Teufel glaubt«, erwiderte Wenzel.

»Was für ein Unsinn!«, stieß Daniel heftig hervor. »Wir glauben an denselben Gott wie ihr Christen. Wir haben dieselben zehn Gebote. Weißt du das denn nicht?«

Wenzel schüttelte den Kopf. »Laurenz hat behauptet, dass Juden Teufelsbrüder sind.«

Daniel sprang auf. »Das nimmst du sofort zurück!« Er ballte die Fäuste.

»Sei nicht böse, Daniel. Komm, setz dich wieder. Ich will dich nicht kränken«, versicherte Wenzel rasch. »Dieser Laurenz ist ein übler Halunke. Er hat vieles getan und gesagt, was keine Ehre hatte. Meister Hans und Frau Meike dagegen sind gut zu mir – wie wahre Christen.«

Daniel ging einen Schritt rückwärts. »Es ist eine Sünde, mit euch über den Herrn zu sprechen. Mein Vater ist ein frommer Mann und würde das nie wagen. Aber mein Vetter glaubt an eine neue Zeit, wo die Schranken der Engstirnigkeit fallen. Klingt das nicht furchtbar aufregend? Weißt du, mein Vetter – er ist ein Rebell. Aber behalte das ja für dich! Die Alten in der Gasse meinen, es nimmt kein gutes Ende mit ihm. Ich weiß oft nicht, wem ich mehr glauben soll. Mein Vater sagt, durch den Verstand schleicht sich der Teufel bei uns ein. Aber mein Vetter sagt, Gott hat uns den Verstand gegeben. In England, Holland und Frankreich sind die Menschen aufgeklärter als bei uns. Frag mich nicht, was das nun genau bedeutet. Jedenfalls hat es mit Nachdenken zu tun und damit, sich nicht alles gefallen zu lassen. Du musst zugeben, dass es sehr mutig von mir ist, heimlich auf den Schindanger zu kommen. Das wagt so leicht keiner. Aber jetzt gehe ich doch lieber wieder. In der Judengasse fällt es sofort auf, wenn einer länger fort ist.«

»Daniel, bleib noch. Ich verrate dich und deinen Vetter bestimmt nicht«, sagte Wenzel. »Du hast mir noch nicht gesagt, woher du wusstest, dass ich hier bin.«

Daniel zuckte mit den Schultern. »Das war kinderleicht. Heute Morgen bist du mit Meister Hans weggefahren. Heute Mittag kam er allein zurück, mit einem Kuhfell auf dem Wagen. Und Rauch stieg oberhalb vom Büßertor auf. Da wusste ich, wo du warst. Nachdenken! Bis ein andermal, Wenzel.«

»Du, warte noch! Ich will wirklich nicht, dass du Prügel meinetwegen kriegst«, sagte Wenzel hastig. »Aber können wir uns nicht irgendwo heimlich treffen? Noch sind nicht alle Blätter von den Bäumen gefallen. Der Wald ist ein gutes Versteck. Kannst du dich im Dunkeln unbemerkt aus dem Haus schleichen?«

Daniel überlegte. »Nachts im Wald? Da sind die Stadttore geschlossen. Ich hoffe, mir fällt was anderes ein. Du bist jedenfalls nicht gleich wieder auf und davon. Das ist gut. Wir treffen uns. Ganz bestimmt! Und dann musst du mir erzählen, wie das mit den Körnern ausgegangen ist und was du alles schon erlebt hast. Bis bald.«

Er drehte sich um und war, ehe Wenzel etwas erwidern konnte, verschwunden, so rasch wie er aufgetaucht war.

Wenzel blickte ihm nach und grinste. Fast schon ein Freund, dachte er.

Als der Abend kam, wusch sich Wenzel gründlich am Brunnen und zog danach zum ersten Mal seine neuen Kleider an. Er stand in der Küche, sah an sich herunter und fühlte sich wie verwandelt. Ganz feierlich war ihm zu Mute. Er fragte Frau Meike, ob er noch ein wenig spazieren gehen dürfe.

Sie runzelte die Stirn. »Nicht länger als eine Stunde«, mahnte sie. »Wir verriegeln dann die Haustür. Herumtreiben dulde ich nicht.«

Wenzel brauchte keine Stunde für das, was er vorhatte.

Es begann schon zu dämmern. Die Bewohner von Steinweiler legten ihre Arbeit nieder. Wer noch unbedingt etwas zu erledigen hatte, beeilte sich. Das Federvieh, das tagsüber in den Gassen umherlief, wurde eingefangen, die Stalltüren fest verriegelt.

Vom Turm der Klosterkirche läuteten die Glocken und riefen die Christen zum letzten Kirchgang für diesen Tag.

Als Wenzel die Kirche erreichte, hatte die Abendandacht bereits begonnen. Er zog das schwere Portal einen Spalt auf und schlüpfte hinein. Der Geruch von Weihrauch und feuchter Kälte empfing ihn. Es war dunkel hier drinnen. Nur der kümmerliche Schein von Kerzen und glimmenden Holzspänen an den Wänden ermöglichte es, sich zurechtzufinden. Vom Altar her hallte die laut betende Stimme des Priesters, begleitet vom Murmeln geduckter Gestalten, die am Boden knieten.

Gelobet sei der Name des Herrn!

Auch Wenzel kniete nieder. Eine knotige Hand tastete nach ihm. Er wich zur Seite aus. Die Hand zuckte zurück. Offensichtlich hatte sie jemand anderen an diesem Platz vermutet. Das Gemurmel schwoll an und ab. Schatten huschten über ihn hinweg von Wachslichtern, die in betenden Händen gehalten wurden. Vor Wenzel steckten zwei die Köpfe so dicht zusammen, dass sie zu verschmelzen schienen. Ihr Getuschel war leise und hob sich dennoch von den monotonen Stimmen der Betenden ab. Doch immer am Ende der Litanei stimmten sie wieder mit ein.

Gelobet sei der Name des Herrn!

Plötzlich war alles zu Ende. Der Priester verstummte. Gleichzeitig ebbte auch das Gemurmel der Knienden ab. Um Wenzel herum raschelten Kleider, schlurften Füße. Hüstelnd und flüsternd erhoben sich die Gläubigen und drängten zum Ausgang. Wenzel rührte sich nicht.

Erst als das dumpfe Zuschlagen der Kirchentür verhallt war und ein Mönch die Holzspäne an den Wänden auszulöschen begann, wagte er sich näher zum Altar.

»Gelobet sei der Name des Herrn«, wiederholte er noch ganz gebannt vom Rhythmus und Klang der ständig wiederkehrenden Worte, aber auch, um den Priester auf sich aufmerksam zu machen.

»Was willst du?«, fragte der Geistliche mit einem Anflug von Ungeduld in der Stimme. »Jetzt kann ich keine Beichte mehr abnehmen.«

»Ich komme nicht wegen der Beichte, Ehrwürden«, beteuerte Wenzel sofort. »Ich möchte ganz bescheiden bitten, um den Leib unseres Herrn Jesus Christus. Meine Seele ist von vielen

Gefahren bedroht. Habt die Güte, Ehrwürden, und gebt mir eine Hostie.«

Der Priester wurde ein wenig ungehalten. »Was soll das heißen, deine Seele ist von vielen Gefahren bedroht? So geht es uns allen. Du bist keine Ausnahme. Bete, mein Sohn, dann wird dir Schutz und Schild gegeben gegen irdische und teuflische Versuchungen.«

»Beten allein reicht bei mir nicht aus«, sagte Wenzel in aller Unschuld.

»Nicht?« Der Priester nahm eine Kerze in die Hand und leuchtete ihm damit ins Gesicht. »Wer bist du überhaupt? Ich kenne dich nicht.«

»Ich lebe erst seit kurzer Zeit in Steinweiler. Der Krieg hat mich hierher verschlagen.«

»Nun, auch der Weg des Gottessohnes war dornig und schwer. Wir können uns den Prüfungen nicht entziehen, die Gott uns auferlegt. Was bezahlst du denn?«

»Ehrwürden, ich bitte um eine Hostie«, sagte Wenzel mit klarer, unbefangener Stimme. Denn er glaubte, der Priester hätte ihn noch immer nicht richtig verstanden.

»Das sagtest du bereits. Halte meine Zeit nicht unnütz auf.« Der Geistliche schaute Wenzel lächelnd ins Gesicht.

»Verzeihung«, stammelte Wenzel, nun doch aus der Fassung gebracht. »Ich habe kein Geld, nicht die kleinste Kupfermünze.«

»Dann komm ein andermal wieder. Jetzt will ich die Kirche schließen. Du bist der Letzte heute.«

Wenzel nahm seinen ganzen Mut zusammen. »Bitte, im Namen des gnädigen Gottes, habt die Güte und gebt mir, wonach ich mich mehr sehne als nach irdischem Reichtum.« Weil der Priester sich noch immer nicht erweichen ließ, fügte er hinzu: »Ich muss als Schinderknecht im Haus des Henkers arbeiten. Die Hostie will ich stets bei mir tragen, als Schutz vor bösen Geistern und dem Teufel. Habt Erbarmen, Ehrwürden.«

Der Priester blies die Kerze aus, die er in der Hand hielt. Er rief nach dem Mönch, der sofort herbeieilte. »Führe ihn hinaus, aber rühr ihn nicht an. Ein Befleckter! Verschließe die Tür hinter ihm und schwenk noch einmal das Weihrauchfass! – Und du, wage dich nicht noch einmal in dieses Gotteshaus, Schinderhannes!« Dann drehte er sich zum Altar und bekreuzigte sich. »Gelobet sei der Name des Herrn!«

Das Kirchenportal schlug hinter Wenzel zu. Ein metallisches Vibrieren der Beschläge dröhnte nach und ließ Wenzel ahnen, mit welcher Wucht die Tür ins Schloss gestoßen worden war. Die fromme Hoffnung, mit der er die Kirche betreten hatte, war dahin. Er blickte zum Himmel auf, wo sich graue und schwarze Wolken übereinander türmten.

Er hat mir die Gnade des Herrn verweigert. Wenzel war wie betäubt. Er ging langsam, obwohl das Unwetter jeden Augenblick losprasseln konnte. Die Benommenheit, die er spürte, rief gleichzeitig eine seltsame Wachheit hervor. Wie abgerückt von sich selbst nahm er doppelt scharf wahr, was um ihn herum im Gange war. In einem Toreingang beugten sich drei Männer über etwas, das Wenzel nicht erkennen konnte. Neben dem steinernen Brückenheiligen an der Ryss schreckte er eine Frau auf, die eilig davonhuschte. Und in der Judengasse wurde vor Meister Isaaks Tür ein Licht ausgeblasen als er sich näherte.

Überall dunkle Geschäfte.

Unter der Weide, vor dem Haus des Henkers, bemerkte er eine Gestalt, die ihr Gesicht mit einem schwarzen Schleier verhüllte. Sie trug einen langen, weiten Mantel. Wenzel ahnte die feine Dame, die sich darunter verbarg. Grußlos ging er an ihr vorbei. Er tat, als bemerke er sie gar nicht.

Frau Meike war in der Küche beschäftigt. Auf dem Tisch lagen getrocknete Stücke vom roten Fliegenpilz. Daneben stand ein kleines, verschlossenes Fläschchen mit der Aufschrift »Laudanum«. Auf dem Küchenherd brachte sie Wein zum Sieden, was er deutlich riechen konnte.

»Fass nichts an«, warnte Frau Meike. »Geh in deine Kammer. Was ich hier mache, brauchst du nicht zu sehen.«

So also verdiente sie ihr Geld für den indischen Zucker, dachte er. Feine Damen haben locker einen Taler in der Tasche.

Er gehorchte und streckte sich auf seinem Lager aus. Nebenan hörte er die Meisterin hantieren. Mit offenen Augen lag er da, die Hände im Nacken verschränkt. In seinem Kopf hallte die Stimme des Priesters nach.

Er hat mir die Gnade des Herrn verweigert.

Benjamin Levin

Daniels Vetter, Benja genannt, war der Sohn des Flickschusters Isaak Levin und seiner ersten Frau. Sie war bei der Geburt ihres einzigen Kindes gestorben. Der Junge wurde Benjamin genannt. Doch weil er klein und schwächlich war, meinte sein Onkel Salomon scherzhaft, er sei ja nur ein halbes Menschlein und brauche deshalb auch nur einen halben Namen. Also nannte er ihn Benja. Fast alle Bewohner der Judengasse von Steinweiler taten es ihm nach.

Benja Levin überlebte seine beiden ersten Jahre wie durch ein Wunder. Auch danach blieb er schmächtig und war häufig krank. Meister Isaak heiratete ein zweites Mal. Er hoffte, dass eine Stiefmutter dem kleinen Benja gut tun würde. Aber Rebecca und Benja stritten sich wie eifersüchtige Krähen und hackten aufeinander herum, dass Meister Isaak oft in seine Werkstatt floh und sich die Ohren verstopfte. Er war ein weicher Mann, der weder seine lebhafte Frau noch seinen widerspenstigen Sohn zu besänftigen verstand. Vielleicht hatte Benjas späteres rebellisches Aufbegehren seinen Ursprung sowohl in den Kämpfen mit seiner Stiefmutter als auch in der tiefen Empfindsamkeit seines Vaters. Aus beidem erwuchs ihm Kraft und innere Stärke, die niemand in diesem blassen und dünnen Kerlchen vermutet hätte.

Als er älter wurde, lernte er mühelos Schreiben und Lesen, sowohl in der hebräischen wie in der deutschen Sprache. Er setzte sich gegen den Willen seiner Stiefmutter durch und studierte ein paar Jahre in Paris bei einem Privatgelehrten die

Astronomie. Rebecca fand, das sei ein brotloses Gewerbe. Und sie behielt damit Recht. Benja aber blühte in Frankreich auf. Befreit von der Enge und Begrenztheit in Steinweiler und angesteckt von dem aufklärerischen Gedankengut des Dichters Voltaire*, erwuchs in ihm ein unbändiger Freiheitsdrang. In Paris lernte er junge Menschen kennen, die wie er die Welt verändern wollten.

Christen und Juden saßen zusammen beim Wein und diskutierten die Nächte hindurch. So etwas wäre in Steinweiler undenkbar gewesen. Mit Kesselflickern und Marktfrauen ereiferte sich Benja über die fetten Adeligen, die vor Nutzlosigkeit stanken. Zusammen mit seinem Freund Henri, einem Studenten der Rechtswissenschaft, verfasste er Pamphlete, die sie heimlich in Kirchen, auf Märkten und in der Universität verteilten. Darin forderten sie gleiche Behandlung vor dem Gesetz für Arme und Reiche. Wenn man sie dabei erwischt hätte, wären sie zu langer Kerkerhaft verurteilt worden. Henri war es auch, der ihm seltsam geschmacklose, graue Knollen zu essen gab, die er *Pomme de terre* nannte. Erdapfel, übersetzte Benja verständnislos.

»Diese Knollen besiegen den Hunger«, behauptete Henri. »Du musst sie in deiner Heimat bekannt machen, wenn du zurückkehrst. Sie sind auf Schiffen aus Amerika gekommen. Aber sie wachsen genauso in französischer Erde. Warum nicht auch in deutscher?«

Benja lachte. »In meiner Heimat werden sich die Menschen fragen, ob es Gottes Wille sein kann, Knollen zu essen, die sie nie zuvor gesehen haben. Sie werden sie für giftig halten, weil alles entweder giftig oder sündig sein muss, was sie nicht kennen. Und du kannst dich darauf verlassen, Äpfel, die nicht an Bäumen hängen, sondern in der Erde gedeihen, werden bei uns zu Teufelswerk erklärt. Eine Frau, die es wagen würde, so etwas für ihre Familie zu kochen, kann nur eine Hexe sein.«

---

* französischer Dichter (1694–1778), bedeutender Vertreter der Aufklärung

Auch Henri lachte. »In Frankreich ist es nicht anders. Der Geist der neuen Zeit hat bisher nur ein paar Wirrköpfe wie uns erfasst und ist kaum über Paris hinaus gekommen. Es wird noch Jahre dauern, bis einfache Leute das Joch der Unterdrückung abwerfen. Aber der Tag kommt – verlass dich drauf – an dem sich eine neue Menschlichkeit und mit ihr auch die Erdäpfel wie ein Flächenbrand ausbreitet. Unsere Aufgabe ist es, das Feuer zu schüren und einen Funkenregen davon über die ganze Welt zu blasen.«

Benja stimmte begeistert zu. »Die Dummheit und Enge muss aus den Stuben und Köpfen der Menschen verschwinden. Lass uns schwören dafür zu kämpfen.«

Sie umarmten sich und tranken darauf.

»Die Vernunft wird Mauern zerbrechen und Grenzen überwinden!«, rief Benja leidenschaftlich. »Adel und Kirche können nur so lange ihre Herrschaft ausüben, wie sich das Volk knechten lässt. Wir brauchen Schulen mit fortschrittlichen Lehrern. Nicht nur für Jungen! Auch Mädchen müssen denken lernen. Wir brauchen ein geistig gesundes Bürgertum von Männern und Frauen, die ihren Mitmenschen ohne Vorurteile die Hand reichen, egal ob Jude oder Christ. Wir brauchen Gedankenfreiheit an den Universitäten. Einer der Professor werden will, darf nicht nach seinem Glauben befragt und beurteilt werden, sondern ausschließlich nach seinem Wissen.«

»Und wir brauchen endlich die Abschaffung der Todesstrafe«, ergänzte Henri. »Weißt du, dass die Zarin Elisabeth von Russland die Vollstreckung der Todesstrafe für die nächsten zwanzig Jahre ausgesetzt hat? Davon sind wir hier noch weit entfernt. Aber überall ist der neue Geist zu spüren. Benja, mein Freund, wir werden einander schreiben, wenn du wieder in deiner Heimat bist. Ich will dir von den Fortschritten der Menschlichkeit in Frankreich berichten. Du musst mir schreiben, wie es sich in Deutschland verhält. Täglich begreifen mehr Menschen, dass die neue Zeit nicht mehr aufzuhalten ist. Noch sind wir nur ein kleines Häufchen von Gleichgesinnten. Doch bald werden es Tausende sein, dann Zehntausende, und dann wird sich das Volk erheben «

Als Benja nach Steinweiler zurückkehrte, war aus dem widerspenstigen Jungen ein politischer Rebell geworden. Er war gewachsen, innerlich und äußerlich. Sein Blick und seine Gesten waren lebhaft, sein Selbstbewusstsein von Idealen gefestigt. Benja Levin wollte die Welt verändern.

Er fühlte sich als David und war bereit, es mit jedem Goliath aufzunehmen. Am liebsten hätte er sich vor die Klosterkirche von Steinweiler gestellt, um den Menschen Freiheit, Gleichheit und Gerechtigkeit zu predigen. Aber er war klug genug vorherzusehen, dass die Obrigkeit ihn schon beim ersten Mal zum Schweigen bringen würde und dass es dann ein zweites Mal nicht mehr gäbe. Er musste bescheidener anfangen, im Verborgenen, gewissermaßen wie ein Erdapfel.

Obwohl seine Stiefmutter lamentierte und sein Vater hilflos die Hände rang, ging er daran, einen Holzschuppen im Hof seines Elternhauses in eine Studierstube umzubauen. Er ersetzte die Bretterwände mit Hilfe eines Wandergesellen der Zimmermannszunft durch Fachwerk, das er mit Weidengeflecht und Lehm ausfüllte. Er besserte das Dach aus, damit er vor Regen und Wind geschützt war. Dann stellte er einen Ofen hinein. Ein einfacher Tisch, ein Stuhl, ein Bücherregal an der Wand, eine Kommode mit Wasserkrug und Waschschüssel darauf und ein Bettgestell mit einem Strohsack genügten ihm als Einrichtung. Die Studierstube des Herrn Astronom und Privatgelehrten, Benjamin Levin, konnte man nur durch einen schmalen Gang seitlich an der väterlichen Schuhmacherwerkstatt vorbei erreichen. Sehr unauffällig, zum Ärger von Frau Rebecca, die diesen Gang nicht einsehen konnte, wo immer sie sich auch im Haus aufhielt. Der Gang lag den ganzen Tag über im Schatten und wenn im Herbst und Winter die Kirchenglocke zum Abendgebet läutete bereits im Dunkel.

Wenige Tage nach seinem schmerzlichen Erlebnis in der Kirche, schlich Wenzel das erste Mal zu Benjas Studierstube. Daniel hatte ihn dazu überredet.

Die beiden Jungen waren sich am Nachmittag wie zufällig in der Nähe der Apotheke begegnet. Wenzel musste verschiedene Sachen aus der Abdeckerei dort abliefern. In der Judengasse hatte er ein wenig getrödelt, vor allem vor Meister Salomons Schneiderwerkstatt. Jeden, den er dort sah, hatte er mit lauter Stimme begrüßt. Daniel war ans Fenster gekommen. Ein Blick, ein kurzer Wink mit dem Kopf, und schon hatten sie sich verstanden.

So unauffällig wie möglich war Daniel ihm gefolgt. Doch mitten im Ort konnte man kaum unbeobachtet bleiben. Deshalb hatte er vorgeschlagen: »Komm heute Abend zu meinem Vetter. Da können wir ungestört reden. Benja verrät uns nicht. Ich gehe oft, wenn es dunkel wird, noch ein Weilchen zu ihm. Mein Vater erlaubt es, weil er meint, ich würde hebräische Texte mit Benja studieren.« Daniel grinste. Dann erklärte er Wenzel, wie er die Studierstube finden könne und sauste wieder nach Hause.

An diesem Abend brach die Dunkelheit rasch herein. Der Tag war schon grau gewesen und jetzt fegte ein Herbststurm über Steinweiler hinweg. Stalltüren und Fensterläden rappelten. Anna Katrijn saß mit ihren Eltern in der Stube. Auf dem Tisch stand ein Tranlicht. Tief über die Bibel gebeugt, las sie einen Psalm vor.

Wenzel kam mit einem Arm voll Holz herein und machte sich am Kachelofen zu schaffen. Doch Meister Hans schickte ihn mit einer knappen Handbewegung hinaus.

»Du störst.«

»Ich gehe zu den Pferden, damit sie nicht unruhig werden«, murmelte Wenzel und huschte aus der Stube.

Im Stall war alles in Ordnung. Wenzel wusste genau, dass die beiden Gäule sich nicht von dem jagenden Wind aus der Ruhe bringen ließen. Aber es war ein guter Vorwand um aus dem Haus zu kommen.

Als er kurz darauf zaghaft an Benjas Tür klopfte, war er aufgeregt. Ob der Herr Magister ihn wohl hereinließ?

Benja öffnete ihm. Wenzel sah sofort, dass Daniel nicht da war. Er rang sich stockend eine Erklärung ab.

Aber Benja nahm ihm rasch seine Befangenheit. »Du bist willkommen«, sagte er freundlich. »Ich habe dich schon im Henkershaus gesehen. Außerdem hat Daniel von dir erzählt. Komm nur und sag mir, wie es in Prag ist. Wie sind die Menschen dort?«

Noch nie hatte Wenzel so schnell seine Vorsicht und Zurückhaltung abgelegt wie diesmal. Aber ihn hatte auch noch nie jemand nach Prag gefragt.

Er begann zu erzählen, zuerst von den Palästen und Kirchen, von der Kapelle des heiligen Wenzelslaus, seinem Namenspatron, von der Moldau und ihren steinernen Brücken, von der Jesuitenschule, von seinem Elternhaus, von der Schwester im Brunnen und dann sogar von den zwei Reitern, die ihn verkauft hatten. Als ihm bewusst wurde, was er da von sich preisgab, hielt er erschrocken inne.

Benja seufzte und fuhr sich mit allen zehn Fingern durch die Locken. »Was ist das für eine Welt, in der Kinder wie Arbeitstiere verkauft werden! Die braven Bürger schert das nicht. Sie beten tagein tagaus zum Herrn und haben doch keine Liebe im Herzen. Auch die Priester sind oft ohne Mitgefühl. Sie lassen arme Sünder foltern und auf dem Scheiterhaufen verbrennen. Meister Hans muss es für sie erledigen, denn der Anblick einer geschundenen Person ist nicht leicht zu ertragen. Willst du später selber Henker werden?«

»Gott steh mir bei!«, stieß Wenzel hervor. »Niemals!«

»Und wenn Meister Hans dich zwingt, Menschen zu foltern?«, fragte Benja herausfordernd. »Er kann es. Du bist sein Knecht. Was machst du dann?«

Wenzel rutschte in sich zusammen. Hatte ihn dieser Magister hereingelockt, um ihn auszuhorchen? Misstrauen und Angst drängten nun doch hervor und ließen ihn ganz steif werden.

Benja stand auf und legte den Arm um Wenzel. »Verzeih«, sagte er leise. »Ich wollte dich nicht erschrecken. Viele Menschen werden gezwungen gegen ihr Gewissen zu handeln.«

Wenzel entspannte sich wieder, aber er sah sehr unglücklich aus. »Einer wie ich hat keine Rechte. Er kann sich nicht wehren.«

»O doch! Du musst es wenigstens versuchen. Hab Mut. Immer mehr Menschen begehren auf gegen die Macht der Mächtigen. Und das sind nicht nur die Unterdrückten und Rechtlosen. Die Zeiten ändern sich. Der König von Preußen will allen Bürgern in seinem Staat Gerechtigkeit widerfahren lassen. Verstehst du, was das bedeutet?«

»Nein.« Wenzel schüttelte sichtlich verwirrt den Kopf.

»Es bedeutet –« Benja überlegte. »Nun, es bedeutet, dass niemand dir etwas abverlangen darf, was deine Ehre verletzt.«

»Aber ich habe doch gar keine Ehre mehr«, sagte Wenzel verblüfft.

Benja ließ ihn los. »Komm, setz dich und hör zu. Jeder Mensch trägt das Wissen um Wahrhaftigkeit, Ehre und Mitgefühl in sich. Alles, was du tust oder lässt musst du vor deinem Gewissen verantworten können. Du bist nicht ohne Ehre, solange du dir selbst nichts vorzuwerfen hast. Wenzel, lass dich nicht unterkriegen und denk immer daran, ob Jude oder Christ, ob Fürst oder Henkersknecht, vor Gott sind alle Menschen gleich.«

Wenzel wusste nicht recht, ob er diesen Magister für einen Verrückten oder einen Gotteslästerer halten sollte. Hatte der denn gar keine Ahnung, wie es in der Welt zuging?

»Vor ein paar Tagen war ich in der Kirche«, begann er stockend zu erzählen. »Der Priester hat mir die Hostie verweigert, weil ich kein Geld dafür bezahlen konnte. Und dann hat er mich vertrieben. Ein Henkersknecht darf Gott nicht nahe kommen.«

»Du bist ein Geschöpf des Herrn wie jeder andere«, stieß Benja heftig hervor. »Dein Gott macht keinen Unterschied. Die Menschen machen ihn. Ist es etwa eine ehrbare Handlung, einem Gläubigen die Gnade das Herrn zu verweigern? Oder gar Geld dafür zu verlangen? Ein Schuft ist dieser Priester! Ein wahrhaft Ehrloser!«

Wenzel starrte Benja fassungslos an. Er hätte sich nicht gewundert, wenn im nächsten Augenblick der Sturm das Dach erfassen und wegreißen würde. Musste nicht Gott selbst mit Feuer und Schwert vom Himmel herabdonnern und denjenigen vernichten, der es wagte, einen Priester einen Schuft und Ehrlosen zu nennen?

Doch der Sturm hatte sich gelegt. Alles blieb friedlich.

»Als du noch in Prag bei deinen Eltern lebtest, warst du da ein anderer Mensch?«, fuhr Benja fort. » Hattest du eine andere Seele? Nein, du warst derselbe Wenzel, der du jetzt bist. Oder etwas nicht?«

»Ja, irgendwie schon«, stammelte Wenzel, der lange darüber nachdachte. »Aber der Krieg hat alles verändert. Früher war ich Wenzel, der Jesuitenschüler. Jetzt bin ich Wenzel, der Henkersknecht. Das ist nicht dasselbe.«

»Du hast Recht. Nichts ist geblieben wie es einmal war«, stimmte Benja zu. »Aber in deiner Seele bist du kein anderer geworden. Nur darauf kommt es an.«

Die Worte hatten eine starke Wirkung auf Wenzel. Sein Gemüt war aufgewühlt. Er fühlte, wie ihm das Blut in den Kopf drängte, wie sein Gesicht brannte. So wie dieser Magister hatte noch nie jemand mit ihm geredet.

Die Tür ging auf und Daniel kam herein. Er setzte sich neben Wenzel. »Da bist du ja!«

Wenzel seufzte. »Ich bin ganz durcheinander. Auf einmal habe ich wieder eine Seele und bin der, der ich immer war.«

»Ja, so ist mein Vetter«, sagte Daniel nicht ohne Stolz. »Bei ihm dürfen wir Freunde sein und brauchen uns nicht zu verstecken. Benja will alle Menschen zu Freunden machen. Damit die Kriege endlich aufhören. Glaubst du, dass es einmal eine Zeit geben wird, wo sich Juden und Christen vertragen?«

Wenzel überlegte. »Ich weiß nicht. Aber du und ich, wir könnten damit anfangen.«

Benja ergriff Daniels Hand und streckte Wenzel die andere hin. »Ihr dürft Freunde sein! Und ich bin euch Lehrer und Freund. In meiner bescheidenen Stube gibt es keine Vorurteile. Mir ist jeder willkommen, der sich mit Herz und Verstand dafür einsetzt, dass Unterdrückung und Feindschaft überwunden werden. Wir müssen gemeinsam die neue Zeit erschaffen. Jeder nach seinen Möglichkeiten. Auch du, Wenzel.«

Das verschlug ihm die Sprache. Benjas drängende, leidenschaftliche Art zu reden, zu fordern, Schranken einzureißen, wühlte ihn bis ins Innerste auf. Ja, hatte er denn nicht selbst manchmal gefühlt, was Benja da aussprach? Er hatte es nur nicht zu denken gewagt, nicht zu hoffen! Sein Gewissen war verschüttet unter den erlittenen Demütigungen und Schlägen. Aber verkümmert war es nicht. Als er kurz darauf zum Henkershaus zurücklief, freute er sich. Ihm war ganz leicht zu Mute, so als sei eine Kruste von ihm abgeplatzt.

Auch am nächsten Morgen hielt dieses gute Gefühl noch an. Er glaubte, jeder müsse ihm anmerken, dass etwas mit ihm geschehen war. Aber Anna Katrijn schaute gähnend an ihm vorbei. Frau Meike schimpfte, weil er nicht rechtzeitig aufgewacht war um die Küche einzuheizen, und Meister Hans verzog wie immer keine Miene. Nach dem Morgenmahl nahm er ihn mit in die Stadt. Steinweiler lag im Nebel.

»Was ist heute meine Arbeit, Meister?«, fragte Wenzel unterwegs.

»Du wirst es rechtzeitig erfahren.« Mehr war aus dem Henker nicht herauszuholen.

75

Wenzel hatte sich längst an die verschlossene, kurz angebundene Art von Meister Hans gewöhnt. In den ersten Tagen hatte ihn das noch beunruhigt, weil er glaubte, das Barsche sei ein erstes Anzeichen für einen Wutausbruch. Aber er hatte den Henker nie wütend erlebt und nie lachend. Die steile Falte, die sich öfters über seiner Nasenwurzel zusammenzog, war die einzige Gemütsbewegung, die dem hageren Mann anzusehen war.

Sie gingen schweigend durch die Stadt. Menschen, die ihnen aus dem Nebel entgegentraten, wichen zurück. Ein Fensterladen, gerade erst geöffnet, wurde hastig wieder zugeschlagen, ein Gespräch abgebrochen. Jeder erkannte den Henker an seiner Kleidung, dem hohen, roten, sich nach oben verjüngenden Hut, den hautengen, roten Hosen und dem grauen Wams*. Niemand grüßte.

Wenzel nahm es gelassen. Benjas Worte klangen in ihm nach. Die Leute wussten nicht, dass vor Gott alle Menschen gleich waren. Keiner hatte es ihnen gesagt.

Sie gingen diesmal nach Westen, zu dem größten Tor der Stadt. Es lag am Ende der Johannisgasse. Auch hier erhob sich ein kantiger Turm, breiter und höher als über dem Büßertor. Meister Hans nickte einem Wächter zu, der im Torbogen stand.

»Ist der Kerkermeister schon unten?«

»Er wartet auf Euch«, sagte der Wächter.

Seitlich im Torbogen war eine Treppe. Sie führte abwärts ins Dunkle. Meister Hans nahm aus einem Eisenring an der Wand eine brennende Pechfackel und ging voraus. Die Stufen waren ausgetreten und ein wenig schlüpfrig. Sie endeten unter der Stadtmauer in einem Gewölbe. Hier flackerten zwei weitere Fackeln, die Rußspuren an der niedrigen Decke hinterließen. Fledermäuse huschten entlang der Wände. Es roch faulig nach Schimmel und Moder. Hinter einem Holztisch saß ein Mann. Wenzels Blick fiel auf den Bierkrug, der vor ihm stand und die

* weite, locker geschnittene Jacke

kurze, mehrschwänzige Peitsche, die daneben lag. – Der Kerkermeister.

Er erhob sich schwerfällig als der Henker nun vor ihm stand. Über die Wände schwankte der Schatten seiner plumpen Gestalt und schien die Bedrohlichkeit noch zu vergrößern, die ohnehin von ihm ausging. Hinter seinem Rücken war das Gewölbe durch ein weiteres Gitter abgeteilt.

Hände klammerten sich um die Eisenstangen. Wenzel hörte Husten und Scharren. Ein Augenpaar starrte ihn an als wollte es ihn durchbohren.

Meister Hans richtete ein paar Worte an den Kerkermeister und nannte Namen. Der nahm einen Strick von der Wand und die Peitsche vom Tisch. Dann schloss er das Verlies auf.

Drinnen raschelte Stroh, Unruhe war zu spüren, Getuschel, Stöhnen, ein Schrei, der an der Gewölbedecke lang gezogen verhallte. Nach einiger Zeit traten sechs Elendsgestalten heraus, die Hände auf dem Rücken gefesselt und außerdem mit dem Strick aneinander gebunden. Die Gittertür fiel hinter ihnen wieder zu. Ein Schlüssel knirschte. Der Kerkermeister sicherte die Tür noch zusätzlich mit einer Eisenkette, an der ein schweres Vorhängeschloss festgeschmiedet war.

Der Henker ging voraus, die Treppe nach oben, gefolgt von Wenzel und den Gefesselten. Hinter ihnen löschte der Kerkermeister die Fackeln. Aus der Finsternis und Tiefe schrien die Gefangenen nach Licht. Sie rüttelten an den Gitterstäben, schlugen dagegen. Doch die dicken Mauern schluckten ihren Protest. Schon im Torbogen war nichts mehr zu hören.

Vom Johannistor aus wurden die Gefesselten in einer Reihe hintereinander durch die Stadt geführt. Gut gekleidete Bürger blieben stehen und gafften dem Zug nach. Handwerksburschen, Dienstmädchen und viele Kinder liefen nebenher. Eine Tür wurde aufgerissen und ein Mensch in einem Narrengewand mit einer Eselshaube auf dem Kopf sprang heraus. Er tanzte vor den Gefangenen her. Einige, die es sahen, lachten und klatschten, andere fluchten. Eine Frau schrie: »Sperrt den Besessenen ein! Der bringt Unglück über die Stadt.«

Meister Hans ging unbeirrt weiter. Sein Gesicht wirkte starr wie eine Maske. Er redete nicht und sah niemanden an. Er hatte sich verschanzt hinter der unheimlichen Würde, die sein Beruf ihm verlieh.

Als der Zug vor dem Rathaus ankam, liefen von allen Seiten Schaulustige herbei. Die Gefesselten wurden vor jene dicke, mit eisernen Handschellen versehene Säule geführt, von der Anna Katrijn Wenzel erzählt hatte.

»Werden die Teufel aufgehängt?«, schrie ein kleiner Junge, zappelig vor Freude.

Seine Mutter lachte. »Dummkopf, das sind keine Teufel, nur Bösewichte! Die kommen ein bisschen an den Schandpfahl. Mal sehen, ob sie tapfer sind.«

Aus dem Rathaus traten jetzt vier Herren. Sie trugen die Amtsrobe, einen kurzen, weiten Mantel und ein flaches, schwarzes Barett auf dem Kopf. Einer, der anders gekleidet war, entrollte ein Pergament. Es war der Vogt.

»Neithardt Bolze!«, rief er mit lauter Stimme. »Wo ist er?«

Der Aufgerufene trat einen Schritt vor. Mehr Bewegungsfreiheit ließen ihm die Fesseln nicht.

»Er wird gebrandmarkt wegen Dieberei und danach aus unserer Stadt verwiesen. Wenn er seinen Fuß nochmals auf die Straßen von Steinweiler setzet, so wird er mit der Todesstrafe durch den Strang belegt.

Peter Bolze, Sohn von Neithardt, trete er vor. – Wird ebenfalls gebrandmarkt wegen Dieberei zusammen mit seinem Vater. Auch er erhält lebenslang Stadtverbot.

Nikolaus Putzer, wo ist er? Er wird gestäupt wegen Betrügerei und danach in den Kerker zurückgeführt.

Carl Widmann! Er kommt an den Pranger wegen übler Nachrede und Verleumdung. Jedem ehrlichen Bürger sei es gestattet, ihn zu bespucken und hohnzulachen.

Bartholome Fux und Jakob Igler, beide Arrestanten vom österreichisch-ungarischen Dragoner-Regiment des Prinzen Claude Ligne. Sie haben die Kerkerstrafe verbüßt und sind auf freien Fuß zu entlassen. – Möge der Henker nun seines Amtes walten, mit sicherer Hand und dem richtigen Maß, damit die Verbrechen gesühnet und getilget werden vor Gott und den Menschen.«

Der Vogt rollte das Pergament wieder zusammen und übergab es einem Amtsbüttel*, der zu diesem Zweck herbeigeeilt war.

Inzwischen war aus dem Rathaus eine Bank herausgetragen worden. Darauf nahmen die Herrn von der Stadt Platz um den ordentlichen Ablauf der Bestrafung zu verfolgen. Auch ein Kohlebecken auf einem Dreifuß war herbeigeschafft worden. Der Kerkermeister entzündete die Holzkohle darin und legte ein Brandeisen, versehen mit dem Stadtwappen in die Glut. Neithardt und Peter Bolze wurden losgebunden. Der Henker befahl ihnen, ihre Hemden auszuziehen. Dann legte er ihre Hände in die Handschellen, das Gesicht zur Schandsäule gewandt.

Die Neugierigen, die bisher mit unruhiger Erwartung die Vorbereitungen verfolgt hatten, wurden still. Dicht gedrängt reckten sie die Köpfe, um ja nichts zu verpassen. Meister Hans nahm das langstielige Brandeisen aus der Glut. Er begutachtete es, schwenkte es einmal durch die Luft, wie um es abzukühlen. Dann setzte er es Neithardt Bolze auf den Rücken.

Ein Schmerzensschrei zerriss die angespannte Stille und wurde mit Gelächter und Hohnrufen aus der Menge beantwortet. Der Henker reichte Wenzel das Brandeisen und wies ihn an, es erneut in die Glut zu legen.

Kurz darauf erlitt auch Peter Bolze dieselbe Bestrafung wie sein Vater. Er zuckte zusammen, warf den Kopf in den Nacken,

* Amtsdiener im Rathaus

das Gesicht in wildem Schmerz verzerrt. Er trat gegen die Säule. Doch nur ein gepresstes Stöhnen kam über seine Lippen.

Die Menge beklatschte seine Standhaftigkeit. »Noch einmal, noch einmal!«, schrie der Mensch unter der Eselskappe, was allgemeine Heiterkeit auslöste.

Meister Hans nahm den beiden Gefolterten die Handschellen wieder ab. Er befahl Wenzel Acht zu geben, dass keiner aus der Menge ihnen zu nahe trat. Der Ältere war auf die Knie gesunken und der Sohn hing vornübergebeugt, als würde er gleich zusammenbrechen.

Als nächstes wurden Nikolaus Putzer die Fesseln gelöst. Auch er musste sein Hemd ausziehen und wurde mit dem Gesicht zur Säule in die Handschellen gelegt. Er wimmerte leise und murmelte Unverständliches. Es konnten Flüche sein oder Gebete, vielleicht war es auch nur ein angstgepeinigtes Selbstgespräch.

Der Kerkermeister hielt dem Henker grinsend seine Peitsche hin.

Meister Hans besah sich die fünf kurzen Lederriemen, dann gab er die Peitsche zurück. »Entferne die Nägel!«

Der Kerkermeister verlor sichtlich die Freude, die ihm dieses öffentliche Spektakel bisher bereitet hatte. Sein Gesicht verdüsterte sich.

»Ihr habt mir nichts zu befehlen!«, grollte er.

Meister Hans hielt es nicht für nötig darauf zu antworten. Er wartete. Auch die Schaulustigen warteten. Schließlich zog der Kerkermeister zwei spitze Eisennägel heraus und warf die Peitsche mit einem Ausdruck der Verachtung Meister Hans zu.

Doch der fing sie nicht auf. »Alle!«, befahl er.

Einer der Ratsherren wurde ärgerlich. »Geht das heute noch weiter?«, rief er. »Wie lange sollen wir denn noch in dieser feuchten Kälte ausharren?«

Der Kerkermeister hob die Peitsche auf. Sein Gesicht, das schon vom Alkohol gerötet war, färbte sich violett. Mit den

Zähnen zog er auch die restlichen Nägel aus den Spitzen der Lederriemen und spuckte sie den Gefangen vor die Füße. Zum Henker gewandt knurrte er: »Eines Tages zahle ich Euch alles heim. Ich vergesse nichts. Und ich kann warten.«

Den Henker berührte das nicht. Er tat seine Pflicht, in die er hineingeboren war und die er als unvermeidlich angenommen hatte. Er schlug mit kurzen, gleichmäßigen Schlägen auf den Rücken von Nikolaus Putzer. Die Menge zählte laut mit. Nach dem achten Schlag quoll Blut hervor. Meister Hans schlug weiter bis zwanzig.

»Nimm ihm die Handschellen ab«, befahl er Wenzel, »und setze ihn auf den Boden. Er ist ohnmächtig geworden.«

Nun war die Reihe an Carl Widmann. Der Henker löste ihm den Strick von den Handgelenken. Dann musste er zwei Stufen hoch auf ein Podest steigen, das unter dem Rathausbalkon aufgebaut war. Darauf stand der Pranger.

Wenzel hatte schon viele verschiedene Arten von Prangern gesehen. Sie standen in jeder Stadt auf den Marktplätzen, vor den Kirchen und Rathäusern. Dieser sah wie ein mannshohes Holzkreuz aus. Der Querbalken war jedoch geteilt und konnte auseinander geklappt werden. In eine Aushöhlung des aufgeklappten Balkens musste Carl Widmann seinen Kopf legen, in zwei kleinere links und rechts davon seine Hände. Dann wurde der obere Teil des Balkens heruntergedrückt, sodass der Mann eingeklemmt war.

Die Menge hatte sich bereits die wenigen Schritte von der Schandsäule zum Pranger weiterbewegt. Ein Geschiebe und Gedränge war entstanden, übertönt von Gejohle. Faule Äpfel flogen auf Carl Widmann. Zwei Jungen legten sich bäuchlings auf das Podest und grabschten nach seinen Beinen. Doch Widmann trat nach ihnen und sie wichen zurück.

Während die Leute ihr Spektakel hatten, nahm Meister Hans nun auch den beiden Soldaten die Fesseln ab. Kaum dass Bartholome Fux seine Hände frei bewegen konnte, lief er davon in

Richtung Cöllnisches Tor. Jakob Igler rührte sich nicht von der Stelle.

Die Herren vom Rat der Stadt hielt nun nichts mehr auf ihrer Bank. Sie bahnten sich eine Gasse durch die Menge und verschwanden wieder im Rathaus. Der Vogt beobachtete noch eine Weile das Treiben, dann ging er auch. Zwei Amtsbüttel räumten Kohlebecken, Brandeisen und Bank fort.

Meister Hans wandte sich an die beiden Bolzes. »Ich stelle euch frei, die Stadt unverzüglich zu verlassen oder euch vorher noch einen Verband in meinem Haus zu holen. Als Henker bin ich auch Heiler. Eure Schuld ist getilgt. Ihr könnt selber entscheiden.«

»Lieber verrecke ich, als Euer Haus zu betreten!«, schrie Peter Bolze. Er half seinem Vater auf die Beine. Unter Qualen zogen sich beide ihre Hemden über und gingen langsam davon.

Der Kerkermeister hatte inzwischen Nikolaus Putzer am Arm hochgezogen. »Zurück mit dir in den Kerker!«

Putzer wandte sein Gesicht dem Henker zu. Noch immer sehr blass und mit blutleeren Lippen bat er: »Wenn Ihr auch mir Eure Heilkunst anbietet, so nehme ich sie dankbar an.«

»Deine Strafe ist noch nicht verbüßt«, erklärte Meister Hans. »Da du nicht auf freiem Fuß bist, kann ich dich nicht mit in mein Haus nehmen. Es steht mir allerdings frei, über dein Befinden zu wachen. Die Folter soll nicht zum Tod führen. Deshalb werde ich später in den Kerker kommen und nach dir sehen.«

Nikolaus Putzer nickte demütig.

Der Henker blickte ihm nach, wie er, vorwärts getrieben vom Kerkermeister, zurück zum Johannistor wankte. Dann drehte er sich zu Wenzel um. Er musterte ihn, als wollte er in seinen Gedanken lesen.

»Ich wusste gar nicht, dass Ihr auch Heiler seid«, sagte Wenzel, der sich bemühte ebenso ungerührt zu wirken wie der Henker.

»Ein Scharfrichter muss viel über die Beschaffenheit des menschlichen Körpers wissen. Genau wie ein Arzt«, erklärte Meister Hans. »Mein Vater hat in den Jahren, als er Henker war, mehr Knochen geschient und Glieder eingerenkt als unter der Folter zerbrochen. Ich bin ihm schon als Junge dabei zur Hand gegangen. So habe ich beides gelernt, das Foltern und das Heilen.«

»Und die Meisterin kennt sich mit Kräutern und Knollen aus. Wie sich das ergänzt!«, staunte Wenzel.

»Alle Scharfrichtersfrauen kennen sich damit aus. Sie lernen es von ihren Müttern und Großmüttern.«

Meister Hans wandte sich jetzt Jakob Igler zu. Er war klein und von gedrungenem Wuchs, mit kurzen Armen und behaarten Händen. In seinem von der Kerkerhaft käsigen Gesicht fiel die plumpe Nase auf, die mit kleinen Warzen gesprenkelt war. Mit ausdruckslosem Blick stand er neben Wenzel.

»Du hast deine Strafe verbüßt. Ich nehme dich in meine Dienste, wie wir es abgesprochen haben. Wenzel wird dir zeigen, wo dein Strohsack im Pferdestall liegt. Warte dort. Ich bleibe hier, bis die Zeit der Bestrafung am Pranger abgelaufen ist.«

»Zu Befehl«, sagte Jakob. Seine Stimme klang wie eine Säge.

Mit Wenzel sprach er auf dem ganzen Weg zum Henkershaus kein einziges Wort.

Bäckertaufe

Anna Katrijn hob in der Küche die Häkelgardinen an und beobachtete den neuen Knecht, während er sich am Brunnen wusch.

»Auch so einer«, urteilte sie abfällig.

Wenzel, der ihre Worte gehört hatte, fragte: »Was meinst du damit?«

»Wie die Mägde, die wir hatten. Nur dass der da ein Mann ist. Die sind noch schlimmer.«

Wenzel kam zu ihr ans Fenster. »Wahrscheinlich ist er ein Bauernbursche. Musste zu den Soldaten gehen, weil kein Platz auf dem Hof für mehrere Söhne war. Die Regimenter nehmen jeden, freiwillig oder mit Gewalt. Wenn einer verreckt, bleibt er einfach liegen.«

»Du weißt so viel von der Welt.« Anna Katrijn seufzte. »Ich bin noch nie aus Steinweiler fort gewesen. Für Frauen ist Reisen unschicklich. Warst du lange bei den Soldaten?«

»Nur wenige Monate. Es war entsetzlich, das kannst du mir glauben! Sie haben mich verschleppt und dann irgendwo zurückgelassen. Reisen kann man das nicht nennen. Ich habe überlebt wie der Jakob. Er ist so einer wie ich.«

»Du bist anders«, sagte Anna Katrijn.

»Anders als der Jakob? Er ist älter. Meinst du das?«

»Nein.« Anna Katrijn drehte sich jetzt zu Wenzel. »Kannst du wirklich lesen?«

»Wenn ich es nicht verlernt habe. Ich würde gern mal wieder die Bibel zur Hand nehmen.«

»Wie langweilig!« Anna Katrijn verdrehte die Augen, hielt sich aber sofort die Hand vor den Mund. »Das darf man nicht sagen. Lieber Gott, entschuldige.«

Sie kam näher zu Wenzel. »Ich kenne Bücher, da bleibt dir das Herz stehen, wenn du sie liest. Mein Lehrer kauft sie manchmal für meine Mutter von jüdischen Händlern. Man könnte krank werden davon, so schrecklich schön sind die Geschichten. Meistens handeln sie von Rittern und Liebe. In der letzten Geschichte, die ich meiner Mutter vorgelesen habe, kommt ein Ritter vor, der ein Burgfräulein liebt. Das Fräulein weiß am Anfang nichts davon, erst später. Der Ritter wird vor lauter Liebe so tapfer, dass er die Feinde wie Ähren ummäht. Wirklich, so steht das da. Er tötet sogar einen Drachen. Aber er kriegt trotzdem das Burgfräulein nicht zur Frau, weil er nicht von adeligem Geblüt ist. Sie muss einen anderen nehmen. Der Ritter zieht dann fort von einer Schlacht in die nächste.« Anna Katrijn seufzte und sah wieder aus dem Fenster. »Der Ritter war edel und schön. – Nicht wie der da.«

Wenzel folgte ihrem Blick. »Ein Ritter ist mir bei den Soldaten nie begegnet. Auch die Offiziere waren nicht edel und schön. Ich glaube, so etwas gibt es in Wirklichkeit nicht.«

»Du verstehst erst, was ich meine, wenn du das Buch gelesen hast. Meine Mutter und ich, wir mussten beide weinen. Ich könnte es dir vielleicht leihen.«

»Ein Buch, bei dem ich weinen muss? Wie schrecklich!«

»Nein, nein! Es ist wunderbar aufregend. Wie das Leben, aber auch wieder, wie es nicht ist. Wenn du das liest, meinst du, du bist selber eine von den Personen aus der Geschichte. Das kann man nicht erklären. Es ist wie Zauberei. Ich würde es dir für eine Nacht unter deinen Strohsack schieben, wenn du willst. Aber du musst mir auch einen Gefallen tun.«

Wenzel sah sie verblüfft an. »Einen Gefallen? Was kann ich schon tun? Ich habe doch nichts, was mir gehört. Nicht mal ein Halstuch, was ich dir leihen könnte.«

»Ich will auch kein Halstuch.«

»Was willst du dann?«

»Ich will, dass du etwas Tapferes für mich tust.«

»Wie so ein Ritter? Meinst du das?« Wenzel zog die Nase kraus.

»Naja«, sie nestelte verlegen am Ausschnitt ihres Kleides herum. »Du musst nicht gleich einen Drachen töten, und Feinde ummähen ist mir eigentlich auch egal. Aber im Garten von Meister Salomon steht ein Apfelbaum. Der hat noch ein paar letzte Äpfel an den Zweigen, so rot wie es keine zweite Sorte in Steinweiler gibt. Wenn du mir davon einen holst, gebe ich dir das Buch. Du kannst die Tür vom Herd aufmachen und nachts im Feuerschein lesen. Traust du dich etwa nicht?«

»Ich soll für dich einen Apfel klauen? Und wenn mich Meister Salomon erwischt? Dann komme ich auch an die Schandsäule«, rief Wenzel empört.

»Ritter sind nicht feige. Wahrscheinlich bist du doch nur so, wie der da draußen.« Anna Katrijn warf den Kopf in den Nacken und rauschte an Wenzel vorbei aus der Küche.

Die hat genauso blöde Einfälle wie Sophia früher, dachte er. Einen Apfel klauen? Da kann sie lange warten. Aber dieses Buch, »eine Geschichte wie aus dem Leben«? Was heißt das überhaupt?

Für den Rest des Tages hatte er Arbeit in der Abdeckerei. Ein Schaf hatte ein Lamm mit zwei Köpfen zur Welt gebracht. Zu Winterbeginn! Das war nicht geheuer. Und dann noch eine Missgeburt. Es konnte nur verhext sein und musste aus der Herde entfernt werden, bevor noch mehr Unglück geschah. Der Schäfer hatte die Tiere selber gebracht. Nun lagen sie in der Abdeckerei.

Jakob stellte sich als geschickter Schafscherer heraus. Dem Lamm, das noch lebte und mit seinen vier Augen wunderlich umherschaute, brach er das Genick. Jakob war tüchtig.

»Kommst du von einem Bauernhof?«, versuchte Wenzel ein

Gespräch mit ihm anzufangen. »Oder warst du früher Schäfer?«

Doch Jakob tat seine Arbeit wie ein nützliches Haustier. Reden wollte er nicht.

Wenzel war das auch recht. Um den Ekel nicht so zu spüren, war es gut, in Gedanken abzutauchen. Er dachte an Benja, dessen Worte ihn so beeindruckt hatten. In Benjas Studierstube war er kein minderwertiger Mensch, verachtet, gemieden, aus der Kirche gejagt. Auch Anna Katrijn ging ihm nicht aus dem Sinn und das Buch, von dem sie geschwärmt hatte.

Warum gehe ich nicht einfach nach getaner Arbeit, wohin ich will?, fragte er sich selber. Der Henker ist nicht wie Laurenz. Der bewacht mich nicht auf Schritt und Tritt. Aber Wenzel ahnte, dass er ihm verbieten würde zu dem Magister zu gehen. Einem Knecht stand das nicht zu. Er durfte nicht machen, was er wollte. Wenn der Meister nach ihm rief, musste er da sein. Tag und Nacht.

Doch Wenzel wollte Benja unbedingt wieder sehen.

Nach der Abendmahlzeit setzte er sich auf den Boden und wärmte seinen Rücken am Küchenherd. Draußen war es bereits finster. Durch die angelehnte Tür zur Stube hörte er Anna Katrijns stockendes Bibellesen. Sie leierte die Worte herunter und wurde immer langsamer. Ein rasselndes Geräusch untermalte ihr Gemurmel. Frau Meike schnarchte.

Doch auch der längste Psalm hat mal ein Ende. Anna Katrijn klappte geräuschvoll die Bibel zu. Frau Meike räusperte sich. Stuhlbeine schrammten über die Holzdielen. Des Henkers schwere Schritte bewegten sich zur Haustür. Der eiserne Riegel ratschte in seine Verankerung. – Nun gingen sie schlafen.

Wenzel saß noch immer am Küchenherd. Er horchte auf die Geräusche im Haus und hatte verwegene Gedanken dabei. Wenn er nun aus dem Fenster stiege? Es war nicht hoch. Man kam leicht raus und wieder rein. Aber ein offenes Fenster fiel auf und konnte im Wind hin- und herschlagen. Man müsste es von außen irgendwie zuklemmen, dachte er. Doch womit? Er stand auf und suchte sich einen Span aus dem Feuerholz, brach ihn ein wenig kürzer, bog ihn und öffnete dann leise das Fenster. Probeweise klemmte er das Holzstück zwischen Rahmen und Angel. Das Fenster war blockiert.

Er zögerte. Doch dann nahm er seinen ganzen Mut zusammen und kletterte hinaus. Leise schloss er das Fenster von außen. Er klemmte den Holzspan fest und freute sich über seine Geschicklichkeit.

Für einen Augenblick stand er bewegungslos im Hof. Kein Geräusch drang aus dem Haus, auch kein Lichtschein. Die Blätter der Weide raschelten leise im Nachtwind. Er schlich am Brunnen vorbei und schaute sich nach allen Seiten um. Niemand war auf der Gasse zu sehen oder zu hören. Unauffällig huschte er zu Meister Isaaks Haus und verschwand in dem dunklen Gang.

Bei Benja brannte noch ein Tranlicht.

Erleichtert klopfte Wenzel an die Tür.

»Daniel ist längst nach Hause gegangen«, sagte Benja, der ihn hereinließ. »Es ist schon spät.«

»Ich weiß. Aber wie soll ich es machen?«, fragte Wenzel unglücklich. »Erst müssen alle in ihren Betten liegen, bevor ich mich fortschleichen kann.« Und dann erzählte er von Anna Katrijns seltsamen Wunsch.

Benja lachte. »Ja, ich weiß, sie verschlingt Romane und träumt von einem Helden, der sie von der Schmach, eine Henkerstochter zu sein, befreit. Sie ist unglücklich.«

»Deswegen muss sie mich doch nicht zum Apfelklauen anstiften«, empörte sich Wenzel. »Sie ist wie meine große Schwester. Die wollte mal, dass ich für sie in die Moldau springe.« Er seufzte. »Aber ich würde so gerne das Buch lesen.«

»Wenn du sonst keine Sorgen hast!« Benja lachte noch immer. »Morgen kannst du dir einen schönen, roten Apfel bei mir abholen. Ich werde ihn für dich pflücken. Mir wird es der On-

kel nicht verwehren. Aber sag mal, kannst du wirklich lesen?«
Ohne Wenzels Antwort abzuwarten, drehte sich Benja zu seinem Tisch um, der von Büchern, Briefen und eng beschriebe-
nen Blättern überquoll. Er nahm ein Schriftstück und reichte es
Wenzel. »Hier, versuch es mal!«

Wenzel schaute auf das graue Papier. Es war mit einer feinen
Schrift in schwarzer Tinte beschrieben, sehr sorgfältig und
deutlich lesbar. Er beugte sich zum Licht, das auf Benjas Tisch
stand, und las: »Der schwedische Astronom, Anders Celsius,
erforschte und entwickelte eine Methode, mit der Wärme und
Kälte gemessen werden können. Er stellte eine Temperaturska-
la auf, bei der er null Grad als Siedepunkt des Wassers festlegte
und hundert Grad als Gefrierpunkt.*« Wenzel hielt inne.

Benja zeigte sich beeindruckt. »Dich möchte ich als Schüler
haben! Du gehörst wahrlich nicht zu den Dummen! Eine wich-
tige Sache ist diesem Celsius da gelungen. Mir verbieten sie an
einer Universität zu forschen, nur weil ich Jude bin. Dabei bin
ich ebenfalls einer Entdeckung auf der Spur. Doch ein anderer
Gelehrter wird sie als sein Werk ausgeben. Ich forsche für ihn
und kann auf ein paar lumpige Taler Abfindung hoffen. So ist
die Welt! Sag mir, Wenzel, ist das gerecht? Müssen wir uns dagegen nicht auflehnen?«

»Herr Magister, es ist ungerecht. Doch wer sich auflehnt,
wird bestraft. Heute hat mich der Henker mitgenommen, erst
in den Kerker und dann zum Pranger.«

Wenzel brach ab. Doch leise fügte er noch hinzu: »Vor solchen Strafen habe ich Angst.«

Benja legte ihm den Arm um die Schulter. »Du brauchst dich
nicht zu schämen. Jeder Mensch hat Angst davor. Im wirklichen Leben sind die Menschen nicht so tapfer wie die Ritter in

---

* Anders Celsius, schwedischer Astronom (1701–1744). Der schwedische Natur-
wissenschaftler Carl von Linné (1707–1778), drehte später die Skala in die heute
bekannte Form um.

den Geschichten, die Anna Katrijn so liebt. Diese öffentlichen Bestrafungen sind bei aller Pein auch noch so würdelos.«

Wenzel sah Benja fragend an. »Würde haben nur feine Leute. Die heute bestraft wurden, waren Männer aus dem Volk.«

Benja ließ ihn los. »Haben einfache Menschen keine Würde?«

Wenzel schüttelte den Kopf.

»Du hast also keine Würde?«

»Nein, Herr Magister.«

»Was meinst du, habe ich Würde?«, fragte Benja.

Wenzel merkte, dass Benja in dieser Sache empfindlich war. Deshalb dachte er erst eine Weile nach ehe er antwortete: »Ich bitte um Verzeihung, wenn ich es nicht besser verstehe. Aber ich denke, wenn Ihr kein Jude wäret, hättet Ihr Gelehrtenwürde.«

Benja schüttelte den Kopf. »So ist es nicht. Nein, so ist es ganz und gar nicht! Es gibt nur eine Würde, Wenzel: die Menschenwürde! Sie spiegelt das Ebenbild Gottes in jedem von uns. Sie ist in dir und in mir, sie ist in Kaisern und Königen und in den armen Teufeln, die im Kerker leiden. Erinnerst du dich, was ich dir gestern über die Ehre gesagt habe? Ehre und Würde gehören zusammen. Sie stecken nicht in den Kleidern, sondern im Wesen eines jeden Menschen.«

Wenzel schwieg. Der Ofen in Benjas Stube war ausgegangen, auch das Licht war am Verlöschen. Er dachte an Nikolaus Putzer, der jetzt mit blutigem Rücken im Kerker lag. Er dachte an die schrecklichen Brandwunden der beiden Bolzes. Er sah das Lamm mit den zwei Köpfen vor sich und Jakob, der ihm das Genick brach.

»Vielleicht ist das so, wenn die Menschen geboren werden«, überlegte Wenzel halblaut, »aber später geschieht so viel, und dann verliert mancher seine Würde. Ich habe meine schon lange verloren, Herr Magister.«

Benja umarmte ihn. »Du wirst sie wieder finden. Sie ist noch in dir, nur verschüttet unter all dem Übel, das man dir angetan hat«, sagte er fest. »Und noch eins, Wenzel, nenne mich nicht immer Herr Magister. Ich bin auch für dich Benja. Wir sind Freunde, wenn du es willst.«

Wenzel nickte dankbar.

Später, auf seinem Strohsack, lag er noch lange wach. Ob Benja auch mit Anna Katrijn über Würde und Ehre redete, wenn er kam um sie zu unterrichten?

Der nächste Tag war bitterkalt. In den frühen Morgenstunden hatte es geschneit. Wenzel bekam eine Jacke geschenkt, die noch nach dem roch, der sie vor ihm getragen hatte. Die Ärmel hingen ihm über die Hände und waren an den Kanten abgestoßen. Aber er krempelte sie einfach um. Nun passten sie. Er bekam auch ein Paar Schafwollstrümpfe. Sie wärmten und kratzten. Bei der Arbeit wickelte er sich Fetzen eines Sacks um seine Beine. Damit konnte er die Sandalen und Strümpfe vor Blut und verwesenden Abfällen in der Abdeckerei schützen.

Jakob, der Sprachlose, ließ absichtlich den Bottich mit den Gedärmen des gestern zerlegten Schafs auf Wenzels Füße schwappen. Es schien ihm Spaß zu machen.

Da regte sich so etwas wie ein Fünkchen Würde in Wenzel. Er ging einfach aus dem Schuppen und schlenderte über den Hof als sei nichts gewesen. Vor dem Wohnhaus wickelte er sich die Fetzen ab und trat mit sauberen Füßen in die Küche.

Er holte sich Nadel und Faden aus einem Korb. Nähen war zwar Frauensache, aber wenn es um die Handschuhe ging, die der Henker alljährlich zu Weihnachten dem Rat der Stadt überreichen musste, schien das anders zu sein. Frau Meike klagte über ihre Augen und das trübe Licht in dieser Jahreszeit. Anna Katrijn war zum Markt gegangen.

Schon gestern hatte Frau Meike ihn aufgefordert: »Wenzel, näh du die Handschuhe! Das erste Paar ist für dich. Dabei kannst du noch üben. Aber das zweite Paar muss ordentlich sein. Sonst bekommen wir nicht unsere jährliche Bezahlung aus der Stadtkasse für die Scharfrichterei. Jedes Jahr zu Weihnachten müssen wir acht Paar Handschuhe aus Hundsleder abgeben. Die Ratsherrn sind verwöhnt. Gib dir also Mühe.«

Gestern war ihm der Umgang mit Nadel und Faden recht schwer gefallen. Auch das ordentliche Zuschneiden des Leders musste gelernt sein. Doch jetzt galt es zu zeigen, wer von den Knechten hier die bessere Stellung hatte. Handschuhe nähen mochte Frauensache sein. Auf alle Fälle aber war es bequemer in der warmen Küche zu sitzen, den Essensduft zu schnuppern und die Nadel durch weich gegerbtes Leder zu ziehen, als in der zugigen Abdeckerei blutige Fetzen vom Schaffell zu schaben und Knochen aus verhextem Fleisch zu lösen. Mochte der Jakob allein sehen, wie er zurechtkam. Den ließ Frau Meike nicht in ihr Haus. Wenzel genoss das trügerische Gefühl, nicht mehr der Letzte zu sein.

Als es kurz darauf heftig an der Tür klopfte, ging er öffnen.

Eine junge Frau, die ihr Gesicht unter einem Tuch verbarg, stand draußen und zitterte vor Aufregung. »Der Meister, wo ist er? Er muss sofort kommen«, stieß sie unter heftigem Schluckauf hervor.

Meister Hans, der ihr Klopfen gehört hatte, kam aus dem hinteren Teil des Hauses.

Die Frau brach in Tränen aus. »Ein Unglück! Oh Gott, der Vater, er hängt am Balken. Er hat sich –« Sie konnte nicht weiter reden. Der Schluckauf nahm ihr den Atem.

»Was soll ich dabei tun?«, fragte der Henker.

»Holt – holt ihn runter. In Gottes Namen, steckt ihm die Zunge – die Zunge wieder in den Mund. Nur Ihr könnt ihn so herrichten, dass man es nicht sieht. Der schiefe Kopf, ganz blau ist er. Bitte, es muss – muss aussehen, als sei er im Bett erstickt. Sonst kommt er nicht auf den Gottesacker. Wir müssen ihn vor der Kirchhofmauer begraben. Da findet er keine Ruhe unter all den Ehrlosen. Meister, bitte!«

Wenzel bekreuzigte sich hastig und wich unauffällig in die Küche zurück. Wenn der Henker einen Knecht brauchte bei dem Selbstmörder, dann lieber den Jakob.

Doch Meister Hans ging allein fort.

Wenzel nähte. Wenn es nicht gut war, trennte Frau Meike die Naht wieder auf und er musste es noch einmal versuchen. Frau Meike wurde nicht ungeduldig dabei und Wenzel auch nicht. Was heute nicht fertig wurde, kam morgen dran oder übermorgen. Auf dem Herd summte der Wassertopf und aus der Stube zog ein feiner Bratapfelduft durchs Haus. Ein angenehmer Tag und doch sehnte Wenzel ungeduldig den Abend herbei. In Gedanken war er nur bei Benja.

Als endlich die Stunde des Bibellesens begann, ging er in den Hof hinaus und zog einen Eimer Wasser aus dem Brunnen. Doch statt den Eimer in die Küche zu bringen, stellte er ihn neben der Haustür ab. Er horchte, schaute sich verstohlen um, dann rannte er los. Bei Benja traf er Daniel. Für ein paar Worte war Zeit.

Benja zeigte zu einem Bücherstapel, auf dem ein großer, rundherum roter Apfel lag. »Für dich! Nein, ich meine, für Anna Katrijn«, sagte er lachend. »Denk dir eine dramatische Geschichte dazu aus. Dann freut sie sich und du bist ihr Held.«

Daniel und Wenzel feixten. Sie machten dumme Bemerkungen über die Weibsbilder allgemein, aber besonders über die Henkerstochter und bekamen rote Köpfe davon.

Benja packte die Jungen im Nacken und schüttelte sie leicht. »Was wisst ihr denn von Mädchen? Träumt ihr etwa schon von gewissen Geheimnissen, über die niemand spricht?«

Die Jungen verstummten augenblicklich. Wenzel hatte es plötzlich eilig. Er entwand sich Benjas Hand und nahm den Apfel.

»Danke! Ich muss zurück. Darf ich wiederkommen, wenn sie schlafen? Dann steige ich aus dem Fenster. Genau wie gestern.« Er sauste los.

Als er in den Hof des Henkershauses einbog, glaubte er einen Schatten an der Stalltür zu sehen. Doch als er näher kam, war da niemand. Wenzel wurde das Gefühl trotzdem nicht los, beobachtet zu werden. Er hatte ein Kribbeln im Nacken, das seine Sinne schärfte. Er schaute sich verstohlen um, zögerte, horchte, aber nichts rührte sich. Scheinbar achtlos nahm er den abgestellten Eimer und trug ihn ins Haus. In der dunklen Küche stellte er sich ans Fenster. Eine fremde Katze schlich um den Brunnen und verschwand.

Bald darauf hatte Anna Katrijn ihre heilige Pflicht für diesen Tag erfüllt. Meister Hans verriegelte das Haus. Frau Meike nahm die kupferne Wärmflasche vom Küchenherd und brachte sie in die Schlafkammer. Diesen Augenblick nutzte Wenzel, um Anna Katrijn den Apfel zu geben.

Vor Überraschung stieß sie einen kleinen spitzen Schrei aus und strahlte.

Wenzel genoss ihre Verblüffung. »Vergiss nicht, was du mir dafür versprochen hast«, mahnte er.

»Wie hast du das geschafft?« Sie deutete auf den Apfel.

»Es war sehr gefährlich«, log Wenzel. »Ich musste über das Dach von Meister Salomons Haus klettern. Beinahe wäre ich runtergefallen, weil es stockfinster war.«

»Über das Dach?«, fragte sie. »Bist du wirklich über das Dach geklettert? Das soll ich dir glauben?«

»Ja, was hast du dir denn vorgestellt?«, schwafelte Wenzel weiter. »Ich konnte doch nicht einfach durch die Schneiderwerkstatt spazieren. Der Garten liegt so versteckt hinterm Haus, dass man ihn von der Straße aus nicht erreichen kann. Fast hätte ich mir den Hals gebrochen. Aber daran gewöhnt man sich, wenn man so wie ich viel in der Welt herumgekommen ist.«

Er musste grinsen über die eigene Flunkerei, aber noch mehr über Anna Katrijns Heldengläubigkeit. Und da setzte er noch eins drauf. »Nicht nur Ritter sind mutig.«

»Nein, nein!«, stimmte sie ihm zu. »Du bist ein verwegener Bursche. Das habe ich schon gemerkt als du bei uns eingestiegen bist. So was hat sich noch keiner vorher getraut. Aber dass du über Meister Salomons Haus geklettert bist, glaube ich dir trotzdem nicht. Du hältst mich wohl für dumm?«

Frau Meike kam aus der Kammer zurück. »Was habt ihr noch zu tuscheln? Es ist Zeit zum Schlafengehen«, sagte sie. »Sonst hört Wenzel morgen früh wieder nicht die Kirchenglocken und heizt die Öfen nicht rechtzeitig ein.«

Anna Katrijn versteckte den Apfel in den Falten ihres weiten Rockes und huschte an ihrer Mutter vorbei. Wenzel legte sich gehorsam auf seinen Strohsack und wartete, bis nichts mehr im Haus knackte und raschelte.

Der Span, der sich so gut zwischen Fenster und Rahmen schieben ließ, lag griffbereit. Wenzel erhob sich. Schuhe und Strümpfe ließ er, wo sie waren. Sie hinderten ihn nur, wenn er aus dem Fenster stieg. Trotz Schnee wollte er lieber barfuß laufen. Bis zu Benja war es nicht weit.

Als er das Fenster öffnete, fegte ein scharfer Wind herein. Geschmeidig stieg er erst mit einem Bein hinaus, krümmte den Oberkörper, schwang sich vorsichtig nach draußen und zog das andere Bein nach. Es war heute schwieriger das Fenster zu schließen, weil der Wind dagegen drückte. Aber als er den Span hinter die Angel geklemmt hatte, blieb es doch zu. Er presste die Hand leicht gegen die Scheibe. Das Fenster saß fest.

Wenzel schaute sich kurz um. Der Schnee ließ die Nacht heller erscheinen. Er lief los. Die Kälte biss in seine nackten Füße. Aber was machte das schon? Die paar Schritte konnte er aushalten und bei Benja glühte der Ofen. Doch als er die Tür der Studierstube aufstieß, blieb er abrupt stehen. Benja war nicht allein. Zwei junge Männer, die an ihrer Bekleidung als Studenten zu erkennen waren, saßen auf seinem Bett.

»Das ist er also!«, rief einer der Studenten. »Der Jesuitenschüler aus Prag und nun Henkersknecht in Steinweiler.«

Wenzel rührte sich nicht von der Türschwelle.

»He, bist du zum Eiszapfen erstarrt? Komm herein und lass die Tür nicht unnötig offen stehen«, drängte Benja. »Ich habe Herman und Friedrich von dir erzählt. Du hast nichts zu befürchten. Sie denken wie ich. Herman kommt gerade aus Berlin. Er hat Aufregendes aus Preußen zu berichten.«

Wenzel, dem die Füße vor Kälte brannten und die Zunge vor Schreck gelähmt war, bekam einen Becher Bier gereicht.

»Stoß an! Auf die neue Zeit!« Die beiden Studenten rückten etwas näher zusammen, damit auch Wenzel noch Platz auf dem Bett fand.

»So wünsche ich mir die Welt!«, rief Benja begeistert. »Jude und Christ, Student und Knecht einträchtig beieinander. Freunde, trinken wir auf die Menschenwürde!«

Friedrich, der lebhaftere der beiden, wandte sich gleich darauf an Wenzel. »Was ist der Henker für ein Mann? Erzähl doch mal, ist er kalt, stumpf, roh, gefühllos?«

Wenzel schüttelte den Kopf. »Zu mir ist er gerecht und behandelt mich gut. Ich habe einen warmen Schlafplatz und bekomme zweimal am Tag eine Mahlzeit. Fast zwei Monate bin ich nun schon hier und Meister Hans hat mich noch nie geschlagen. Er ist – «, Wenzel suchte nach dem richtigen Wort. Fast schüchtern fuhr er fort: »Er ist ein frommer Mann.«

Friedrich nahm einen tiefen Schluck aus seinem Bierkrug. Bedächtig wischte er sich den Schaum von den Lippen. »Ich kann nur ahnen, wie schlecht es dir gegangen sein muss, bevor du Schinderhannes wurdest«, sagte er. »Keine Prügel, zwei Mahlzeiten am Tag und einen warmen Platz zum Schlafen – das findest du gut? Jedes Haustier hat einen Stall und sein Futter. Einem Menschen steht mehr für seine Arbeit zu. Er muss auch das Recht auf einen freien Abend haben und aufrecht durch die Tür gehen können. Nicht wie du, bei eisiger Kälte barfuß aus dem Fenster steigen. Das ist demütigend.«

Wenzel schwieg.

»Ich fürchte, du hast ihm gerade erst bewusst gemacht, wie würdelos sein Leben ist«, mischte sich nun Herman ein. »Da liegt das Problem. Nicht nur Wenzel, sondern die meisten Menschen halten ein bisschen weniger Unterdrückung schon für Freiheit.«

Benja sprang auf. »Wir müssen uns auf die Märkte wagen und mit dem Volk reden. Wir müssen den Leuten Mut machen sich aufzulehnen gegen ihr erbärmliches Los.«

Sie disputierten, machten Vorschläge, verwarfen sie wieder und brachten neue ein. Sie glühten vor Eifer. Wenzel hörte ihnen zu, gebannt und verwirrt gleichermaßen. Ein freier Abend für einen wie ihn? Hatten Studenten immer so krause Gedanken? Er glaubte nicht, was er da hörte, wünschte sich aber, dass sie nicht aufhörten, die Welt in eine andere zu verwandeln mit ihren leidenschaftlichen Worten, ihren Zukunftsträumen und Wünschen.

Er hatte selber auch Träume. Etwa wenn er an Prag dachte und sich vorstellte, einen Brief dorthin zu schreiben. Hundert Mal und mehr hatte er diesen Brief schon in Gedanken entworfen, hatte ihn versiegelt und den Postkurieren übergeben. Er kannte seinen Inhalt auswendig. Nur die Adresse kannte er nicht. Wohin sollte er ihn schicken? An seinen Vater? Was war mit ihm geschehen als das Haus abbrannte? Wo war er damals? Lebte er noch? Wo war Sophia? Hatten die Soldaten auch sie verschleppt wie ihn oder getötet wie die kleine Schwester? Und der Uhrmacher-Onkel! Stand er noch in seiner Werkstatt, wo es aus allen Winkeln und Nischen leise tickte, als ob ein Heer von Zwergen und Elfen umhertrippelte? In seiner Phantasie hatte er Papier, hatte Tinte und Feder, ein wenig Siegellack, um den Brief zu verschließen und die Gebühr für die Postkuriere, die mit ihren Pferden durch Europa jagten. Aber in Wirklichkeit hatte er das alles nicht. Es war für ihn so etwas ähnliches wie der indische Zucker, den er noch nie geschmeckt hatte, so süß wie die Zukunftsbilder von Benja und seinen Freunden.

Er hätte bis zum Morgen in der engen Studierstube sitzen mögen, nur um zu hören, wie frei und gerecht das Leben sein könnte. Aber er vergaß dabei nicht, dass er die Öfen einheizen musste, bevor Frau Meike aufstand.

Als es schon auf Mitternacht zugehen mochte, verabschiedete er sich und rannte zum Henkershaus zurück. Keine Menschenseele war mehr auf der Straße um diese Zeit. Die Spur seiner nackten Füße war die einzige in dem frisch gefallenen Schnee. Vor dem Küchenfenster reckte er sich, um den Holzspan zu lösen. Seine Finger tasteten den Rahmen ab, suchten rauf und runter, doch da steckte kein Span. Wenzel kniff die Augen zusammen. Hatte das Bier ihm die Sinne vernebelt? Nein, kein Zweifel, der Span war fort. Wenzel presste die Hand gegen die Scheibe, drückte dagegen, wollte einfach nicht glauben, was er längst wusste: Das Fenster war zu, von innen verriegelt.

Langsam ließ er die Hände sinken, stand für einen Augenblick reglos da, unfähig einen klaren Gedanken zu fassen. Wie gebannt starrte er weiter auf das Fenster. Und da war ihm, als sähe er einen Schatten hinter der Scheibe. Wenzel wagte kaum zu atmen. Die Kälte jagte ihm Schauer über die Haut, doch innerlich glühte er, denn wie von Geisterhand öffnete sich nun das Fenster einen Spalt breit.

Anna Katrijn!, schoss es ihm durch den Kopf. Sie will mich ärgern, weil sie die Geschichte mit dem Apfel nicht geglaubt hat.

Er stieß das Fenster ganz auf, griff in den Rahmen und zog sich hoch. Zwar kam er nicht so glatt hinein, wie er herausgestiegen war, aber darauf kam es jetzt nicht an. Eine Hand packte ihn von hinten und hielt ihm den Mund zu. Obwohl er nichts sah, wusste er, dass diese Hand nicht zu Anna Katrijn gehörte.

Wenzel verhielt sich still. Die Hand war groß und hart. Er spürte die Fingerkuppen an seinem linken Ohr und an der rechten Wange einen so heftigen Druck, dass er Angst hatte, sein

Kiefer würde zerquetscht. Die Hand brauchte kein Messer um zu töten. Außerdem stank sie.

Allmählich lockerte sich der Griff ein bisschen. Die Hand rutschte über das Kinn zur Kehle. Wenzel begriff die Warnung und rührte sich nicht. Ganz plötzlich packte ihn der andere und riss ihn zu sich herum.

Obwohl es ganz dunkel in der Küche war, erkannte ihn Wenzel sofort. Er konnte die Umrisse seiner Gestalt nur ahnen, aber er roch ihn, spürte ihn, hörte, wie er die Luft einzog und wieder ausstieß. Er wusste einfach, dass es Jakob war.

»Was willst du?«, presste Wenzel mit Mühe hervor.

Jakob schien zu grinsen. Das konnte Einbildung sein. Doch der Griff, mit dem er Wenzel nun am Hemd, dicht unter der Kehle packte, ließ keinen Zweifel daran, wer der Überlegene war.

»Jakob, du hast den Verstand verloren. Was machst du hier im Haus?«

Jakob schwieg.

Es war zum Verrücktwerden. Wenzel spürte, wie Panik in ihm aufstieg. Seine Knie begannen zu zittern. Er wollte diesen Kerl los sein, diesen Wahnsinnigen, der nichts aus sich heraus ließ, nur stumm lauerte.

»Du hast mich beobachtet. Warum? Was habe ich dir getan? Meinst du, ich merke nicht, wie du in dunklen Ecken herumlungerst? Was willst du von mir? Wenn du nicht endlich redest, schrei ich so laut, dass alle im Haus aufwachen.«

Der Schlag auf den Mund kam so überraschend und heftig, dass Wenzel das Gleichgewicht verlor. Er prallte gegen den Küchentisch, der mit dumpfen Scharren über den Lehmboden rutschte.

Dann war wieder alles still.

Doch Jakob war bereits am Fenster. Ehe Wenzel recht begriff, hatte er sich schon hinausgewunden. Wie einen Schatten sah er ihn zum Stall huschen und lautlos darin verschwinden.

Wenzel zitterte vor Wut und Schmerz. Er schloss das Fenster und prüfte den Riegel um ganz sicher zu sein. Eine Weile stand er noch da und starrte auf die Stalltür. Sein Gesicht brannte von der Misshandlung.

Jakob war wie ein Marder – lautlos und gefährlich.

Wenzel schlief unruhig. Er durfte die Kirchenglocke nicht überhören in der Früh, wenn der Tag die Nacht ablöste und die Arbeit begann. Frau Meike war morgens gereizt, vor allem wenn sie fror. Dann konnte man ihr nichts recht machen. Er döste nur vor sich hin, horchte auf jedes Geräusch, damit ihm ja das Morgengeläut nicht entging. Als es endlich einsetzte, war er froh, dass die Angst zu verschlafen ein Ende hatte.

Das Feuer im Küchenherd war ausgegangen, doch im Kachelofen lag noch ausreichend Glut. Wenzel brachte die Asche auf den Misthaufen neben dem Pferdestall und ging dann in den Schuppen um einen Arm voll Holz zu holen. Aber das Holz war nass. Auf dem Boden war eine kleine Pfütze. Merkwürdig! Wenzel legte die Scheite zurück, zog andere hervor und stellte dabei fest, dass der ganze Holzstoß triefte. Wie sollte er damit ein Feuer entfachen? Wenn er es überhaupt zum Brennen brachte, dann qualmte es so stark, dass man es in der Küche nicht aushalten konnte. Wieso war das Holz nass? Der Schuppen war doch dicht!

Wenzel nahm dennoch einen Arm voll und ging damit ins Haus zurück. Er lehnte die Buchenkloben zum Trocknen an den noch warmen Kachelofen in der Stube. Dann holte er Wasser vom Brunnen, setzte es auf den Herd, wie es ihm befohlen war. Aber er konnte kein Feuer anzünden.

Kurz darauf kam Frau Meike aus der Schlafkammer. Über das lange Leinenhemd, das sie nachts trug, hatte sie eine Decke geschlungen. Schlaftrunken griff sie nach dem Wasser, das diesmal kalt war. Das machte sie augenblicklich munter.

»Du bist schon wieder nicht rechtzeitig aufgestanden!«, polterte sie los.

»Doch, Frau Meisterin.« Wenzel senkte unglücklich den Kopf. » Das Holz im Schuppen ist so nass, als hätte es heute Nacht im Regen gelegen. Ich kann nichts dafür.«

Sie verzog das Gesicht, als würden ihr Wenzels Worte körperliche Pein bereiten. »Unser Holz liegt nicht draußen und das Dach vom Schuppen ist dicht. Du bist ein Lügner, eine vertrottelte Schlafmütze!«

»Frau Meisterin, schaut selber nach. Im Schuppen steht Wasser. Soll ich zum Gerbermeister laufen und um trockenes Holz bitten?«

»Schluss mit den Ausreden! In zehn Minuten will ich es im Herd knistern hören.« Sie stampfte aus der Küche und versetzte der Tür einen Tritt.

Der war eigentlich mir zugedacht. Wenzel seufzte. Er wusste, dass es zwecklos war. Das nasse Holz brannte nicht und Frau Meike glaubte ihm nicht. Also rannte er doch zum Gerber und lieh ein paar Birkenklötze aus. – Ohne ihre Erlaubnis.

Als sie wieder in die Küche kam, sprach sie kein Wort mit ihm. Sie hatte sich inzwischen für den Tag angezogen, aber noch immer die Decke um die Schultern gehängt. Mürrisch und lauter als nötig klapperte sie mit dem Geschirr und begann die Morgenmahlzeit zuzubereiten.

Wenzel wollte ihr entkommen. Er schnappte sich einen Reisigbesen und fegte eine Gasse in den Schnee vor der Tür. Hoffentlich sah sie, wie fleißig er war. Er wusste, dass er ihr viel zu verdanken hatte. Wenn nur ihre Stimmungen nicht so schwankend wären! Mal überschüttete sie ihn mit ihrer Fürsorge. Dann hieß es: »Iss ein Stück Käse, Wenzeli. Hast ja nichts auf den Rippen. Bist ein braver Bursche«. Aber ganz plötzlich konnte ihre Laune umschlagen. Dann schimpfte sie ihn einen Faulpelz, einen hergelaufenen Dummkopf oder wie heute Morgen, einen Lügner. Meister Hans war da anders, nüchtern, schweigsam, unnahbar, aber nie von dieser verwirrenden Unberechenbarkeit.

Als der Henker jetzt auf den Hof hinaustrat, grüßte Wenzel ihn ehrerbietig und bat ihn, mit in den Schuppen zu kommen. »Es geht dort nicht mit rechten Dingen zu«, sagte er. »Das Holz – man könnte glauben, eine Quelle sei darunter aufgebrochen. So nass ist es.«

»Ich werde es dem Jakob sagen«, versprach der Henker. »Er kann nach der Ursache suchen. Aber du lass den Besen jetzt stehen und komm mit.«

Wenzel lehnte den Reisigbesen an die Hauswand. Hinter sich hörte er das unverwechselbare Geräusch, mit dem die Stalltür geöffnet wurde. Jakob kam heraus.

»Geh in den Schuppen und sieh nach, ob sich ein Brett am Dach gelöst hat. Wenzel behauptet, das Brennholz sei nass«, sagte Meister Hans zu ihm.

Jakob rührte sich nicht. »Der da hat Wasser rüber gekippt«, krächzte er mit rauer Stimme. »Habe ich gesehen.«

Wenzel traf es wie ein Schlag. »Das ist nicht wahr! Du lügst, Jakob. Du willst mich bei dem Meister anschwärzen. Warum sollte ich so etwas Dummes tun? Schließlich muss ich morgens die Öfen einheizen. Da werde ich mir doch nicht selber Scherereien machen.«

Jakob zeigte keine Regung. Unbeeindruckt stand er da, als habe er Wenzel gar nicht gehört.

Der Henker blickte auf den vor Empörung zappelnden Wenzel, dann wieder auf seinen neuen Knecht.

»Ich verlange, dass ihr miteinander auskommt«, sagte er. »Zwietracht unter den Knechten dulde ich nicht. Du, Jakob, kümmere dich jetzt um trockenes Holz. Und du, Wenzel, komm mit.«

Der Henker ging zu dem Turm, der seitlich an das Haus gebaut war. Es gab nur eine Tür vom Hof her. Zum ersten Mal, seit Wenzel hier lebte, wurde diese Tür nun geöffnet.

Eine bedrohlich schiefe Stiege führte im Inneren nach oben und endete in einem Raum, der nach allen vier Himmelsrichtungen Fenster hatte, die tief in die Mauern eingelassen waren. Über die Wände kroch stellenweise schwarzer Schimmel. Geräte standen herum, die vor sich hin rosteten und von Spinngeweben überzogen waren. Wenzel sah einen Stachelstuhl, der auf der Innenseite dicht mit spitzen Nägeln gespickt war. Daneben lagen eiserne Halseisen, Fußfesseln mit Blocksteinen beschwert, Beinschrauben, Daumenschrauben, ein Holzklotz, an dem das Henkersbeil lehnte, merkwürdig geformte Körbe und Fässer, Ruten, Spieße, Räder, eine gruselige Sammlung von Gegenständen, die alle einer ausgeklügelten Folter dienten.

Meister Hans blickte suchend über die Geräte, schob ein mannshohes Fass zur Seite und stellte dabei fest, dass es geschrumpft und rissig war. »Unbrauchbar«, murmelte er. Dann nahm er ein Halseisen auf und prüfte das Scharnier, mit dem es sich öffnen ließ. »Muss geölt werden«, stellte er fest. »Die Foltereisen werden zu wenig gebraucht seit die Verhöre kaum noch im Turm stattfinden. Die hochnotpeinliche Befragung ist in Verruf gekommen. Zu viele Menschen gestehen Verbrechen, die sie nie begangen haben, weil sie die Schmerzen nicht aushalten. Das war früher nicht anders. Aber heute zählt mehr die irdische Gerechtigkeit, früher die himmlische.«

Wenzel blickte auf die Foltergeräte, die Flecken von Rost oder Blut hatten. Diese Zeugnisse menschlicher Qual ließen die Schrecken vor der Person und dem Beruf des Henkers wieder ganz lebendig in ihm werden. »Wo gibt es hier eine himmlische Gerechtigkeit?«, fragte er.

»Glaubst du an Gott?«

»Ja, Meister! Aber hier ist Gott nicht zu finden.«

»Glaubst du, dass er Wunder wirken kann?«

»Ja, er kann große Wunder tun.«

»Wenn einer aufs Rad gespannt wird, wobei seine Arme und Beine unter der Folter zerbrochen werden, glaubst du, dass Gott sie ihm anschließend wieder richtet, falls er unschuldig ist?«

Wenzel schwieg. Gewiss, Gott war allmächtig und seine Gnade ohne Grenzen. Aber trotzdem hatte er noch nie gehört, dass Gott einen Menschen aus den Händen des Henkers gerettet hätte. Oder dass einer vom Galgen herunter wieder lebendig geworden wäre. Er hatte nie gehört, dass Engel eine Frau aus den Flammen des Scheiterhaufens fortgetragen hätten. Wollte Gott es nicht? Konnte er es gar nicht?

»Siehst du, da kommen dir Zweifel«, unterbrach ihn Meister Hans in seinen Gedanken. »Gott ist nicht mehr der alleinige Richter und der Henker nicht mehr Gottes irdischer Vollstrecker. Bei meinem Vater war das noch so.«

»Aber was seid Ihr dann, Meister?«, fragte Wenzel.

»Handlanger der irdischen Gerechtigkeit. Das hat sich nicht geändert. Die Strafen für begangene Verfehlungen sind geblieben. Sie müssen sein um Ordnung und Recht zu erhalten. Der Scharfrichter muss sie vollstrecken. Wenn es keine Strafen gäbe, würden die Menschen mit ihren Lastern die Welt in den Untergang treiben, wie einst in Sodom und Gomorrha. Deshalb sind sie auch öffentlich, Strafe und Abschreckung zugleich. Aber zuerst müssen die Beschuldigten ein Geständnis ablegen. Dafür sind diese Foltergeräte erdacht worden. Denn wer gibt schon freiwillig eine Missetat zu?«

Wenzel nickte. »Wie ist es denn heute?«, fragte er. »Wenn es keine hochnotpeinliche Befragung mehr gibt?«

»Es gibt sie noch. Abgeschafft wurde die Folter zu Erlangung eines Geständnisses noch nicht ganz. Doch die kirchlichen Richter, die vor allem Hexen und Ketzer überführen wollen, haben an Einfluss verloren. Unser Landesfürst will wie der preußische König sein. Deshalb hat er die Hexenverbrennungen verboten. Doch gerade bei den sündigen Verbrechen ist es schwer, eine Schuld nachzuweisen. Wenn es um Mord und Diebstahl geht, um Brunnenvergiftung, eheliche Untreue, üble Nachrede, dann halten sich die Richter heute mehr an Wortverhöre, Zeugenaussagen und andere Beweise. Nur wenn einer ganz verstockt ist und ohne Gewissen leugnet, kommt er auf die Folter.«

»Kann sich ein Richter oder der Vogt mit seinen Schöffen auch irren?«, fragte Wenzel aus einer plötzlichen Eingebung heraus.

»Nein«, sagte der Henker, »denn wer den Stab bricht über einen Beschuldigten, ruft Gott als Zeugen an. Das Urteil kann also nicht falsch sein, weil Gott es zulässt. Und wenn der Henker es vollstreckt, so ist es gerecht. Denn Gott ist Gerechtigkeit.«

»Aber wenn einer so lügt wie der Jakob und ich kann es nicht beweisen«, murmelte Wenzel. »Warum lässt Gott das dann geschehen? Es ist doch nicht recht.«

»Gott ist allwissend und unfehlbar. Was er geschehen lässt ist Gerechtigkeit. Wer daran zweifelt, ist voll Frevel und hat Strafe verdient. Nichts geschieht, was nicht sein Wille ist. – Komm her und fass mit an. Heute werde ich eine Bäckertaufe vornehmen.«

Meister Hans zog einen Käfig zwischen den übrigen Geräten hervor. Er bestand aus hölzernen Stangen und Eisenbändern, etwa so groß, dass ein erwachsener Mensch zusammengekauert darin Platz fand. Gemeinsam trugen sie den Käfig die knarrende Stiege nach unten. Dann holte der Henker noch eine Stange, an deren Ende ein Haken war. Beides stellten sie im Hof ab.

Nach dem Frühstück mussten Wenzel und Jakob Stange und Käfig zum Fluss hinuntertragen und auf der Brücke, nicht weit von der Stelle, wo die Frauen bei wärmerem Wetter ihre Wäsche wuschen, auf Meister Hans warten.

Es war bitterkalt. Am Ufer der Ryss hatten sich die ersten Eiszapfen gebildet, aber noch schäumte und sprudelte der Fluss. Die Menschen, die nicht unbedingt eine Besorgung machen mussten, blieben in ihren Stuben und Werkstätten. Steinweiler wirkte ausgestorben.

Wenzel beachtete Jakob so wenig wie möglich. Zwischen ihnen stand der Käfig und am Brückengeländer lehnte die Stange.

Aber wenn er aus den Augenwinkeln einen verstohlenen Blick auf den anderen warf, glaubte er Hohn in dem käsigen Gesicht zu erkennen.

Nach einiger Zeit kam der Henker auf der anderen Seite des Flusses zurück. Er führte den Bäcker mit gebundenen Händen an einem Strick. Hinter den beiden ging der Vogt, rechts und links von Ratsherren und Schöffen begleitet. Die junge Frau des Bäckers lief jammernd hinterher.

Als sie die Brücke erreicht hatten, entrollte der Vogt mit klammen Fingern das Urteilsschreiben. »Joseph Heinrich Fote, Bäckermeister von Klein Schachendorf bei Steinweiler, er wird für schuldig befunden, das Brot nicht mit der vorgeschriebenen Menge an Roggen gebacken zu haben. Sein Geiz wird mit Untertauchen in der Ryss bestraft. Möge die Strafe dazu dienen, dass er fortan sein Handwerk ehrlich betreibe.«

Die Frau des Bäckers fing laut an zu schreien. »Das kalte Wasser wird ihm die Lunge zerreißen. Er hat doch schon den Husten. Wollt Ihr ihn umbringen? Greift Euch den Lehrjungen! Er hat nicht aufgepasst. Ihr straft den Falschen.«

Niemand beachtete sie.

Dem Bäcker wurden die Fesseln von den Handgelenken genommen. Meister Hans wies ihn an, Schuhe und Mantel auszuziehen. Dann löste er den Boden des Käfigs, der aus einem festen Brett bestand.

Der Angeklagte musste sich nun auf das Brett stellen. Wenzel und Jakob stülpten ihm das Käfiggitter über. Um es wieder mit dem Boden verschließen zu können, musste sich der Bäcker, der ein stattlicher Mann war, zusammenkauern. Die Knie stießen ihm an die Nase. Der Käfig wurde nun am oberen Ende der Stange befestigt. Wenzel und Jakob mussten sich auf Geheiß des Henkers an das untere Ende hängen.

Obwohl es beißend kalt war, liefen nun doch Neugierige zusammen. Ein Kutscher zügelte die Pferde auf der Brücke und hielt an. Zwei Mönche in wollenen Kutten reckten die Köpfe.

Eine zerlumpte Gestalt nutzte die Gelegenheit um mit der Bettelschale von einem zum andern zu gehen. Hinter den Fenstern der umliegenden Häuser sah man Gesichter wie Fratzen.

Die Stange mit dem unglücklichen Bäcker im Käfig wurde nun in einer Lücke des Brückengeländers verkantet und ins Wasser der Ryss getaucht. Wenzel und Jakob sausten am anderen Ende in die Höhe. Dann zog der Henker mit festem Griff seine Knechte auf den Boden zurück. Der Käfig tauchte wieder auf und wurde hoch in die Luft geschleudert. Der Henker ließ wieder los. Der Käfig senkte sich ins Wasser und Jakob und Wenzel als Gegengewicht wippten wieder hoch.

Der Vogt bemängelte, dass der Käfig zu rasch aus dem Wasser gezogen würde. Das sei kein rechtes Untertauchen sondern nur ein Hineinstupsen. Für eine Strafe zieme sich nicht diese Hast.

Doch Meister Hans ließ sich nicht in seine Arbeit hineinreden. »Ihr sprecht das Urteil. Ich führe es aus. Ein jeder trägt die Verantwortung für seine Sache«, sagte er selbstbewusst.

Jedes Mal, wenn der Käfig wieder auftauchte, fing die Bäckersfrau an zu klagen. »Es reicht! Ihr bringt ihn um! Ihr feinen Herren habt keine Ahnung von den Mühen der kleinen Leute. Was müsst Ihr Eure Schnüffler in unsere Backstube schicken und uns das Leben schwer machen? Lasst uns in Ruhe. Ihr esst doch nicht das Schwarzbrot, das für die Armen gebacken wird. Und von denen hat sich noch keiner beschwert, dass das Gewicht nicht stimmt.«

»Weib, wenn du dein vorlautes Mundwerk nicht hältst, stelle ich dich eine Stunde an den Pranger«, brüllte der Vogt sie an.

Wieder tauchte der Käfig unter.

Die Bäckersfrau stopfte sich die Faust zwischen die Zähne und biss darauf. So versuchte sie ihre eigenen Worte zu ersticken. Als der Käfig wieder auftauchte, stöhnte sie und krümmte sich zusammen, als bereite der jammervolle Anblick ihr Leibschmerzen.

Nach dem zehnten Untertauchen wurde der Bäcker aus dem Käfig herausgeholt. Er hustete und rang nach Luft, schon ganz blau im Gesicht. Der Vogt schlug den Pelzkragen seines Mantels hoch und schritt eilig davon, gefolgt von den Schöffen und Ratsherren. Der Kutscher ließ die Pferde wieder anziehen. Hinter den Fenstern der umliegenden Häuser verschwanden die Fratzen. Die Bäckertaufe war vorüber.

Meister Hans

Wie seine Tochter hatte auch Meister Hans bei einem Juden Schreiben und ein wenig Rechnen gelernt. Doch nur drei Jahre lang und mit häufigen Unterbrechungen. Sein Vater, der genau wie er Meister Hans genannt wurde, hatte mehr darauf geachtet, dass sein Sohn das handwerkliche Können für seinen späteren Beruf lernte als den höchst überflüssigen Umgang mit Tinte und Gänsekiel. Es kam nur selten vor, dass ein Henker einen Brief verfassen musste. Notfalls konnte er damit zu einem dieser blassen Schreiberlinge gehen, wie es andere Leute auch taten. Schreiben oder gar Lesen war Zeitvertreib und obendrein gesundheitsschädlich. Es strengte das Gehirn unnatürlich an und konnte bei schwachen Gemütern zu Verwirrung führen. Gute Arbeit wurde mit den Händen verrichtet. Davon war man am Abend rechtschaffen müde. Ein gesunder Schlaf erquickte das Gehirn und bewahrte vor übermäßigem Gedankenandrang. Die Alten wussten, was dem Menschen von Nutzen war. Meister Hans teilte diese Ansicht aus voller Überzeugung.

Doch neuerdings kamen allerhand Unsitten auf. Das fing schon damit an, dass Scharfrichter ohne Scheu bei ihrem richtigen Namen genannt wurden. Meister Simon und Meister Cornelis waren Beispiele dafür. Oder Meister Anton, der im Dienst des Erzbischofs von Cölln stand. *Meister Hans* war eine vorsichtige Umschreibung für jenen Mann, mit dem keiner in Berührung kommen wollte, den man am besten nicht einmal beim Namen nannte. In Steinweiler, das abseits der großen Städte und Heerstraßen lag, hielten sich die Bewohner noch an diesen Brauch. Doch die Unsitte des Lesens breitete sich auch hier aus. Ein wenig andächtig in der Bibel blättern mochte wohl nicht schaden – zumal man noch nie gehört hatte, dass hierbei übertrieben wurde. Aber was jüdische Händler da neuerdings aus Berlin und Leipzig anschleppten, sogenannte Romane, das war nun allerdings höchst bedenklich. Anna Katrijn war wie besessen davon. Und ihre Mutter auch. Meister Hans verbot ihnen das Lesen. Aber die beiden konnten es nicht lassen. Heimlich kauften sie mit Benjas Hilfe Bücher und versteckten sie in einer der ungenutzten Kammern im oberen Teil des Hauses. Dort hatten sie ihre heimliche Lesestube. Kaum war der Henker aus dem Haus gegangen, ließen sie ihre Arbeit ruhen und verschwanden in der Kammer. Wurde unten die Haustür geöffnet, hörten sie das am Anschlagen der Glocke. Sofort rannte Anna Katrijn nach unten. Frau Meike schloss hastig den Raum ab und versteckte den Schlüssel in ihrer Rocktasche. Langsam und sich den Anschein gebend, als hätte sie gerade gelüftet oder hier oben nach dem Rechten gesehen, ging sie die Treppe hinunter und nahm ihre Arbeit dort wieder auf, wo sie liegen geblieben war.

Das neueste Buch, das Benja ihnen besorgt hatte, war von einem gewissen Johann Gottfried Schnabel geschrieben und hieß: »Der im Irrgarten der Liebe herumtaumelnde Cavalier«*.

Schon dieser Titel erregte Anna Katrijns Gemüt, noch bevor sie einen einzigen Satz gelesen hatte.

Meister Hans merkte nichts von den Heimlichkeiten in seinem Haus, weil es für ihn undenkbar war, dass sein Verbot missachtet werden könnte. Aber ihm fiel auf, dass seine Tochter in letzter Zeit häufig in einer anderen Welt zu schweben schien. Das war bedenklich. Er schob es auf Benja. Zwar ahnte er nicht den wahren Grund, aber er kam zu der Überzeugung, dass Anna Katrijn ihr Gehirn mehr als genug mit Schulwissen voll ge-

* erschienen 1738

stopft hätte. Er entließ den Hauslehrer von einem Tag auf den anderen.

Anna Katrijn brach in Tränen aus. Sie schloss sich in ihrer Kammer ein und verweigerte das Essen. Frau Meike versuchte zu beschwichtigen und ihren Mann umzustimmen. Vergeblich. Benja blieb entlassen. Meister Hans sah in Anna Katrijns Verhalten nur eine Bestätigung dessen, was er schon geahnt hatte: Sie litt an übermäßiger Gemütserregung. Schluss mit dem Lernen! Es war an der Zeit nach einem jungen tüchtigen Scharfrichter Ausschau zu halten, der sie zur Frau nahm.

Frau Meike wurde blass, als sie die Absicht ihres Mannes vernahm. Die Vorstellung, dass Anna Katrijn fortzog – ihr einziges Kind – schmerzte wie ein Faustschlag. Keine Romane mehr, keine Heimlichkeiten, kein Lachen, keine munteren Gespräche beim Kochen und Aufräumen. Es war jetzt schon einsam im Henkershaus. Aber dann erst?

»Du darfst sie mir nicht nehmen«, hauchte Frau Meike, der fast die Stimme versagte. »Sie will noch gar nicht heiraten.«

»Sie muss aber!« Der Henker sah seine Frau streng an. »Willst du etwa, dass sie eine alte Jungfer wird? Wenn sie nicht heiratet, muss sie irgendwann verhungern oder als Soldatenliebchen ein elendes Dasein führen. Kein ehrlicher Mensch gibt einer Scharfrichterstochter Unterkunft und Brot. Wenn ich krank werde und mein Amt nicht mehr ausführen kann, kommt ein anderer Henker in dieses Haus. Wir können nur hoffen, dass wir dann einen tüchtigen Schwiegersohn haben, der Anna Katrijn versorgt.«

Frau Meike wusste, dass es so war. Sie antwortete nicht. Der Gedanke Anna Katrijn zu verlieren, war wie der Gedanke an den eigenen Tod. Sie hatte ihn verdrängt. Und nun war sie wie gelähmt.

Meister Hans legte eine Hand auf ihre Schulter. Eine seltene Geste der Vertrautheit, die sie richtig deutete: Du musst dich fügen. So ist das Leben.

Wenzel spürte, dass etwas nicht stimmte. Frau Meike saß den ganzen Nachmittag vor ihrem Webstuhl. Aber sie starrte nur auf ihre Hände, als wüsste sie nicht mehr, wie sie die gebrauchen musste. Sie saß auch noch dort, als es bereits dunkel wurde und Wenzel zum zweiten Mal Holz in den Kachelofen schob. Anna Katrijn kam nicht aus ihrer Kammer. Der Henker war allein in den Folterturm gestiegen.

Wenzel wurde unruhig. In den Jahren des Herumziehens hatte er einen Sinn dafür entwickelt, Schwierigkeiten schon zu spüren, wenn sie noch gar nicht da waren. Und hier lauerte etwas.

Hing es mit Jakob zusammen? Es gab Menschen, an denen klebte das Unheil wie die Pest. Kaum tauchten sie irgendwo auf, geriet alles durcheinander. Wenzel traute Jakob zu ein Unglücksbringer zu sein, durchtrieben und falsch wie der war. So einer kam daher wie der Schwarze Tod*.

Wenzel saß untätig am Küchentisch. Niemand scheuchte ihn hin und her. Auch das war beunruhigend. Draußen begann es wieder zu schneien. Er dachte an Benja, an Daniel und schaute den Flocken zu, wie sie lautlos vom Himmel wirbelten.

Ein Geräusch im Hof und eine Hand am Küchenfenster ließen ihn aufschrecken. Verstohlen sah er hinaus. Draußen stand ein ungewöhnlich aussehender Mann.

Er trug einen breitkrempigen Schlapphut und einen dunklen Mantel mit Pelzkragen. Unter eine Achsel hatte er eine Holzkrücke geklemmt, auf die er sich stützte. Sein linker Unterschenkel war durch einen Holzstumpf ersetzt, der wie ein grob gedrechseltes Stuhlbein aussah. An einem Riemen quer über die Brust hing eine lederne Tasche.

Die Tasche fesselte Wenzels Blick. Sie war abgeschabt, ausgebeult und arg strapaziert. Nichts Ungewöhnliches, wenn da nicht auf der Vorderseite dieser rote Prägestempel gewesen wä-

---

* anderer Name für die Pest

re. Wenzel konnte es nicht genau erkennen, aber er vermutete, dass es das kaiserliche Wappen war.

Was sollte er tun? Abwarten bis der da draußen von selber wieder ging? Das war am einfachsten. Oder sollte er Frau Meike ansprechen, von der kein Laut aus der Stube drang? Den Henker holen?

Der Fremde klopfte zum zweiten Mal. Diesmal energisch. Wenzel öffnete schließlich das Fenster einen Spalt.

»Gott zum Gruß«, sagte der Fremde. »Habt ihr ein Nachtquartier? Ich zahle gut.«

Wenzel schüttelte den Kopf. »Hier ist keine Herberge. Mein Herr, Ihr habt Euch verirrt.«

»Hier wohnt der Henker hat man mir gesagt.« Der Fremde sprach hastig. Sein Gesicht war von Anspannung verzerrt. »Hol ihn, Junge.«

Wenzel wunderte sich, mit welcher Bestimmtheit der andere sprach. Wenn er ein Soldat war, dann gewiss keiner von den Gemeinen. Aber ein Offizier ohne Uniform, ohne Begleitung, ohne Knecht, ohne Pferd und Wagen?

»Ich sehe mal nach«, murmelte Wenzel.

Dann schloss er das Fenster wieder und lief hinüber zur Stube. »Frau Meisterin! Frau Meisterin, so hört doch! Ein Fremder bittet um ein Nachtquartier. Er fragt nach dem Henker.«

Sie drehte den Kopf zu ihm hin, langsam, in Gedanken weit fort, so als habe sie ihn gar nicht verstanden.

Wenzel wurde lauter. »Draußen steht ein Mann. Es ist einer von den Kaiserlichen, glaube ich, und er bittet um ein Quartier.«

Sie schien noch immer nicht recht zu begreifen. Aber immerhin stand sie auf.

»Soll ich den Meister holen?«, fragte Wenzel.

»Ja. Ja, mach nur.«

Er lief aus der Haustür, vorbei an dem Fremden, der noch immer auf Antwort wartete.

»Gleich, mein Herr«, murmelte Wenzel und deutete eine Verbeugung an.

Er konnte das Gesicht des anderen jetzt deutlicher erkennen. Er war rasiert. Ein vornehmes, kluges Gesicht. Die dunklen Augen lagen tief in den Höhlen und sahen müde aus.

Wie selbstverständlich griff der Mann nach der Türklinke und humpelte in den Flur. »Ich warte hier drinnen«, sagte er. »Geh nur, hol den Henker.«

Niemals war einer von Frau Meikes heimlichen Kunden in den Flur getreten. Doch dieser Mann schien keine Scheu und keine Furcht zu kennen. Nicht mal vor dem Henker!

Wenzel rannte über den Hof zum Turm hin. »Meister, kommt rasch!«, rief er am Fuß der wackeligen Treppe. »Da ist ein seltsamer Mensch in Euer Haus eingetreten.«

Meister Hans kam mit einem Tranlicht in der Hand nach unten. »Was ist ein seltsamer Mensch?«, fragte er.

»Ich weiß es auch nicht«, beteuerte Wenzel. »Er ist anders als die Leut.«

Im Flur des Henkershauses war es dunkel. Meister Hans hielt die Lampe hoch als er eintrat. Wenzel duckte sich hinter seinem breiten Rücken.

Der Fremde grüßte kurz und höflich. Dann zog er ein zusammengefaltetes Schreiben aus seiner Tasche hervor und hielt es dem Henker hin.

»Ich bin in wichtiger Mission unterwegs. Hier ist ein Begleitschreiben mit dem kaiserlichen Siegel.« Er hielt es noch immer auffordernd dem Henker hin. »In einer Herberge bin ich im Augenblick nicht sicher genug. Deshalb ersuche ich Euch, Meister, um ein Nachtlager. In diesem Haus wird mich keiner überfallen.«

Meister Hans nahm das Schreiben nicht an. »Was kümmert mich Eure Mission? Macht Ihr Eure Geschäfte, ich mache die meinen«, sagte er knapp. »Hier gibt es kein Nachtlager für Fremde.«

Der Mann steckte mit ruhiger Bewegung das Schreiben wieder ein. Dann rückte er seine Krücke ein wenig zurecht, griff in den Ausschnitt seines Mantels und zog eine Pistole heraus. Damit zielte er auf den Bauch des Henkers.

»Ihr könnt wählen zwischen einem Golddukaten oder einem Loch in Euerm Wanst. Doch Ihr seht mir vernünftig aus. Ein Mann in Eurer Stellung schlägt so viel Geld nicht aus.«

Meister Hans stand wie versteinert. Wenzel, hinter seinem Rücken, hielt die Luft an. Der Fremde schwieg. Meister Hans schwieg. Die angespannte Stille dehnte sich und war kaum auszuhalten.

Da öffnete sich eine Tür im hinteren Teil des Flures. Aus dem Dunkel trat Frau Meike ahnungslos zu den Männern. In dem engen Lichtkreis der Lampe bemerkte sie gar nicht, um was es hier ging. »Haben wir Besuch?«, fragte sie und blickte den Fremden an.

»Gott zum Gruß, Frau Meisterin. Ihr werdet mich heute Nacht in eurem Haus beherbergen«, sagte der Mann, ohne sich ihr zuzuwenden. »Zur Erinnerung an diese kleine Mühe lasse ich Euch einen Golddukaten hier.«

Ein Aufblitzen freudiger Überraschung huschte über Frau Meikes Gesicht, das jäh erstarrte. Denn in diesem Augenblick sah sie die Waffe.

»Beunruhigt Euch nicht.« Der Fremde sprach betont langsam. »Nur eine Vorsichtsmaßnahme. Vielleicht kann der Junge mir eine Kammer zeigen.«

Wenzel kam hinter dem Rücken des Henkers hervor, unsicher, wem er denn nun zu gehorchen hatte.

Der Henker schwieg noch immer.

Aber Frau Meike hatte schnell begriffen, dass mit diesem Herrn nicht zu spaßen war. »Ihr seid willkommen«, entschied sie für ihren Mann mit. »Habt Ihr ein Pferd zu versorgen? Ihr seid doch wohl nicht zu Fuß unterwegs?«

Sie wandte sich, ohne eine Antwort abzuwarten, nach Wenzel um: »Geh und hole die Lampe aus der Stube. Leuchte unserm Gast die Treppe hinauf. Er kann in der großen Kammer, rechts neben der Treppe schlafen.«

Wenzel war froh, dass die Meisterin zu ihrer alten Tatkraft zurückgefunden hatte. Das war gerade noch einmal gut gegangen. Ein Goldstück bewirkte offensichtlich Wunder. Und eine Pistole auch.

Frau Meike wirbelte in der Küche herum und scheuchte Wenzel durchs Haus. »Bring dem Kurier des Kaisers eine Kanne warmes Wasser nach oben, damit er sich waschen kann. Hol aus dem Schuppen ein Holzkohlebecken. Leg Glut hinein und trag es in sein Zimmer. Es ist arg kalt da oben. Aber klopf jedes Mal an die Tür, bevor du eintrittst. Das gehört sich so bei feinen Leuten.« Sie stöhnte. »Wenn bloß Anna Katrijn aus ihrer Kammer käme! Sie muss mir bei der Abendmahlzeit helfen.«

»Soll ich sie holen?«, fragte Wenzel in aller Unschuld.

»Es ist zwecklos. Sie hört nicht auf mich.« Wieder stöhnte Frau Meike.

»Aber vielleicht hört sie auf mich«, meinte Wenzel. »Ich kann es wenigstens versuchen.«

»Wenn du es schaffst, dass sie ihren Trotz aufgibt, schenke ich dir einen Kreuzer*.«

Das ließ sich Wenzel nicht zweimal sagen. Er lief sofort zu Anna Katrijns Kammertür.

»Leg dein Ohr an das Schlüsselloch«, flüsterte er gerade noch so laut, dass sie es hören konnte. »Ich habe eine geheime Botschaft für dich. Mach schon! Beeil dich! Ich kann hier nicht wie ein Huhn Eier legen.«

Eine Weile blieb es ruhig in der Kammer, aber dann knarrte das Bettgestell. Schritte waren eher zu ahnen als zu hören.

Wenzel legte die Hände um das Schlüsselloch. »Kannst du mich verstehen?«

* kleine Geldmünze]

116

Keine Antwort. Aber er hörte sie atmen.

»Ein Ritter ist im Haus. Er muss sich vor seinen Feinden verstecken und er hat ein Schreiben vom Kaiser bei sich.«

Wenzel merkte, dass auf der anderen Seite der Tür etwas im Gange war. Ihr Kleid raschelte. Die Holzdielen des Fußbodens knackten leise und ihr Atem steigerte sich zu einem Seufzer.

»Wie sieht er aus?«, flüsterte Anna Katrijn nach einer Weile zurück.

»Herrlich, wie ein Graf.«

»Woher weißt du, dass er ein Ritter ist?«

»Er hat ein Pistol bei sich. Ich habe es selbst gesehen.«

Mit dieser aufregenden Nachricht ließ er sie allein. Er sprang auf und lief davon, als hätte er Angst erwischt zu werden. An der Küchentür wartete er, lauschte und hoffte inständig, dass er sich einen Kreuzer verdient hatte.

Tatsächlich kam Anna Katrijn nach einiger Zeit heraus. Ihre Neugierde war stärker als ihr Kummer. Sie ging in die Küche, beugte sich über die Töpfe auf dem Herd und rührte darin, als sei nichts gewesen. Ihre Mutter gab ihr Anweisungen. Keine Geste der Überraschung, keine Bemerkung, keine Frage. Das Abendessen musste zubereitet werden. Jetzt war keine Zeit um über Gefühle zu reden.

Der Fremde wünschte in seiner Kammer zu speisen. Anna Katrijn und Wenzel bedienten ihn. Er hatte sein Holzbein abgeschnallt und neben die Krücke an den Bettpfosten gelehnt. Die Umhängetasche war unter das Kopfkissen geschoben. Wenzel sah den Riemen, der seitlich herausschaute. Auf der Fensterbank lag sein Schlapphut.

Anna Katrijn bemühte sich ein Gespräch mit dem Gast anzufangen, aber er ließ sich nicht darauf ein. Nach dem Essen bat er darum nicht mehr gestört zu werden. Er wolle früh schlafen, er sei weit gereist, sagte er, und habe noch einen langen Weg vor sich.

»Was meinst du, woher er kommt?«, flüsterte sie zu Wenzel

im dunklen Treppenhaus. »Er muss ein sehr vornehmer Herr sein. So vornehm, dass er sein Ansehen nicht mal verliert, wenn er bei uns absteigt. Wirklich, wie ein Ritter!«

»Wahrscheinlich kommt er aus der Residenzstadt München«, vermutete Wenzel. »Wenn er doch ein Kurier seiner Majestät* ist.«

»Oder er war beim König von Preußen«, meinte Anna Katrijn. »Wenn man nur wüsste, warum er sich verstecken muss. Mein Vater ist fürchterlich wütend. Erzähl mir mal, wie der Fremde ihn mit dem Pistol bedroht hat.«

Sie hockten sich auf die oberste Treppenstufe und tuschelten.

Meister Hans und Frau Meike saßen hinter der geschlossenen Stubentür und machten sich ebenfalls Gedanken. Noch nie hatten durchziehende Soldaten ein Quartier verlangt. Der Henker blieb von dieser Plage verschont, unter der die Bürger so zu leiden hatten. Doch dieser Mann war kein Soldat. Auch kein Räuber. Frau Meike vermutete etwas viel Schlimmeres. Hinter vorgehaltener Hand flüsterte sie: »Er ist ein feindlicher Kundschafter.«

Das Bibellesen fiel an diesem Abend aus.

»Wenn ich nur mit Benja reden könnte«, seufzte Anna Katrijn. »Die Juden haben oft Besuch. Manchmal stehen vornehme Kutschen in der Gasse. Manchmal kommen Männer zu Fuß, drei oder vier zusammen. Der Magister fehlt mir so sehr! Mein Vater hat ihn weggeschickt. Weißt du das schon?«

Wenzel wusste es noch nicht. Da der Unterricht nicht jeden Tag stattfand, war ihm nicht aufgefallen, dass Benja seit einigen Tagen nicht mehr kam.

»Warum?«, fragte er bestürzt. »Was ist vorgefallen?«

Anna Katrijn schluckte. »Schon lange ist mein Vater der Meinung, dass ich genug gelernt hätte. Aber meine Mutter hat ihn immer wieder überredet. Sie kann nicht schreiben und nicht

* Karl VII., römisch-deutscher Kaiser aus dem Hause Wittelsbach

lesen. Deshalb ist sie froh, dass ich so viel gelernt habe. Manchmal schreibe ich Briefe für sie an ihre Geschwister. Wenn Antwort kommt, lese ich ihr die vor. Naja, auch diese Bücher – du weißt schon – die lese ich ihr auch vor. Mein Vater darf es nicht wissen. Er hält Lesen für schädlich. Ich soll möglichst bald heiraten. Für nichts anderes bin ich auf der Welt.«

»Ja, willst du denn nicht heiraten?«, fragte Wenzel.

»Doch schon! Aber keinen Henker.«

Sie stützte den Kopf in beide Hände und nagte an ihren Fingernägeln.

»Als ich klein war, wollte ich immer einen Bäcker heiraten und dann in einem hellen, sauberen Laden Brot verkaufen, freundlich mit den Leuten reden, Geld einnehmen, jedem die Hand geben. Ich möchte Freundinnen haben und nicht von jedem gemieden werden. Verstehst du das?«

»Sprich leise«, mahnte Wenzel. »Ja, ich verstehe dich. Aber in Steinweiler wird dich kein Bäcker zur Frau nehmen.«

»Weiß ich selber. Wenn ich kein Mädchen wäre, sondern ein Mann, dann würde ich mir ein Pferd kaufen und so lange reiten, bis ich ans Meer käme. Wenn ich dann das Meer gefunden habe, würde ich mein Pferd verkaufen und mit einem Segelschiff bis auf die andere Seite der Welt segeln. Da gibt es ein Land, das heißt Amerika. Benja hat mir davon erzählt. Dort fragt keiner, woher du kommst.«

Sie stand auf, ohne eine Antwort abzuwarten und ging zu ihrer Schlafkammer. Kurz darauf kam sie noch einmal zurück.

»Hier ist das versprochene Buch. Lass dich nicht damit erwischen. Mein Vater wird dich sonst aus dem Haus jagen und ich kriege auch Ärger.«

Wenzel ließ das verbotene Stück unter seinem Hemd verschwinden. Auf Zehenspitzen schlich er nach unten. Als er an der Stubentür vorbeihuschte, hielt er den Atem an, bis er in der Küche war. Hierher kam der Henker fast nie. Die Küche war Frauenbereich. Im matten Feuerschein, der aus der Aschenluke drang, tastete er sich zu dem Verschlag vor, in dem sein Strohsack lag. Rasch schob er das Buch unter die Decke und legte sich darauf. Er dachte an den Fremden, der seine lederne Tasche unter das Kopfkissen geschoben hatte. Auf einmal fühlte sich Wenzel dem Mann dort oben nahe. Beide waren sie durch die Not des Lebens in dieses Haus verschlagen worden.

Am anderen Morgen schneite es noch immer. Zu allem Übel war auch noch Wind aufgekommen. Er rauschte in den kahlen Ästen der Weide und rappelte an der Stalltür. Ein eiskalter Wintersturm. Hell wurde es draußen kaum.

Wenzel hatte Eimer und Töpfe voll Wasser auf den Herd gestellt, so weit der Platz reichte.

Frau Meike lobte ihn dafür und gab ihm den versprochenen Kreuzer. »Wir wollen den Fremden bei Laune halten«, sagte sie. »Geh mal nach oben und finde heraus, ob er schon wach ist.«

Wenzel legte ein Ohr an die Tür des Gastes. Er horchte eine ganze Weile, aber nur der Wind pfiff unter den Dachbalken hindurch.

In der Kammer rührte sich nichts.

»Er schläft wohl noch«, meldete er Frau Meike.

Sie sah ratlos zu ihrem Mann, der auf der Schwelle zur Küche stand. »Ob wir ihn aufwecken? Wenn man nur wüsste, was richtig ist!«

»Besser nicht«, warf Anna Katrijn ein. »Vornehme Herren stehen nicht gleich in der Früh auf. Außerdem war er so müde.«

Meister Hans drehte sich um und ging mit festem Schritt zur Stube, die der Küche schräg gegenüber lag. »Ich will mein Frühstück«, polterte er los. »Dauert das heute noch lange?«

Frau Meike und Anna Katrijn begannen hastig, Brot, Käse und eine Terrine dampfender Suppe hinüberzutragen. Wenzel lief mit den Holzlöffeln hinterher, die sie in ihrer Aufregung vergessen hatten. Dann nahm er sich die irdene Schüssel, aus der er immer aß, und füllte sie reichlich voll Suppe, die noch auf dem Herd vor sich hin köchelte. Er setzte sich aber nicht wie gewohnt an den Küchentisch, sondern auf die oberste Treppenstufe, dort wo er gestern Abend mit Anna Katrijn getuschelt hatte. Hier entging ihm nicht, wenn der Fremde in seiner Kammer zu rumoren begann oder gar heraus kam.

Heute ging alles ein bisschen durcheinander.

Jetzt polterte Jakob gegen die Haustür, erst kurz, dann lauter und länger. Wenzel ließ sich dadurch nicht stören. Essen austeilen war Frau Meikes Sache. Sie würde ihn schon hören, früher oder später. Er mied Jakob, wo immer er konnte. Wenn sie zusammen arbeiten mussten, taten sie es schweigend. Jakob hielt sich zurück mit seinen Gemeinheiten. Trotzdem ließ Wenzel sich nicht täuschen. Jakob war einer von denen, die nichts hatten, nur sich selbst. Und die waren alle beim Teufel, schon zu Lebzeiten. Man durfte ihnen niemals trauen.

Durch die Geräusche im Haus schien nun auch der Gast munter geworden zu sein. Wenzel setzte die Schüssel an den Mund um auch nicht den kleinsten Rest Suppe zu vergeuden. Da riss der Fremde auch schon seine Kammertür auf.

»Komm herein, Junge!«, sagte er ohne Morgengruß.

Wenzel gehorchte.

»Ich brauche einen leichten Reisewagen, zwei schnelle Pferde und einen Kutscher dazu. Er soll mich nach Aachen bringen. Heute noch. – Was starrst du so? Beeil dich!«

Wenzel sauste los. »Der da oben ist wach«, verkündete er aufgeregt an der Stubentür. »Meister, er fordert einen Reisewagen mit zwei Pferden und einen Kutscher dazu.«

Ratlosigkeit spiegelte sich auf Frau Meikes und Anna Katrijns Gesicht. »Einen Wagen mit Kutscher?«

Meister Hans verzog keine Miene.

»Ja, er will nach Aachen«, sagte Wenzel.

»Heiliger Gott! Nach Aachen!« Anna Katrijn bekreuzigte sich. »Da muss er durch Wälder und Schluchten. Und das bei diesem Wetter! Hat er denn noch nichts von der Räuberbande gehört, die bei Somroth die Wege unsicher macht? Und dann die Wölfe! Im Winter fallen sie die Pferde an. Man muss ihn warnen.«

»Was ereiferst du dich für den Fremden?«, wies Meister Hans seine Tochter zurecht. »Der soll machen, dass er fortkommt.«

Frau Meike stand auf und gab Jakob Suppe. Wenzel brachte warmes Wasser nach oben. Anna Katrijn folgte ihm mit Brot und Käse.

Nur der Henker blieb in seiner Stube am Tisch sitzen, verschlossen und unbeteiligt. Sein Stolz ließ es nicht zu, dem ungebetenen Gast auch noch behilflich zu sein.

Anna Katrijn schilderte dem Fremden in glühender Übertreibung die Gefahren der winterlichen Eifelwälder, die sie selber nur aus Erzählungen kannte. »Bei solchem Wetter, Herr!«, rief sie und rang die Hände, »ist dort schon mancher brave Mann verunglückt und man hat nie wieder etwas von ihm gehört. Und dann die Kutsche! Wir haben keine. Damit können wir Euch nicht dienen.«

»In diesem Städtchen wird doch wohl ein Wagen aufzutreiben sein. Und sei es bei den Juden. Lauft zu und fragt! Ich zahle gut.«

Wenzel und Anna Katrijn hasteten die Treppe hinunter. An der Küchentür stand die Meisterin und ließ sich alles genau berichten.

»Na, der muss aber Dreck am Stecken haben«, meinte Frau Meike, als sie hörte, was der Fremde forderte. »Schläft beim Henker und reist mit den Juden! Gibt es denn gar keine Ordnung mehr in dieser Welt?«

Wenzel zog die Strümpfe hoch und holte die Jacke, die er nachts unter seinem Kopf zusammenrollte. »Soll ich nach einem Wagen fragen?« Er sah Frau Meike abwartend an.

»Ja, lauf nur. Ich bin froh, wenn der Fremde wieder fort ist. Hoffentlich geschieht nicht noch ein Unglück. Deine Arbeit für den Meister kann Jakob erledigen.« Sie drängte ihn zur Tür.

»Ich komme mit. Du kennst dich hier nicht aus«, behauptete Anna Katrijn. »Wir gehen zusammen.«

Sie legte sich ein dickes Wolltuch über Kopf und Schultern. Dann war sie auch schon draußen im Schnee.

Wenzel zog die Haustür hinter sich zu.

»Was sollen wir lange herumlaufen, wir fragen Benja, wer eine gute Kutsche hat«, sagte er zu Anna Katrijn, als sie ein Stück vom Haus fort waren. »Du wolltest doch deinen Magister wieder sehen. Jetzt hast du eine Gelegenheit dazu.«

Sie sah ihn von der Seite an ohne etwas zu erwidern.

Wenzel nahm es als Zustimmung.

Schon als sie hintereinander durch den schmalen Gang neben Meister Isaaks Werkstatt gingen, hörten sie mehrstimmiges Gemurmel aus Benjas Studierstube. Es brach sofort ab, als sie durchs Fenster hineinschauten. Drinnen saßen sechs Jungen dicht gedrängt auf dem Boden. Sie hatten schmale Holzbänkchen vor sich stehen und darauf einen Text in hebräischer Schrift. Alle Jungen hatte Wenzel schon irgendwann in der Judengasse gesehen. Auch Daniel war dabei.

Benja runzelte die Stirn und sagte etwas auf Hebräisch zu seinen Schülern. Dann trat er vor die Tür, die er fest hinter sich zuzog.

»Am hellen Tag trampelt ihr hier herein! Wollt ihr eine Revolution anfangen?«, fragte er. »Was ist los?«

Wenzel erzählte rasch von dem bewaffneten Kurier, der so schnell es ging nach Aachen wollte. »Ein vornehmer Herr!«, versicherte er, »aber er hat sich nicht gescheut, im Henkershaus zu übernachten. Es macht ihm auch nichts aus, mit einem jüdischen Kutscher zu reisen.«

»Vielleicht ist er ein Jude«, vermutete Benja. »Ihr habt es nur nicht bemerkt.«

»Aber nein! Er ist ein Kaiserlicher«, warf Anna Katrijn ein.

»Auch der Kaiser bedient sich der Juden, wenn es ihm Nutzen bringt. Ein Kurier mit geheimer Botschaft?« Benja wiegte den Kopf. »Für so was sind Juden immer gut. – Eine Kutsche braucht er also. Ich denke da an Onkel Aaron. Er wohnt in Ryssbach, nicht weit von der Ölmühle entfernt. Er hat einen gut gefederten Reisewagen, mit dem er oft nach Frankfurt fährt. Doch im Winter reist er selten. Daniel könnte ihn fragen. Für ein kleines Wegegeld wird sein Vater ihn gehen lassen.«

»Nach Ryssbach?«, rief Wenzel freudig. »Da könnten Daniel und ich zusammen gehen. Wenn wir uns hinterm Ost-Tor treffen, merkt es keiner.«

Anna Katrijn holte ganz tief Luft. »Bist du auch ein Jude?«, fragte sie.

Wenzel zuckte zusammen. In seiner Begeisterung sich mit Daniel treffen zu können, hatte er für einen Augenblick vergessen, dass Anna Katrijn auch noch da war. Sie hatte etwas gehört, das nicht für ihre Ohren bestimmt war.

»Ich bin kein bisschen ein Jude«, versicherte er hastig. »Ich kenne Daniel, so wie du ihn auch kennst. Benja kann es bestätigen.«

Sie war nicht überzeugt. »Den Herrn Magister kennst du auch und redest ihn wie einen Freund an. Du bist wirklich kein Jude?«

Benja lachte. Dann senkte er die Stimme, damit die Schüler, die mit hoch gereckten Hälsen versuchten mitzukriegen, was sich da abspielte, ihn nicht hören konnten. »Wenzel ist ein gläubiger Christ. Dennoch kommt er manchmal zu mir, nachts, wenn es keiner merkt. Dann reden wir über die Menschenwürde und über die neue Zeit. So wie ich auch mit dir darüber geredet habe. Es ist nichts Unrechtes dabei.«

»Wenn es nichts Unrechtes ist, warum darf ich dann nicht kommen um über Menschenwürde zu reden?« Sie schlug die Augen nieder, als schäme sie sich für diese Frage.

»Du kennst die Antwort selber!«, sagte Benja leise. »Ich würde mir wünschen, dass du dabei wärest. Aber es ist undenkbar. Ein Mädchen darf sich nicht mit Männern treffen um mit ihnen zu diskutieren. Es ist unschicklich. Dein Vater würde mich dafür an den Pranger stellen und anschließend mit Schimpf und Schande aus der Stadt jagen. Willst du das?«

Langsam schüttelte sie den Kopf und sah Benja an. Ihr Gesicht glühte. Auch Benja sah sie an. Wenzel hatte auf einmal das Gefühl hier zu stören. Und noch immer wusste er nicht, ob er Anna Katrijn trauen konnte.

»Was ist denn nun?«, fragte er etwas polternd. »Habt ihr etwa die Kutsche für den Kurier vergessen?«

Anna Katrijn erwiderte nichts. Sie drehte sich um und ging ohne ihn nach Hause zurück.

Wenzel und Daniel trafen sich kurz darauf vor dem Ost-Tor. Gemeinsam liefen sie ins Nachbardorf. Der Wind heulte noch immer. Es war bitterkalt. Aber beide waren in fröhlicher Stimmung. Sie beeilten sich nicht gerade. Die Heimlichkeit ihrer Freundschaft machte jedes Zusammensein zu einem kleinen Abenteuer. Wenzel hatte die selbstgenähten Handschuhe mitgenommen. Daniel trug einen dicken Wollschal um den Hals, den er bis über die Ohren zog. Manchmal tauschten sie unterwegs, damit Daniel seine Finger wärmen konnte und Wenzel seine Ohren.

Daniels Onkel, Aaron Wassermann, war Juwelenhändler. Er reiste oft, um in ganz Europa Geldgeschäfte zu erledigen, über die er mit seinen armen Verwandten in Steinweiler nicht sprach. Dennoch glaubte Daniel zu wissen, dass er in den vergangenen Monaten mehrmals in München bei Hofe gewesen war. Er verriet es Wenzel, der schwören musste, das für sich zu behalten. Onkel Aarons Kunden kamen fast alle aus dem hohen Adel. Sie brauchten einen unauffälligen und verschwiegenen Vermittler für ihre Kriegsgeschäfte. ›Hofjuden‹ waren in solchen schwierigen Zeiten unentbehrlich, erfuhr Wenzel.

Das Haus dieses unentbehrlichen Mannes wirkte grau und unauffällig neben den Nachbarhäusern, die ein wenig höher waren.

Als die Jungen dort ankamen, unterließen sie die Vertraulichkeiten. Ihre Unterhaltung verebbte. Daniel schlug den schweren Türklopfer an. Wenzel wartete vor der Treppe, die zur Haustür hinaufführte.

Eine Frau in langem schwarzen Kleid und mit einer Haube auf dem Kopf ließ Daniel eintreten. Wenzel musste weiter in der Kälte stehen.

Doch nach einiger Zeit erschien der Hausherr selber an der Tür. Mit einem kurzen Wink hieß er auch Wenzel eintreten.

Die geräumige Eingangshalle, aus der von zwei Seiten Treppenstufen in die oberen Räume führten, beeindruckte Wenzel sehr. Hier verbarg sich eine Pracht, die man dem Haus von außen nicht ansah. Ein offener Kamin verbreitete Wärme. Obwohl die Halle hohe Fenster zum Hof hin hatte, hing ein böhmischer Kristallleuchter von der Decke herab, an dem Kerzen brannten. Auf den Holzdielen des Fußbodens lag ein Teppich. So viel Reichtum hinter grauer Fassade! Wie ärmlich waren dagegen die Werkstätten in der Judengasse.

»Mein Neffe scheint von dem Weg durch die Kälte müde zu sein«, riss ihn die Stimme von Onkel Aaron aus seinem Staunen. »Er kann mir nicht erklären, welches Geschäft dieser geheimnisvolle Fremde machen will und bestand darauf, dich hereinzuholen.«

Hinter dem Rücken seines Onkels machte Daniel Faxen. Wenzel begriff sofort, dass Daniel ihm nur ersparen wollte, draußen im Kalten auszuharren.

Er erzählte ausführlich von dem Mann mit dem Schlapphut, von seinem Holzbein, seinen Dukaten und seinem Wunsch, heute noch nach Aachen zu kommen.

Onkel Aaron hörte zu, den Blick auf seinen Kristallleuchter gerichtet, als sei Wenzel nur eine Stimme im Raum.

»Hast du gehört, was er für die Fahrt bezahlen will?«, fragte er zu dem Leuchter hinauf.

»Nein, Herr. Da müsst Ihr selber mit ihm verhandeln.«

»Ganz recht. Mit einem Knecht spricht ein Kurier nicht über Geschäfte. Aber du könntest gelauscht haben.«

Da Wenzel nicht antwortete, war das Gespräch beendet.

Er kam sich wie eine Ameise vor, die sich verirrt hatte. Am liebsten wäre er schnell und unauffällig in der nächsten Ritze verschwunden.

Stattdessen verschwand Onkel Aaron durch eine Tür in der holzgetäfelten Wand, die Wenzel noch gar nicht bemerkt hatte, weil sie wie die Wand selbst aussah.

Die beiden Jungen trauten sich jetzt nicht mehr miteinander zu reden. Daniel blickte stur an Wenzel vorbei. In diesem Haus war Onkel Aarons Gegenwart zu spüren, auch wenn er selbst nicht im Raum war.

Es dauerte nicht lange, bis er durch die Wand zurückkam. »Jonas spannt die Pferde ein«, sagte er zu Daniel. »Wir fahren mit der Kutsche. Ich wollte schon lange deinen Vater besuchen. Bei der Gelegenheit kann ich mir anhören, was der Fremde will.« Und dann mit einem kurzen Wink zu Wenzel: »Es ist gut, Junge, du kannst gehen.«

Wenzel zögerte. Er verbeugte sich und ging ein paar Schritte rückwärts. Dann deutete er abermals eine Verbeugung an und immer noch zögerte er, als gäbe es noch etwas zu fragen. – Daniel fuhr in einer Kutsche zurück und er musste laufen?

So war es.

Wenzel rannte, um die Kälte nicht zu spüren. Der Rückweg kam ihm länger und eisiger vor, obwohl der Wind nachgelassen hatte.

Als er durch das Ost-Tor wieder in die Stadt kam und am Marktplatz gerade in die Judengasse einbiegen wollte, hörte er Schreie vom Rathaus herübergellen. Er lief ein paar Schritte zurück und sah nun auch die Menschenmenge. Da es zum Rathaus ein wenig bergauf ging, konnte er über die Köpfe hinweg die Schandsäule erkennen. Er sah den roten, kegelförmigen Hut von Meister Hans, den er immer trug, wenn er sein Amt ausübte. Er sah die Samtmützen der Ratsherren und diesmal auch mehrere Mönche, die, mit dem Rücken zu ihm, ebenfalls der öffentlichen Bestrafung beiwohnten.

Die Glocken läuteten. Das schwere Kirchenportal stand weit offen.

Die Schreie von der Schandsäule waren eindeutig die einer Frau. Was mochte ihr Verbrechen sein, dass sie im Winter gestäupt wurde? Hatte Meister Hans nicht erst vor ein paar Tagen gesagt, dass die öffentlichen Bestrafungen nun in die wärmere Jahreszeit verschoben würden? – Und all die Mönche dort?

Sie wird eine Ketzerin sein, dachte Wenzel. Vielleicht eine Hexe? Langsam ging er weiter. Eine Hexe war gefährlich. Der Teufel steckte in ihr. Die Mönche dort oben mochten wissen, wie man sich vor Satan schützen konnte. Aber er hatte keinen Schutz.

Eine plötzliche Unruhe erfasste Wenzel. Er ging näher an die offene Kirchentür heran. Niemand war hier zu sehen. Die Schreie der Gefolterten rissen nicht ab. Sie zogen alle Aufmerksamkeit in ihren Bann. Er wagte sich bis an die Stufen vor dem Eingang. Drinnen konnte er den Altar erkennen. Eine Kerze brannte. Das goldene Kruzifix leuchtete. Er sah auch das edelsteinverzierte Kästchen, mit einem Deckel wie ein Hausdach. Das Gefäß für die heiligen Hostien! Wenzel ging noch ein paar Schritte näher. Es roch nach Weihrauch. Er trat in die Kirche, huschte seitlich hinter eine Säule und wartete, was geschah.

Nichts geschah. Die Kirche war leer.

Sein Herz klopfte heftig und in seinen Ohren sauste das Blut. Er wagte sich tiefer in das Innere, verharrte hinter jeder Säule, huschte weiter nach vorn. Nun stand er seitlich, direkt am Altarraum. Er schaute zurück zur Tür. Er horchte. Die Qual der Frau da draußen war noch nicht beendet. Wenzel bedeckte das Gesicht mit beiden Händen, als ob Gott ihn dann nicht sehen könnte. Geduckt lief er die letzten Schritte, ergriff das geheiligte Gefäß und klappte den Deckel zurück.

Das Kästchen war leer. Nicht das kleinste, abgebrochene Stückchen einer Hostie lag darin. Wenzel ließ den Deckel wieder zufallen und ging mühsam atmend durch den Mittelgang zurück.

An der Tür drehte er sich um, wie er es als Kind immer getan hatte, bekreuzigte sich, beugte das Knie und murmelte: »Gelobet sei der Name des Herrn.«

Als er nach draußen kam, waren die Schreie verstummt.

Müde von dem weiten Weg und gedemütigt von dem gescheiterten Versuch, sich Gottes besonderen Schutz zu stehlen, trottete er die Judengasse hoch. Die Sackfetzen, die er sich über seine Strümpfe und die leichten Sandalen geschnürt hatte, waren von geschmolzenem Schnee durchnässt. Er wickelte sie ab, zog auch die Strümpfe aus und humpelte vor den Küchenherd. Zusammengekrümmt saß er am Boden und rieb die roten Zehen, die jetzt schmerzhaft kribbelten.

Anna Katrijn kam herein, ein Knäuel Wolle unter den Arm geklemmt, in den Händen ein Strickzeug mit fünf Nadeln. Sie setzte sich mit dem Rücken zu ihm ans Fenster.

»Er ist fort«, sagte sie nach einer Weile.

»Hab's mir schon gedacht.«

»So einen trifft unsereins nicht oft im Leben.«

Er hörte auf das Klappern ihrer Nadeln und rieb weiter seine Füße. »Wirst du's erzählen, dass ich mit den Juden gut Freund bin?«, fragte er leise.

»Warum sollte ich das tun?« Sie seufzte. »Ich will nicht, dass Benja meinetwegen Ärger kriegt.«

»Ich auch nicht«, sagte Wenzel. »Für Benja würde ich mich sogar verprügeln lassen.«

Eine Weile war nur das Summen des Wassertopfes zu hören, der auf dem Herd stand. Sein Dampf schlug sich an den Scheiben nieder. Es war ungewöhnlich still im Haus.

»Der Meister hat eine gestäupt«, sagte Wenzel jetzt lauter. »Der Jakob stand auch dabei.«

Anna Katrijn ließ die Hände im Schoß ruhen. »Ja, die alte Marie. Sie ist wirr im Kopf und weiß nicht, was sie sagt. Die meiste Zeit brabbelt sie nur Unverständliches vor sich hin. Doch ganz plötzlich schreit sie los und nennt die Mönche faule, verfressene Satansbrüder.« Anna Katrijn bekreuzigte sich mit einer Stricknadel. »Der Priester behauptet, sie sei vom Teufel besessen. Er möchte sie zum Erzbischof nach Cölln bringen. Dort verbrennt man solche wie sie.«

»Wie kann man sie strafen, wenn sie gar nicht weiß, was sie tut?«, überlegte Wenzel. »Ob das Gottes Wille ist? Sie hat so furchtbar geschrien.«

Anna Katrijn stand auf um das Wollknäuel aufzuheben, das ihr heruntergefallen war.

»Weißt du, dass der Preußenkönig in seinem Land die Folter abgeschafft hat?«, fragte sie. »Der Magister hat es mir erzählt. In Berlin geht es tolerant zu. Wenn ich einmal in meinem Leben verreisen könnte, dann müsste es nach Berlin sein.«

Sie wickelte den Wollfaden langsam auf und legte das Strickzeug auf die Fensterbank. »Man kann mit der Postkutsche dorthin fahren. Benjas Freunde haben es ihm erzählt. Berlin geht mir immer im Kopf herum.«

Sie holte einen der Henkelbecher, die in zwei Reihen an der Unterseite eines Bordes über dem Herd hingen und goss heißes Wasser hinein.

»Was du für Wünsche hast!«, staunte Wenzel. »Willst aus dem Haus fort und mit einer Postkutsche nach Berlin. Ja, weißt du denn nicht, dass so eine Fahrt Geld kostet?«

Anna Katrijn legte die Finger um den Becher und schaute dem aufsteigenden Dampf zu. »Ich habe eine gute Mitgift in der Truhe neben meinem Bett. Henkerstöchter sind nicht arm.« Sie lächelte und wechselte dann abrupt das Thema. »Meine Mutter fühlt sich nicht wohl«, sagte sie. »Die Aufregung hat ihr zugesetzt. Sie liegt im Bett und will nur Wasser trinken.«

Dann ging sie hinaus.

Wenzel schüttelte den Kopf über Anna Katrijn. Für ein Mädchen hatte die ziemlich mutige Gedanken. Er nahm sich auch einen Becher Wasser. Eigentlich hätte er fragen müssen, denn er durfte nichts essen oder trinken ohne die ausdrückliche Erlaubnis von Frau Meike. Aber sie lag, gottlob, im Bett.

Er hob seine Socken vom Boden auf und legte sie zum Trocknen auf den Holzstapel neben dem Herd. Dabei fiel ihm die arme Alte wieder ein, die der Meister gestäupt hatte. Er sah auch das offene Kirchenportal vor sich, hörte die Schreie. Doch die Geborgenheit in der warmen Küche und die Müdigkeit von dem langen Weg dämpften die Erinnerung. Vielleicht war nun wirklich Schluss mit den öffentlichen Strafen. Im Frühjahr dann, wenn die Sonne wieder höher stand – aber bis dahin ... Der Kopf sank ihm auf die Brust und plötzlich, ohne Übergang, hörte er wieder die Glocken von Prag.

Anna Katrijn

Meister Hans legte seine Berufskleidung ab. Das Strafen und Richten hatte ein Ende für dieses Jahr. Anna Katrijn steckte die Sachen in einen hölzernen Waschzuber. Anschließend flickte sie die Jacke an den Ärmeln, wo die Nähte aufgegangen waren. Sie bürstete den roten Henkershut und rieb ihn so lange mit Schnee ab, bis er in sattem dunklem Purpur leuchtete. Sie tat es gründlich, aber freudlos.

Auch in der Abdeckerei gab es nur wenig zu tun. Die Jungtiere waren auf den saftigen Sommerweiden kräftig geworden und das ältere Vieh hatten die Bauern im November geschlachtet.

Dennoch hörte die Arbeit nicht auf. Wenzel musste Holz hacken, die Pferde striegeln, den gestampften Lehmboden in der Abdeckerei mit Sand scheuern. Jakob dichtete die Bottiche mit Teer ab, wechselte einen morschen Balken über der Stalltür aus und erneuerte den mürbe gewordenen Strick der Seilwinde am Brunnen.

Wenzel musste stundenlang Knochen in einem Steinmörser zu feinem Mehl zermahlen, für Frau Meikes Heilmittel. Als er damit fertig war, schickte ihn der Henker in den Turm, um die Foltergeräte vom Rost zu befreien und mit Fett einzuschmieren.

Meister Hans schien sein Handwerkszeug sehr wichtig zu sein.

Die Grube unter dem Klohäuschen, das an den Schuppen im Hof angebaut war, musste ausgehoben werden. Diese Arbeit erledigten Jakob und Wenzel zusammen. Weil Wenzel der Kleinere war, musste er in die Grube steigen, um den Kot in Eimer zu schaufeln, die Jakob dann nach oben zog und in einen Bottich kippte. Als letztes kam ätzender Kalk in die Grube. Dann wurde die stinkende Fracht auf den Schindanger gefahren.

Jakob schwieg stur vor sich hin. Aber seine dunklen, unruhigen Augen fixierten Wenzel ohne Scheu. Immer war es Wenzel, der die Augen niederschlug, weil er Jakobs Blick nicht aushalten konnte.

Einmal gab es auch eine besondere Belohnung. Beide Knechte hatten einen freien Nachmittag, um sich den Weihnachtsmarkt anzuschauen und sich am Duft der gerösteten Nüsse und Maronen zu erfreuen.

Jakob mied jedoch den Weihnachtsmarkt. Es zog ihn in die Schänke vorm Cöllnischen Tor, wo immer einige Soldaten saßen. Zwar ging es hier eher lau als lebhaft zu, weil die Soldaten in den Winterquartieren ausharren mussten. Ohne Schlachten und Überfälle konnten sie keine Beute machen. Sie hatten weder Tauschobjekte noch Sold, die sie in Bier und Branntwein umsetzen konnten. Und die Soldatenwerber, von denen immer mal ein Bier zu schnorren war, ließen sich jetzt auch nicht blicken. Aber dennoch zog es Jakob hierher und nicht zu den Düften des Weihnachtsmarktes.

Auch Wenzel machte einen Bogen um den Markt. Er schlich zu dem Lagerplatz an der Stadtmauer, wo die meisten Reisewagen der Marktleute standen. Hunde kläfften und winselten durcheinander. Fast alle vom fahrenden Volk hatten Wachhunde um sich vor Räubern zu schützen. Wenzel zählte an die dreißig Fuhrwerke, Planwagen, Holzkutschen, leichte Eselskarren und bunt bemalte Zigeunerwagen. Dazu gehörten die ausgeschirrten Pferde und die angepflockten Esel. Qualm lag über dem Platz von kleinen Feuerstellen, auf denen gekocht oder Wasser warm gehalten wurde.

Der schäbige Reisewagen vom Laurenz war nicht darunter.

Wenzel entspannte sich. Doch gleichzeitig stieg eine seltsame Wehmut in ihm hoch.

Er lehnte sich gegen den Stamm der Kiefer, hinter der er halb verborgen stand und konnte die Augen nicht von dem Treiben auf dem Platz lassen. Die Gerüche, die Geräusche, die qualmenden Feuer, der dampfende Atem der Pferde, alles war ihm bekannt und vertraut. Er war so unglücklich gewesen, verlaust und krank. All die Prügel und der Hunger. Wie oft hatte er Laurenz den Tod gewünscht! Doch auf einmal sehnte er sich nach dem freien Leben auf der Straße, das so voller Beschwerden und voller Unfreiheit war.

Als müsse er sündige Gedanken verscheuchen, rief er sich ins Gedächtnis, wie gut es ihm jetzt ging. Der warme Schlafplatz, regelmäßig Suppe und manchmal auch Brot und Käse. Keine Prügel, keine wunden Füße von steinigen Straßen, keine gotteslästerlichen Flüche von diesem Schandmaul Laurenz und mehr noch als alle Erleichterungen zählte die heimliche Freundschaft zu Benja und Daniel.

Aber sie war eben heimlich und musste es auch bleiben. Er war ein Schinderknecht geworden, ein Nichts, verachtet, gemieden, auch vom fahrenden Volk. Er lebte seit beinahe drei Monaten in dieser Stadt und war doch ein Fremder. Er wohnte in der Judengasse, aber er gehörte nicht zu den Juden. Jeden Morgen erwachte er in diesem dunklen Haus unter dem Folterturm mit dem Gefühl, dass er dort nicht hingehörte und niemals daheim sein würde.

Auf den Straßen und Märkten war auch niemand daheim. Da war jeder ein Fremder unter Fremden. Vielleicht lag gerade darin jene rasche Vertrautheit, die niemanden ausschloss. Gleicher unter Gleichen zu sein, das war es, was er verloren hatte.

Wenzel wandte sich ab.

Er schlenderte an der Apotheke vorbei, überquerte den Platz vor dem Hospiz und sah dann auch schon die Buden und Stände des Weihnachtsmarktes. Er hörte das Tamburin, nach dem sich der Tanzbär bewegte. Eine Weile sah er einem Gaukler zu, der mit Bällen jonglierte. Dann stellte er sich zu einem Moritatensänger. Die Liedermacher waren ihm schon immer die liebsten gewesen.

Dieser sang von einem König, der sein Land verloren hatte und ruhelos durch die Welt wanderte. Er kam in die lieblichsten Gegenden und in die reichsten Städte, doch für ihn war alles öde, denn sein Herz war leer.

Ach ja, so ging es wohl allen Heimatlosen!

Ein Junge sprach ihn an und versuchte ihn in eine Bude zu locken. Der Junge hatte verfilzte Haare, drei löchrige Hemden übereinander gezogen und dennoch war die Haut nicht überall bedeckt. Seine Füße steckten in Filzlatschen, die ihm so viel zu groß waren, dass er sie mit Stricken an den Beinen festgebunden hatte.

Wenzel musste grinsen. Nicht schlecht, dachte er, Filz wärmt besser als Leder. Er selbst hatte immer nur Lumpen gehabt und sich Frostbeulen geholt.

Der Junge pries mit heiserer Stimme die Wunder hinter dem Vorhang der Bude, als seien sie noch nie gesehene, nie da gewesene Attraktionen von ungeheuerem Ausmaß.

»Filz tut gut. Man friert gleich weniger, wenn die Füße warm sind«, sagte Wenzel als der Junge Luft holte.

Der andere hielt inne. Seine Augen glänzten fiebrig, seine Lippen waren aufgesprungen und seine Wangen grau vor Elend.

»Du redest gegen den Wind«, sagte Wenzel zu ihm. »Das strengt zu sehr an. Dreh dich möglichst so, dass du den Wind immer hinter dir spürst. Du kannst dann leiser sprechen und man hört dich trotzdem. Glaub mir! Ich war auch mal so einer wie du.«

Er ließ den Jungen stehen, zwängte sich an einer Gruppe Soldaten vorbei, überquerte den Markt ohne sich noch einmal umzusehen. Die Sehnsucht und die verklärten Erinnerungen hatten sich aufgelöst. Das Gesicht des Jungen war die Wirklichkeit.

Als die Heilige Nacht anbrach, hätte Wenzel es fast nicht gemerkt. In der Judengasse gab es keine christliche Stimmung und im Henkershaus las Anna Katrijn aus der Bibel, wie an den übrigen Tagen des Jahres auch. Nur das anhaltende Geläut der Kirchenglocken ließ Wenzel vermuten, dass Weihnachten war. Er lag auf seinem Strohsack, die Hände unter dem Kopf verschränkt, die Augen offen in der Dunkelheit. Der Junge vom Weihnachtsmarkt kam ihm wieder in den Sinn und auch die Umstände, die ihn selbst in dieses Haus geleitet hatten.

Gottes Wege waren wundersam.

Kaum hatte das neue Jahr begonnen, ging Meister Hans auf Reisen. Er holte die Stute aus dem Stall, die Jakob bereits gesattelt hatte, saß auf und ritt davon.

Kein Gruß, kein Winken zum Abschied. Frau Meike und Anna Katrijn standen im Hof und sahen ihm nach. Auch sie stumm, mit verschlossenen Gesichtern, als sei es ein schwerer Abschied.

An der offenen Stalltür lehnte Jakob.

Als das Getrappel der Hufe nicht mehr zu hören war, ergriff Anna Katrijn die Hand ihrer Mutter und zog sie ins Haus zurück.

Frau Meike schloss die Tür und hängte noch eine Decke davor, um die Kälte auszusperren. Es wirkte auf Wenzel, als wollte sie das Haus gar nicht mehr verlassen.

»Wird der Meister lange fortbleiben?«, fragte er.

Doch er bekam keine Antwort.

Untätig drückte er sich im Flur herum. Er spürte, dass er im Wege war und versuchte, der Meisterin auszuweichen. Aber Frau Meike genügte das nicht. Sie wollte ihn los sein.

»Du hast einen freien Tag«, sagte sie gereizt. »Geh spazieren.«

Wenzel machte ein bekümmertes Gesicht und sah auf seine Füße. »Spazierengehen bei der Kälte? Den ganzen Tag?«, murmelte er.

»Also gut, dann lauf zu Meister Isaak. Er soll dir Stiefel machen. Vielleicht hat er auch ein Paar gebrauchte. Aber sag ihm gleich, wenn der Preis zu hoch ist, kriegt er sie zurück.«

»Danke, Frau Meisterin!«

Dass aus einer gereizten Stimmung ein Paar Stiefel für ihn heraussprangen, war wieder so ein kleines Wunder, das einfach geschah. Er sauste los, ehe es sich Frau Meike anders überlegte.

Als er fort war, lehnte sich Anna Katrijn an ihre Mutter und zog ihr verspielt den Schlüsselbund aus der Rocktasche, den sie immer bei sich trug.

Frau Meike sah sie fragend an. »Was tust du?«

»Ich hole unser neues Buch. Wir setzen uns damit in die warme Stube. Es ist gemütlicher als oben unterm Dach. Der Vater ist fort, da brauchen wir unser Buch nicht zu verstecken«, sagte Anna Katrijn.

Über Frau Meikes Gesicht huschte ein Lächeln.

»Ja, so lange du noch bei mir bist, musst du mir diese aufregenden Geschichten vorlesen. Ich werde sie im Gedächtnis behalten wie einen geheimen Schatz. Aber der Wenzel könnte es dem Vater verraten. Er sollte besser im Stall schlafen, damit er nichts merkt.«

Anna Katrijn schüttelte den Kopf. »Lass ihn nur, wo er ist. Wenn er im Stall schläft, stinkt er so. Außerdem sind dann morgens die Öfen kalt. Erlaube ihm doch, selbst seine knubbelige Nase in ein Buch zu stecken, wenn er gerade nichts zu tun hat. Er wird sich nicht selber verraten.«

»Anna Katrijn!« Frau Meikes Stimme wurde laut und vorwurfsvoll. »Ein Knecht, der liest! Das gibt es nicht. Es wäre Sünde.«

Anna Katrijn zuckte gleichgültig mit den Schultern. »Sünde? Was geht's uns an. Der Priester wird es nie erfahren und der Vater auch nicht. – Soll ich nun?« Sie zeigte nach oben, wo das Buchversteck war.

Frau Meikes Gesicht hellte sich noch mehr auf. »Warte! Zuerst koche ich einen süßen Haferbrei nur für uns beide. Ich habe ein wenig von diesem braunen indischen Gewürz versteckt, das so gut gegen die Traurigkeit hilft.«

Anna Katrijn schlang die Arme um ihre Mutter. »Wunderbar! Wir kochen uns einen leckeren Brei und dann lese ich dir vor, bis wir müde werden. Soll der Vater doch nach einem Freier Ausschau halten! Ich denke einfach nicht daran. Nicht jetzt! Bis er wiederkommt, will ich jeden Tag, jede Stunde auskosten und nur tun, was mich froh und glücklich macht. Am liebsten würde ich tanzen!«

Sie breitete die Arme aus, drehte sich im Kreis und hopste um ihre Mutter herum.

Frau Meike lachte. »Du verrücktes großes kleines Mädchen! Wie wirst du mir fehlen!«

Ihr Lachen erstickte in einem unterdrückten Schluchzer.

Wenzel war nicht so ausgelassen wie Anna Katrijn, aber genauso glücklich. Er lief sofort zu Meister Isaak. Der würzige Geruch in der Werkstatt, dazu die wunderlichen Reden des alten Schuhmachers und dann noch die Aussicht auf Stiefel. Was für ein Tag!

Und Meister Isaak war dankbar, dass er einen Zuhörer hatte. »Ach, unsere Füße!«, begann er. »Durch sie haben wir Berührung mit Gottes heiliger Erde. Aber wir missachten sie ebenso oft, wie wir auch den Herrn der Schöpfung missachten. Ich werde dir Stiefelchen machen, in denen du dich geborgen fühlst wie in Abrahams Schoß. Bist ein guter Junge, hast gute Stiefelchen verdient. Musst beim Henker Dienst tun, so allein in der Fremde. Aber glaub mir, Gott liebt die Menschen, die er prüft. Die ganz besonders. Er hat dich nicht umsonst nach Steinweiler geführt. Du wirst noch an meine Worte denken, wenn du die Stiefelchen längst abgelaufen hast. Mein Benjamin glaubt an eine neue Zeit. Ein Schwärmer ist er, ein Prophet, wie ich und doch nicht wie ich. Ich werde die neue Zeit nicht mehr erleben. Doch du bist noch jung. In dir steckt ein verborgener Rebell. Du weißt es nur selber nicht.«

Der Schuhmacher nahm Maß. Dann holte er ein Stück derbes Rindsleder, prüfte die Biegsamkeit, nahm ein anderes von hellerer Farbe, das weicher war. Nun suchte er unter den hölzernen Leisten, die säuberlich nach Größe geordnet in einem Regal standen, die passende für Wenzels Füße heraus. Er bog das Leder über den Leisten und klopfte, bis es sich der Form anpasste.

Wenzels Herz hüpfte vor Freude als er sah, wie sich da etwas formte, das bald seine Stiefel sein würden.

»Drei Tage wird es dauern, bis alles zugeschnitten und zwiegenäht ist«, sagte Meister Isaak. »Gut Ding will Weile haben.«

Lange Zeit war Wenzel der einzige Kunde in der Werkstatt. Dann aber traten zwei Männer ein. Sie begrüßten Meister Isaak in fremder Sprache und zeigten auf ihre zerrissenen und arg strapazierten Schuhe. Sie wirkten wie Handwerksburschen auf der Wanderschaft, schienen aber ebenfalls Juden zu sein. Wenzel kam sich überflüssig vor und ging.

Frierend schlenderte er die Gasse hinunter. Auf den Dächern lag Raureif. Die Ufersteine der Ryss glitzerten von Eis überzogen. Kinderstimmen auf der anderen Seite des Flüsschens ließen ihn aufhorchen. Eine kleine Schar rannte hinter einem Jungen her, der in der Judengasse wohnte. Wenzel kannte ihn vom Sehen.

»Satan! Satan!«, schrien die Kinder.

Der Junge drehte sich zu ihnen um. »Ich heiße Nathan, ihr Dummköpfe!«

Aber sie brüllten nur noch lauter, verfolgten ihn und rempelten ihn an. Nathan wehrte sich mit seinen Fäusten. Da hielten sie Abstand, spuckten aber hinter ihm her und brüllten weiter: »Satan! Satan!«

Sie kamen ihm über die Brücke nach. Doch vor der Judengasse machten sie Halt. In die Straße der Ehrlosen trauten sich die Christenkinder nicht. Ihr Gebrüll ebbte ab.

Doch jetzt hatten sie Wenzel entdeckt.

»Der da ist ein Schinderhannes!«, rief ein etwa achtjähriges Mädchen. Und sofort ging ein neues Geschrei los: »Schinderhannes, Henkersknecht! Holt dich der Teufel, dann geht's dir schlecht!«

»Krötenpack! Los, verschwindet!« Wenzel lief auf die Kinder zu. Kreischend rannten sie über die Brücke, noch ehe er sie eingeholt hatte. Doch auf der anderen Seite des Wassers, dort wo die Christen wohnten, ging ihr Singsang weiter. »Schinderhannes, Henkersknecht, holt dich der Teufel ...«

Die Lust auf einen Spaziergang war Wenzel nun restlos vergangen. Er bummelte zum Henkershaus zurück. Vorsichtig schob er die Haustür auf, nicht sicher, ob ihn die Meisterin hereinlassen würde. Doch die angespannte Stimmung schien verflogen zu sein. Es war still im Haus. Als er in die Küche kam, merkte er sofort, dass Frau Meike und Anna Katrijn den Herd hatten ausgehen lassen.

Er nahm den Gänseflügel, der an einem Haken neben dem Korb voll Holz hing und fegte damit die Asche aus der Luke unter der Feuerstelle. Dann legte er Stroh und Kienspan bereit und ging mit der Feuerschippe in die Stube um ein wenig Glut aus dem Kachelofen zu holen.

Dort fand er Frau Meike und Anna Katrijn nahe beim Fenster. Auf dem Tisch lag das aufgeklappte Buch. Anna Katrijn las nicht mehr vor, sondern schaute wehmütig nach draußen.

»Komm nur«, sagte Frau Meike und nickte Wenzel zu. »Leg Holz nach und hol Äpfel aus der Bodenkammer, damit es hier gut duftet. Wenn du magst, kannst du dir auch einen Apfel nehmen.«

Er bedankte sich und fing stockend an von Meister Isaak zu berichten, doch er brach gleich wieder ab. Frau Meike hörte gar nicht zu. Sie war noch ganz gefangen in der Geschichte. Wahrscheinlich hatte sie in diesem Augenblick sogar vergessen, dass sie ihn zum Schuhmacher geschickt hatte.

Anna Katrijn stand auf, nahm das Buch und drückte es an die Brust. »Ich könnte mein ganzes Leben mit Lesen verbringen«, sagte sie zu Wenzel. »Die Liebe ist so aufregend. Manchmal bleibt mir fast das Herz stehen. Mich wird nie ein Ritter küssen. Aber beim Lesen ist mir, als ob es doch geschähe.«

Wenzel kratzte sich am Ohr. Es war ihm peinlich, dass sie von Liebe und Küssen sprach. In Gegenwart ihres Vaters hätte sie das nie gewagt.

Und Frau Meike hätte nicht am hellen Tag untätig herumgesessen. Lesen kam ihm doch recht unsittlich vor. Er verzog sich in die Küche.

Zwei Tage nachdem der Meister fort war, kam ein älterer Mann mit seinem Sohn angelaufen. Er pochte an die Tür und trat dann ein paar Schritte zurück. Der Sohn stolperte hinter dem Vater her. Sein Gesicht hatte den leeren Ausdruck eines Schwachsinnigen.

Frau Meike schob die Haustür einen Spalt auf, bemüht, wenig Kälte hereinzulassen.

»In unsere Scheune ist ein Hund eingedrungen. Ach, was sag ich, ein Ungeheuer von einem Hund!«, fing der Mann an. »Vielleicht ist es auch ein Wolf. Er geifert und knurrt so bösartig, dass ich mich nicht rantraue. Glaubt mir, Frau Meisterin, so eine Bestie hat es in Steinweiler noch nie gegeben. Ein Höllenvieh ist das.«

»Wir sind keine Hundefänger«, entgegnete Frau Meike abweisend. »Macht das Scheunentor weit auf, dann kann er dahin zurücklaufen, wo er hergekommen ist.«

»Das würde ich bei jedem normalen Hund so machen. Aber das ist kein Hund, sag ich Euch. Ihr müsst wissen, dass in eben dieser Scheune ein Landstreicher erschlagen wurde. Es ist nie herausgekommen, wer die Tat begangen hat. Und jetzt diese

Bestie! Das geht nicht mit rechten Dingen zu. Dieses Untier gehört an den Galgen.«

Frau Meike wurde ungeduldig. »Der Meister ist fort. Auch wenn die Seele eines Mörders in diesen Hund geschlüpft sein sollte, es ist keiner da, um ihn zu hängen. Außerdem muss erst ein Gericht das Urteil sprechen. Auch über einen Hund!«

»Ich war beim Priester«, sagte der Mann.

»Und, was ist?«, Frau Meike seufzte.

»Der Hund soll an den Galgen, tot oder lebendig.«

Sie seufzte wieder, unentschlossen, was nun zu tun sei.

»Ich krieg ihn«, klang Jakobs raue Stimme vom Stall herüber. Offensichtlich hatte er gelauscht. »Was zahlst du?«

»Zahlen? Der Henker bekommt seinen Lohn aus der Stadtkasse. Meinst du, das wüsste ich nicht?«

»Zehn Kreuzer«, sagte Jakob.

»Du Halsabschneider!«, empörte sich der Mann. »Frau Meisterin, es ist nicht recht, dass Euer Knecht Geld fordert.«

»Nein, recht ist es nicht«, antwortete sie. »Aber der Henker ist nicht da. Ich kann nichts für Euch tun.«

Sie schob energisch die Tür zu und wollte mit der Sache nichts mehr zu tun haben. Was ging sie dieses dumme Vieh an, das sich in eine Scheune verirrt hatte und die Leute erschreckte? Hatte man denn nie seine Ruhe? In der Stube wartete Anna Katrijn mit dem Buch. Gerade an der spannendsten Stelle musste dieser Alte hier auftauchen. Sollte er selber sehen, wie er mit dem Jakob klar kam.

Wenzel war die hemmungslose Leselust der beiden Frauen nicht geheuer. Nichts schien mehr wichtig zu sein, außer ihrem Buch.

Aber selbst wenn Anna Katrijn es aus der Hand legte, schien die Geschichte noch weiterzugehen. Mutter und Tochter sahen sich mit verklärtem Blick an, seufzten und fielen sich in die Arme. Sie flüsterten und gaben sich alberne Kosenamen. Anna Katrijn kämmte mit Hingabe ihr Haar und ließ es offen über die Schultern fallen, während sie es sonst in einem festen Zopf zusammenhielt.

Anna Katrijn tauchte ab in ihre Wünsche und Träume. Sie schmachtete, litt, hoffte und jubelte mit dem Helden. Auch wenn alles nur Traum war, wollte sie diesen Traum erleben als sei er Wirklichkeit.

Und Frau Meike ließ sich mitreißen. Sie holte aus einer Truhe ihr verblichenes Hochzeitskleid hervor. Es war das Festlichste, was sie je besessen hatte. An den Ärmeln hatte es einen Spitzenbesatz. Der weite Rock schleifte raschelnd über den Boden, wenn sie sich darin bewegte. Sie legte ihre schlichte Haube ab und setzte dafür eine perlenbestickte über ihr graues Haar.

Der Stoff verbreitete den üblen Geruch, den Kleider annehmen, wenn sie lange nicht gelüftet wurden. Der Spitzenbesatz war bräunlich verfärbt, und an der Taille platzte eine Naht, weil Frau Meike ihre jugendliche Figur längst eingebüßt hatte. Doch die Henkersfrau stolzierte darin umher wie eine Gräfin. Und Wenzel wurde, ohne dass er die geringste Ahnung davon hatte, zu ihrem treu ergebenen Knappen.

Wenn sich die beiden in ihrer Leselust in die Stube zurückzogen und nicht gestört werden wollten, holte Wenzel den Ritterroman unter seinem Strohsack hervor und begann nun auch zu lesen.

Aber er vergaß darüber nicht die Öfen. Wenn er mehrere Seiten lang dem Helden gefolgt war, fingen die Buchstaben vor seinen Augen an zu verschwimmen und er legte das Buch zur Seite. Dann hackte er Holz, holte Wasser, fegte die Küche aus und sah auch schon mal nach dem Pferd, das allein im Stall stand.

Weil der Henker weit fort war und alles ein bisschen verrückt zuging im Henkershaus, traute sich Wenzel zu fragen, ob er abends spazieren gehen dürfe.

Frau Meike war es nur Recht. Sie entließ ihren »Knappen« mit gütigem Lächeln.

Er passte einen günstigen Moment ab. Wenn niemand in der Gasse zu sehen war, lief er zu Benja. Da es noch früh am Abend war, traf er Daniel in der vertrauten Studierstube. Und weil es verboten war und nicht sein durfte, dass Juden und Christen Freunde wurden, weil es geheim bleiben musste und Benja von einer Zukunft schwärmte, wo der Fortschritt der Menschen solche Schranken aufhob, tauchte auch Wenzel ab in seine Wünsche und Träume von einer besseren Welt.

Jakob

Jakob lebte im Stall wie eine Ratte. Zusätzlich zu dem Stroh, auf dem er schlief, hatte er noch einen leeren Hafersack mit Streu voll gestopft. Den legte er über die Pferdedecke, mit der er sich zudeckte. Ob er sich davon mehr Wärme erhoffte oder die Geborgenheit, die einem Nest gleichkam, darüber sann er nicht nach. Alles was er tat, geschah aus einem Impuls heraus, dem er folgte, über den er aber nicht nachdachte. Moral, Skrupel, Mitleid waren ihm fremd, ebenso Trauer oder Hoffnung. Er konnte weder schreiben noch rechnen, nicht einmal zählen.

Er war in einer Bauernkate zur Welt gekommen, hatte immer im Stroh geschlafen, war immer verdreckt und verlaust gewesen. Irgendwie hatte das Essen ausgereicht zum Überleben. Und so hatte er überlebt.

Als er noch ein Kind war, waren Soldaten übers Feld gekommen. Schreie – Feuer – Blut. Einem Impuls folgend war er in ein Erdloch gekrochen. Die Kate war niedergebrannt. Es gab kein Essen mehr und kein Stroh. Er war in der Gegend umhergelaufen. Da war eine Scheune, Pferde auf einer Koppel, ein großes bäuerliches Anwesen. Wieder war es ein Impuls, der ihn auf den Hof gehen ließ. Er wurde dort Knecht für die Schweine. Das Essen reichte zum Überleben. Stroh gab es auch.

Als er fast so groß war wie ein Mann stieg Unruhe in ihm auf, die er zwar spürte, aber nicht benennen konnte. Manchmal sprang er in den Bach, rieb und kratzte an sich herum. Das tat gut, hielt aber nicht lange vor.

Eines Morgens hörte er von ferne Trommeln. Soldatenwerber zogen durchs Land. Das Trommeln war wie das Pochen in seinem Blut, wie die Unruhe. Er sperrte die Schweine in den Koben und rannte den Trommeln nach. Die Werber gaben ihm Bier. Das war gut. Die Soldaten gaben ihm Stiefel, einen Hut und ein Gewehr mit aufgesetztem Bajonett. Er war jetzt selber Soldat.

Schreie – Feuer – Blut. Das kannte er schon.

Bei den Soldaten sah er zum ersten Mal Geld. Kreuzer wechselten von einer Hand in die andere. Ein Kreuzer, ein Bier. Zwei Kreuzer, zwei Bier. Viele Kreuzer, viel Bier. Es gab auch Gulden, halbe Gulden und andere Münzen. Aber das war nur ein verwirrendes Wechselspiel. Eine Tasche voller Kreuzer, damit wusste er was anzufangen.

Mit einem Gulden ging er zu einer jungen Hure, mit einem halben zu einer alten. Aber sonst brauchte er nur Kreuzer. Essen und Kleider nahm er sich. Er war ja Soldat. Junge Mädchen nahm er sich auch. Ohne Gulden.

Nur wenn kein Gefecht war, wenn das Regiment im Feld lag, aufgeweicht vom Regen, wenn er marschieren musste, tage- und wochenlang, wenn außerdem Plündern verboten war, dann war es gut Kreuzer in der Tasche zu haben, für Bier und Suppe.

Einmal geriet er zwischen die Fronten.

Sein Regiment wurde vom Feind überrannt und auseinander getrieben. Jakob wurde gefangen genommen und überlebte nur, weil er die Genügsamkeit einer Ratte hatte. Im rechten Augenblick trieb ihn ein Impuls zur Flucht. Die Flucht gelang. Wie ein Zugvogel auf unerklärliche Weise seinen Schwarm wieder findet, so fand auch Jakob sein Regiment, das längst weitergezogen war.

Doch hier erwartete ihn weder Lob noch Bier. Der Feind hatte ihm sein Gewehr abgenommen. Jakob kehrte ohne zurück. Dafür wurde er mit Arrest bestraft. Zunächst schleiften sie ihn mit, die Hände an einen Karren gefesselt. In Steinweiler übergaben sie ihn dem Vogt, froh, ihn los zu sein. Die Regimentskasse war leer nach verlorener Schlacht. Ein Arrestant war ein unnötiger Fresser, sonst nichts. Also fort mit ihm.

Der Kerker von Steinweiler war überfüllt. Auch hier brauchte man keine unnötigen Fresser. Als der Scharfrichter sich anbot, ihn als Schinderknecht einzustellen, waren alle zufrieden, einschließlich Jakob.

Der Stall war besser als das Verließ. Alles war besser als dieses nasse, dunkle Loch, wo selbst so eine genügsame Kreatur wie Jakob sich wünschte zu krepieren. Er empfand kein Grauen vor dem Henker, weder vor seiner Arbeit noch vor seiner Person. Begriffe wie Ehre oder Schande hatte er nie gehört.

Jakob war mit dem Stall schon deshalb zufrieden, weil er nie etwas anderes kennen gelernt hatte. Es störte ihn nicht allein zu sein. Im Gegenteil! Die Angewohnheit der meisten Menschen, ständig zu reden, war ihm zuwider. Sein Wortschatz war sehr gering. Er hatte nicht mit den Schweinen gesprochen und mit den Kameraden nur, wenn es unbedingt sein musste. Genauso hielt er es auch bei der Arbeit in der Abdeckerei.

Wenzel, der glaubte, Jakob könne ihn nicht leiden, weil er eine saubere warme Unterkunft im Wohnhaus hatte, irrte sich. Jakob konnte niemanden leiden. Und Leute, die viel redeten, hätte er am liebsten erwürgt.

Immer, wenn Jakob nichts zu tun hatte, saß er hinter der Stalltür und blinzelte durch ein Astloch nach draußen. Egal, ob eine fremde Katze über den Hof lief, ob Wenzel zum Brunnen oder in den Holzschuppen ging, ob Anna Katrijn das Haus verließ um frisches Hefebrot vom Bäcker zu holen, ob Fremde kamen und an die Haustür klopften, Jakob entging nichts. Manchmal wechselte er den Platz. Dann hockte er nicht hinter der Stalltür, sondern hinter dem Fenster der Abdeckerei, durch das Wenzel vor Monaten eingestiegen war. Von hier hatte er die Judengasse bis zu Meister Isaaks Haus im Blick. Danach machte die Gasse einen leichten Bogen, den er nicht mehr einsehen konnte.

Aber was er bis dahin alles mitbekam, reichte ihm. Er war im Bilde über die Menschen seiner Umgebung. Es war seine Art, am Leben anderer teilzunehmen. Stumm sog er sich voll mit dem, was er sah. Es gab ihm ein Gefühl von Macht.

Und manchmal nutzte er diese Macht um sich eine heimliche Befriedigung zu verschaffen. Als Wenzel in der Dunkelheit aus dem Küchenfenster gestiegen war, hatte Jakob das sofort bemerkt. Die Gelegenheit war günstig sich im Henkershaus umzusehen. Vielleicht lagen da irgendwo Kreuzer.

Er hatte kein Geld gefunden, war aber trotzdem unbeweglich am Küchentisch sitzen geblieben. Dahinter steckte kein Plan, keine besondere Absicht. Nur Nervenkitzel. Hier zu hocken war gut. Den andern zu erschrecken war auch gut. In solchen Augenblicken fühlte Jakob sich überlegen. Dieses Gefühl erfüllte ihn mit Wonne. Es gehörte ihm ganz allein. Niemand wusste davon. Niemand konnte es ihm wegnehmen und in Worte zerhacken.

Kreuzer fehlten ihm, sonst nichts. Kreuzer mussten her. Der Wirt vom ›Franzosenstein‹, der Schänke vor dem Cöllnischen Tor, hatte ihn rausgeschmissen. Ein Stinker, der nur abgesondert in der Ecke hockte, nicht redete, weder Bier noch Spießbraten bestellte, hatte nichts in einem Gasthaus zu suchen.

So anspruchslos und in sich verkapselt Jakob auch war, von dem wüsten Treiben in einer Kaschemme konnte er nicht genug kriegen. Wenn das Fluchen und Rülpsen der Soldaten und Fuhrleute, ihr durchdringendes Geschrei, Gelächter und Geraufe zu einer Wand aus Lärm verschmolz, fühlte sich Jakob wohl. Dann kam wenigstens niemand auf den widerwärtigen Einfall, ihn in ein Wortgerassel zu verwickeln. Er sah das Treiben um sich herum, beteiligte sich aber nicht daran. Für ihn war es ähnlich, wie hinter dem Astloch in der Stalltür zu hocken.

Als es nun darum ging, einen Hund an den Galgen zu bringen, sah er endlich die Möglichkeit, an ein paar Münzen zu kommen.

Der Alte regte sich fürchterlich auf, redete laut und schnell. Eine Weile hielt Jakob das aus. Dann ging er, ohne auf den andern zu achten, in den Schuppen der Abdeckerei. Er holte das kurze Schlagmesser, mit dem Meister Hans Ziegen und Schafe köpfte. Jakob riss es hoch und ließ es zwischen Vater und Sohn durch die Luft nach unten sausen.

Dem Alten verschlug es die Sprache. Der Junge fing so an zu zittern, dass seine Zähne aufeinander schlugen. Damit war alles Feilschen und Lamentieren zu Ende. Der Vater packte den Jungen und hastete mit ihm davon. Jakob lief hinterher.

Als sie zu der Scheune kamen, in der dieses Untier sich befinden sollte, ließ ihn der Alte allein. Hastig zog er seinen Sohn mit sich ins Wohnhaus. Von innen klickte der Riegel vor.

Jakob stand lauernd am Scheunentor. Er sah keinen Hund oder Wolf. Leise kletterte er auf einen Leiterwagen, der dicht neben dem Tor stand. Diese erhöhte Position war gut. Die Bestie kam nicht unbemerkt an ihn heran. Aber er sah sie noch immer nicht. Jakob wurde wütend. Die erhofften Kreuzer schienen verloren. Wahrscheinlich hatte sich das Vieh längst davongemacht. Unwirsch schlug Jakob mit dem Messer gegen den Wagen.

In dem Augenblick hörte er ein Knurren. Nun da er die Richtung kannte, sah er auch das Tier. Es war kein Wolf, sondern eindeutig ein Hund. Und er hatte die Räude. Sein Fell war dünn und von Geschwüren verklebt. Ein krankes Tier. Vielleicht gerade deshalb besonders gefährlich.

Mit dem Bajonett wäre es leicht gewesen ihn einfach aufzuspießen. Aber Jakob hatte kein Bajonett mehr. Der Gedanke an die verlorene Waffe und die Wut wegen all der Schikanen, die er deswegen hatte erdulden müssen, richtete sich jetzt gegen den Hund. Wie immer folgte Jakob einem Impuls. Ohne nachzudenken sprang er vom Wagen und stürzte sich auf das Tier. Der Hund wich zurück statt anzugreifen. Damit hatte er sein Leben verloren.

Jakob schlug zu. Der Schlag traf tödlich. Er schleifte den noch blutenden Hund vor das Wohnhaus des Alten. Dann trat er gegen die Tür.

Drinnen schnappte der Riegel zurück. Eine Hand schob sich durch den Spalt, ließ ein paar Münzen auf die Eingangsstufe fallen und sofort war die Tür wieder zu.

Jakob steckte die Kreuzer ein. Er merkte nicht, dass es nur sieben statt zehn waren. Denn weiter als bis zwei konnte er nicht zählen.

Als er mit dem Hundekadaver beim Henkershaus ankam, wartete Wenzel mit missmutigem Gesicht auf ihn. Er hatte das Pferd vor einen Schlitten gespannt, dessen Deichsel in zwei Kufen auslief. Dazwischen waren Bretter genagelt. Das Ganze war roh, aber stabil zusammengezimmert und eignete sich dazu, eine große oder schwere Last über den Schnee zu ziehen. Schnee gab es genug in diesem Winter.

»Ein Esel ist tot zusammengebrochen, auf halbem Weg nach Schachendorf«, sagte Wenzel. »Heute scheint viel los zu sein. Wir sollen ihn holen und auf den Schindanger bringen. Die Meisterin hat es befohlen.«

Jakob sagte wie üblich nichts. Er warf den Hund auf den Schlitten. Da er herunterzurutschen drohte, spießte er ihn mit dem Messer fest.

Den ganzen Weg sprachen sie kein Wort. Wenzel lief links neben dem Pferd, Jakob rechts. Der Braune schnaufte zufrieden. Ihm war der Winterspaziergang lieber als dauernd im Stall zu stehen.

Der verendete Esel war dürr und offensichtlich alt. Der Besitzer hatte ihm die Mähne abgeschnitten. Dafür gab es ein bisschen Geld beim Bürstenmacher. Sonst war nichts mehr zu verwerten.

Wenzel spannte den Schlitten aus. Mit Jakobs Hilfe schob er ihn, so weit es ohne allzu große Anstrengung ging, unter das tote Tier. Gemeinsam banden sie mehrere Stricke um den Kadaver, die sie am anderen Ende am Geschirr des Pferdes befestigten.

Mit »Ho« und »Hü« trieb Wenzel den Braunen an. Der legte sich ins Zeug. Langsam rutschte der Esel weiter auf den Schlitten hinauf. Als er die richtige Lage hatte, verzurrten sie ihn, damit er unterwegs nicht verrutschen konnte. Nun mussten sie ihn nur noch auf den Schindanger bringen, gemeinsam mit dem Hund. Doch bis sie wieder in Steinweiler waren und ihre sperrige Last auch noch durch das Büßertor auf die kahle Kuppe oberhalb der Stadt gebracht hatten, vergingen Stunden. Es wurde bereits dunkel. Feuerholz fanden sie nicht. Sie ließen das, was einmal ein Hund und ein Esel gewesen war, einfach liegen.

Von den kahlen Bäumen des Waldes flogen Raben herbei. Am Himmel kreiste ein Milan. Wenzel beeilte sich mit dem Pferd hier wegzukommen, bevor auch die Wölfe das Fleisch rochen.

Jakob war schon vor ihm den Berg hinuntergelaufen. Bis zum Abendessen war gerade noch Zeit um ein paar Kreuzer in den ›Franzosenstein‹ zu bringen. Ob Wenzel ohne ihn zurechtkam, war ihm egal.

Die Tage vergingen. Meister Hans war nun bald drei Wochen unterwegs. Es war bereits Februar geworden und die Sonne schien an manchen Tagen so warm, dass eine Ahnung von Frühling in der Luft lag. Die Menschen in Steinweiler kamen aus ihren Häusern wie vom Winterschlaf erwacht und spazierten durch die Stadt.

Anna Katrijn wurde ganz kribbelig. Immer nur lesen, wie aufregend das Leben sein konnte, war ihr nicht mehr genug. Sie wollte selber etwas erleben.

»Komm mit!«, rief sie ihrer Mutter zu. »Die Stadt wimmelt von fröhlichen Spaziergängern. Gestern standen drei Musikanten vor dem Rathaus und haben gefiedelt. Sie hatten einen kleinen Affen bei sich. Der hat seinen nackten rosa Hintern den

Zuschauern hingestreckt. Die Leute haben gekreischt vor Vergnügen. Du hockst immer nur hinterm Ofen. Siehst nichts, hörst nichts. Wir ziehen uns ordentlich an. Die feinen Damen können uns ruhig anstarren. Wir haben nichts zu verbergen.«

Frau Meike war es unangenehm den christlichen Herrschaften im Ort zu begegnen. In der Judengasse nickte man ihr zu, aber auf der anderen Seite der Brücke wandten sich die Frauen ab, wenn sie kam. Manche blickten ihr auch nach, mit deutlicher Verachtung in ihren Mienen. In den Geschäften und an den Marktständen wurde sie oft vorgelassen, damit sie möglichst rasch wieder fort war. Viele Händler machten ihr einen schlechteren Preis als anderen Kundinnen. Sie wusste es und nahm es klaglos hin, weil es christliche Händler waren und sie darin Gottes Willen sah. Nur mit den jüdischen Händlern feilschte sie energisch.

»Ich will nicht spazieren gehen. Es ist wie Spießrutenlaufen«, klagte Frau Meike. »Warum sollen wir uns das antun?«

Aber Anna Katrijn war voller Lebenslust. »Lass sie doch glotzen, die Eingebildeten und Scheeläugigen, die Fetten und Blöden! Ich kann mich sehen lassen und du auch.«

»Anna Katrijn, du bist hochmütig!«, mahnte ihre Mutter. »Das steht einer Henkerstochter nicht zu.«

Anna Katrijn fuhr herum. »Vor Gott sind alle Menschen gleich. Der Magister hat es mir beigebracht. Er ist ein kluger Mann. Wenn unsereins sich nicht aufbäumt gegen die verknöcherte Obrigkeit, wird sich nie etwas ändern. Auch das habe ich von meinem Lehrer gelernt. Zieh dich an, bitte. Wir machen uns einen fröhlichen Nachmittag.«

»Du bist wie ein junges Pferd.« Frau Meike schüttelte missbilligend den Kopf. Aber in ihrem Blick lag Bewunderung.

Kurz darauf gingen Mutter und Tochter Arm in Arm die Judengasse hinunter.

Jakob entging es nicht.

Vielleicht lag es an der jugendlich trotzigen Art, mit der Anna Katrijn die Leute anblickte, dass niemand eine anzügliche Bemerkung fallen ließ. Frau Meike entspannte sich und genoss schließlich auch das klare sonnige Wetter.

»Heute ist wirklich ein schöner Tag.« Sie lächelte ihrer Tochter zu. »Du hast Recht, ich komme viel zu wenig vor die Tür.«

Nahe beim Hospiz stand ein Mann auf einer Kiste und schwenkte eine Glocke um die Aufmerksamkeit auf sich zu lenken.

»Guck mal, den da!«, rief Anna Katrijn begeistert. »Komm, wir stellen uns zu ihm. Ein Fremder! Da hören wir, was anderswo in der Welt los ist.«

Frau Meike zögerte. »Wenn es bloß keiner von den Lutherischen ist, der predigen will! Weißt du noch, vor zwei Jahren, dieser Hagere mit dem schwarzen Bart? Erst haben ihm die Leute zugehört. Aber dann hat einer geschrien: ›Hau ab! Wir haben selber genug Pfaffen im Ort.‹ Kannst du dich erinnern?«

Anna Katrijn nickte. »Und ob! Du meinst doch den dürren Langen, den sie dann mit Dreck beworfen haben.«

»Nicht nur mit Dreck«, erinnerte sich Frau Meike. »Eine Magd hat ihm sogar den Inhalt aus einem Pisspott ins Gesicht geschleudert, weil er den Papst in Rom einen Verschwender genannt hat. Das war ein Spektakel! Einige wollten ihm zuhören. Andere brüllten, die Protestanten seien alle Hurenböcke, selbst ihre Pfaffen hätten Weiber.«

Anna Katrijn zog ihre Mutter mit sich.

»Ich weiß. Dabei ist das Lutherische schon lange nicht mehr verboten. Aber nun komm schon. Der da sieht nicht wie ein Prediger aus.«

Der Mann auf der Kiste mochte Mitte zwanzig sein. Er war ordentlich angezogen, aber ein wenig zu bunt für einen Protestanten. Seine Haare waren sauber nach hinten gekämmt und mit einem Samtband zusammengehalten. Um den Hals trug er einen locker gebundenen weißen Schal, der ihm fast bis in die Kniekehlen hing.

»Bürger von Steinweiler, tretet näher. Ich will euch etwas fragen.« Er machte eine Pause und ließ seinen Blick über die Umstehenden schweifen. »Keine Angst, kommt nur! Ich bin kein Pfaff und kein Zigeuner. Auch kein Hexenmeister. Ich will euch nur etwas fragen. Etwas ganz Einfaches. – Seid ihr glücklich?« Er machte wieder eine Pause um der Frage Nachdruck zu verleihen.

Einige kicherten, andere grummelten Unverständliches vor sich hin. Über den Platz liefen noch mehr Leute herbei.

»Meine Alte ist lahm geworden im Bett«, sagte grinsend ein Bauer mit breiten Schultern. »Hast du uns ein paar junge Sperlinge fürs Vergnügen mitgebracht?«

Lautes Gelächter und ein paar zotige Bemerkungen flogen hin und her.

Der Redner wandte sich dem Breitschultrigen zu. »Ist Kindermachen das einzige Glück, was du kennst? Und wie steht es mit euch?« Er machte eine weit ausholende Bewegung mit den Armen. »Habt ihr schon mal darüber nachgedacht, dass es außer Fressen, Saufen und Herumhuren noch andere Werte im Leben gibt?«

»Worauf willst du hinaus?«, fragte ein anderer Mann. »Die meisten hier sind einfache Leut. Ich kenne sie, bin Lehrer in Steinweiler. Stifte nur keinen Unfrieden. Wir haben schon genug zu leiden.«

»Danke, Herr Schulmeister!«, entgegnete der Redner mit breitem Grinsen. »Unfrieden stiften? Nein, das ist nicht meine Absicht. Ich weiß nur zu gut, dass die Leute viele Sorgen haben. Soll ich euch einige nennen? – Die fremden Soldaten, die eure Stadtkasse plündern und euch die Armut bringen. Stimmt's?«

»Ja!«, riefen mehrere gleichzeitig.

»Die vielen Sonderrechte der Adligen und der Obrigkeit!«

»Ja«, riefen noch mehr.

»Die menschenunwürdigen Strafen der kirchlichen und weltlichen Gerichtsbarkeit!«

»Hör auf«, stöhnte eine Frau.

Doch der Redner fuhr fort. »Die Unfreiheit und Enge, die vor allem das einfache Volk erdulden muss! Da darf einer nicht glauben, was er will! Da darf einer nicht sagen, was er denkt! Da darf er nicht lieben, wen er mag! Da darf einer nicht studieren, wenn sein Vater ein Kesselflicker ist. Da darf ein braver Katholik kein protestantisches Mädchen heiraten. Da darf der Jude kein Amtmann werden, die Magd nicht zum Richter laufen, wenn sie von ihrer Herrschaft misshandelt wird, der Knecht sich nicht so kleiden wie der Herr! Sagt, ist es so?«

»Donnerwetter, du nimmst das Maul voll!«, rief der Lehrer. »Aber warum zählst du auf, was wir doch selber wissen?«

»Um euch bewusst zu machen, wie rücksichtslos ihr unterdrückt und ausgebeutet werdet.« Er machte wieder eine bedeutsame Pause. »Und um euch zu sagen, dass es auch anders geht.«

Anna Katrijn hatte atemlos zugehört. Ihr Herz klopfte heftig. »Er redet wie mein Magister«, flüsterte sie ihrer Mutter ins Ohr. »Er ist einer von den Philosophen. Ich gäb was drum, wenn Benja jetzt hier wäre.«

Frau Meike schüttelte unwillig den Kopf. »Pst! Sei ruhig. Ich kann nichts verstehen, wenn du mit mir flüsterst.«

»Es ist an der Zeit, dass ich mich vorstelle«, sagte der Mann auf der Kiste. »Wenn ihr mich fragt, ob ich ein Bürger aus Steinweiler bin, dann antworte ich euch: ›Nein‹. Wenn ihr mich fragt, ob ich ein Deutscher bin, dann antworte ich: ›Nein‹. Wenn ihr mich fragt, ob ich ein Franzos bin, ein Katholik, ein Protestant, ein Europäer, nein, nein, nein. – Ich bin ein Bürger dieser Welt. Ich stehe nicht im Dienst des Kaisers oder des Königs von Preußen. Ich stehe nur im Dienst der Wahrheit.«

Anna Katrijn konnte nicht mehr an sich halten. »Genau das sagt auch mein Magister. Wir dürfen keinen Unterschied machen zwischen den einzelnen Völkern. Dann gibt es keine Kriege mehr und keine Soldaten, die bei uns einfallen.«

»Richtig! Diese Frau hat es erfasst!« Der Redner wies mit ausgestreckter Hand auf Anna Katrijn. »Brüderlichkeit statt Feindschaft heißt die neue Geistesrichtung.«

Ein Räuspern und Gemurmel ging durch die Menge.

Anna Katrijn stand da mit heißen Wangen. Sie schlug erschrocken die Augen nieder.

Frau Meike stieß sie an. »Lass das! Jetzt glotzen wieder alle so. «

Anna Katrijn holte ganz tief Luft. Sie ergriff den Arm ihrer Mutter. »Warte hier«, flüsterte sie. »Ich bin gleich zurück. Frag jetzt bitte nicht.«

Und dann drängelte sie sich durch den Kreis der Zuhörer, fasste ihren langen Rock mit beiden Händen, lief, kaum dass sie Platz hatte, so schnell sie konnte.

»Mir scheint, der Teufel ist hinter der Henkerstochter her«, murmelte der Apotheker und schmunzelte in seinen weißen Bart. Er stand vor seiner bemalten Tür und verfolgte aus sicherer Entfernung, was sich gegenüber abspielte. Der Anblick des jungen Mädchens, das mit wehenden Haaren so leichtfüßig davonlief, erfreute ihn viel mehr als das Gerede vom Weltbürgertum.

Als ob das was Neues wäre, dachte der Apotheker. Schon der alte Grieche Diogenes soll gesagt haben: Ich bin ein Bürger dieser Welt. Was immer er sich dabei gedacht haben mag, jedenfalls ziehen die jungen Studierten, die neuerdings wie Pilze aus dem Boden sprießen, mit diesem Ausspruch durch die Lande und halten ihn für ein Produkt ihres eigenen Verstandes. Alles ist schon mal da gewesen, dachte der Apotheker. Dieser Hitzkopf wird die Welt auch nicht ändern.

»In England oder Frankreich fühlen die Menschen wie ihr!«, rief der Redner. »Sie haben dieselben Nöte und Wünsche. Viele Bürger in diesen Ländern haben das begriffen und wenden ihr Gesicht der Toleranz zu. Brüderlichkeit muss in Europa herrschen, nicht Krieg! Der Geist weht in eine neue Richtung.«

Der Redner kam jetzt so richtig in Fahrt.

Anna Katrijn hatte die Brücke erreicht. Sie keuchte, lief aber, ohne langsamer zu werden, weiter in die Judengasse.

Meister Salomon sah sie von seinem Schneidertisch aus und hob die Augenbrauen. Frau Rebecca, die vor ihrer Tür die Straße kehrte, wurde so steif wie der Besenstiel in ihrer Hand, als die Henkerstochter in den schmalen Gang einbog, zu Benjas Studierstube.

Anna Katrijn riss die Tür auf.

Benja, der mit Tinte und Gänsefeder über ein Papier kratzte, fuhr erschrocken aus seinen Gedanken hoch.

»Verzeiht!«, stieß Anna Katrijn hervor. »Da ist einer – einer beim Hospiz.« Sie rang nach Luft. »Er nennt sich einen Bürger dieser Welt. Er redet genau wie Ihr. Er traut sich in aller Öffentlichkeit ...«

Benja legte die Gänsefeder aus der Hand, stand auf und fasste in ungläubigem Staunen Anna Katrijns Hände.

»Beruhige dich. Hast du es wirklich selbst gehört?«

»Ja, ja! Ich bin gerannt um Euch zu holen. Kommt mit, überzeugt Euch selbst.«

Anna Katrijn atmete noch immer heftig. Sie ließ den Kopf ein wenig nach vorn sinken und lehnte ihn an Benjas Schulter. Doch als ob diese Berührung sie verbrannt hätte, zuckte sie zurück.

»Wenn du Recht hast, beginnt heute die neue Zeit!«, rief Benja dramatisch.

Er warf sich eine Jacke über und stürmte aus der Tür. Dabei prallte er gegen seine Stiefmutter, die erschrocken zurückwich. Benja beachtete sie gar nicht. Er zog Anna Katrijn hinter sich her.

Und alle in der Judengasse sahen es. Auch Wenzel.

Er bummelte gerade vor der Gerberei herum, aus der es wie immer bestialisch stank. Dabei hielt er Ausschau nach Daniel. Vielleicht konnten sie sich ein Zeichen geben und kurz darauf an der Ryss treffen, dort wo sie sich angefreundet hatten. Hierhin kam niemand. Der Fluss machte an der Stelle eine Biegung und das Wasser wirbelte zu sehr, um Wäsche darin waschen zu können oder das Vieh zu tränken. Auch dem Gerber wären beim Wässern die Felle weggeschwommen.

Doch als Wenzel jetzt Benja und Anna Katrijn die Gasse hinunterrennen sah, vergaß er Daniel und lief ohne nachzudenken hinterher. Gleichzeitig kamen sie vor dem Hospiz an.

Dort war ein heftiger Tumult im Gange.

»Die vielen kleinen Fürstentümer müssen sich zusammenschließen zu einem Reich!«, schrie der Redner aus Leibeskräften. Er konnte sich kaum noch Gehör verschaffen. »Die Sonderstellung von Kirche, Adel und dem reichen Bürgertum ist ein Unrecht gegen die Menschlichkeit. Jeder muss gleiche Rechte haben, ohne Ansehen der Person.«

Einige aus der Menge klatschten. Andere brüllten: »Das ist Aufruhr!«

Sie wurden niedergeschrien mit dem fanatischen Ruf: »Freiheit! Freiheit!«

Die Menge war jetzt so angewachsen, dass sie bis vor die Tür der Apotheke drängte. Aus den Fenstern des Hospizes gegenüber hingen Kranke und Verletzte. Sie winkten, teils mit verbundenen Armen oder sogar mit einer Krücke. Einer schwenkte ein blutiges Laken wie eine Fahne.

Benja versuchte sich zu dem Redner nach vorn zu wühlen. Aber er kam nicht weit. Bald war er hoffnungslos eingekeilt. Anna Katrijn konnte ihre Mutter nirgends finden. Sie schrie Wenzel etwas zu. Aber er verstand kein Wort.

Der Redner machte heftige Bewegungen mit den Armen um sich Ruhe zu verschaffen.

Es war vergebens.

Längst war es nicht mehr die neue Geisteshaltung, die die Menschen so erregte. Sie hörten gar nicht mehr zu. Ein blinder Taumel hatte sie ergriffen. Es ging nur noch darum, selbst hemmungslos zu toben. Die eigenen aufgestauten Gefühle hatten ein Ventil gefunden. Alle Schleusen brachen auf. Neben Wenzel schwankte eine schwarz gekleidete Witwe. Sie schlug sich mit den Fäusten gegen die Brust und stieß kehlige Schreie aus. Da waren auch Soldaten unter den Rasenden. Sie schienen das hier für eine Schlacht zu halten, denn sie ballten die Fäuste zum Himmel und brüllten: »Feuer! Feuer!«

Der Redner riss sich den langen weißen Schal vom Hals und schwenkte ihn als Zeichen des Friedens. Aber die Menge wollte keinen Frieden. Sie wollte schreien. Wie ein Flächenbrand breitete sich der Wahnsinn aus. Fremde Menschen fielen sich gegenseitig um den Hals oder schlugen sich in die erhitzten Gesichter. Manche heulten und schluchzten. Andere kreischten vor Lachen. Wieder andere versuchten in dem Gedrängel zu tanzen, wurden gestoßen, getreten, zuckten wie Besessene auf der Stelle, rempelten die Umstehenden an. Eine Mutter warf ihr Baby in die Luft und jauchzte. Ein anderer fing es auf und warf es ihr zurück.

Der Redner wurde gepackt und auf kräftige Schultern gestemmt. Doch noch ehe er im Triumph herumgeführt werden konnte, verlor er das Gleichgewicht. Er stürzte in eine Masse von Leibern und ging darin unter.

Wenzel stand noch immer ganz hinten am Rande der tobenden Menge. Er hatte keine Ahnung, was die Menschen um den Verstand gebracht hatte. Er sah und spürte nur den Irrsinn und begriff augenblicklich die Gefahr.

Der Krach war bestimmt im ganzen Ort zu hören! Das Rathaus lag so nahe. Er schaute sich um. Da sah er auch schon drei Büttel, die auf Pferden herangaloppierten. Sie hatten Gewehre bei sich. Hinter ihnen liefen mehrere Männer von der Torwache, die ebenfalls Waffen in den Händen hielten.

»Anna Katrijn!«, schrie Wenzel so laut er konnte. Er legte beide Hände um den Mund: »Anna Katrijn!«

Sie hörte ihn nicht.

Er sah nur ihren Kopf und ihre Schultern, eingekeilt zwischen anderen Köpfen und Schultern. Sie hatte das Gesicht abgewandt und ahnte nicht, was da heranstürmte.

Wenzel blickte sich entsetzt um. Die Reiter waren schon dicht heran. Der Erste nahm sein Gewehr von der Schulter. Nun packte auch Wenzel eine Art Wahnsinn. Mit dem Schrei: »Wachen! Wachen!«, stürzte er sich auf den Nächststehenden, riss ihn um, stieß zwei andere zur Seite. »Wachen!« Er packte eine schwangere Frau und schubste sie in die Gasse, die er sich bereits freigekämpft hatte. »Rennt um euer Leben!« Wenzel boxte sich tiefer in das Gewühl hinein.

Nicht weit von ihm ertönte ein hoher schriller Schrei. Er bohrte sich wie ein Spieß in das Kreischen der entfesselten Menge. Er war nicht lauter, er war anders. Er passte nicht in die Stimmung, die hier den Ton angab. Es war ein Schrei aus Todesangst. Ein Mann stürzte, getroffen von dem Kolben eines Gewehrs, zu Boden.

Auch aus Richtung Cöllnisches Tor tauchten jetzt Wachen auf. Mit einem Mal wurde es still. Die klatschenden Hände sanken kraftlos herab. Die stampfenden Füße erlahmten. Der Rausch der wilden ungezügelten Freiheit brach in sich zusammen.

Wenzel stand endlich hinter Anna Katrijn. Doch jetzt war es zu spät um noch zu entkommen.

»Keiner rührt sich von der Stelle!«, brüllte einer der berittenen Wachen. Offensichtlich der Anführer. »Wer versucht wegzurennen, wird niedergemacht.«

Die Menschen standen wie erstarrt. Auf den Gesichtern noch die Glut der Ausgelassenheit, in den Augen Erstaunen, Ratlosigkeit, Angst.

Aus den beiden Gassen, die zu dem kleinen Platz vor dem Hospiz führten, hörte man den festen Tritt weiterer Büttel. Sie wurden angewiesen, die Gassen zu sperren und niemanden entkommen zu lassen.

»Wo ist der Kerl, der hier eine Revolution angezettelt hat?«, schrie der Anführer.

Sein Pferd warf nervös den Kopf hin und her. Der Mann hatte Mühe, es zu bändigen. Herrisch riss er am Zügel, was das Tier noch mehr verunsicherte. Es dauerte eine Weile, bis er es im Griff hatte.

Die Menschen sahen zu. Keiner rührte sich.

»Verdammt, wo ist der Kerl? Muss es hier erst Tote geben, bevor ihr zur Vernunft kommt?«, schrie der Anführer. »Los, rückt ihn raus, diesen Unruhestifter und Volksaufhetzer! Sonst hole ich ihn mir und dann auch einige von euch!«

»Den gibt's nimmer«, rief einer von oben aus dem Hospizfenster. »Der ist schon tot getrampelt.«

Der Anführer reckte das Kinn vor. »Ich will ihn vor meinem Pferd liegen sehen. Tot oder lebendig.«

Mehr und mehr löste sich die Erstarrung der Menge. Eine gedämpfte Unruhe machte sich breit. Dort, wo der Mann von dem Gewehrkolben niedergestreckt worden war, wichen die Menschen zur Seite.

Eine Frau beugte sich zu ihm hinunter. »Er braucht einen Verband, sonst verblutet er«, sagte sie leise und sah zu den Umstehenden auf.

»Wir müssen ihn nur ins Hospiz tragen«, sagte ein anderer. »Dort gibt es einen Arzt.«

»Hier liegt ein Unschuldiger, schwer verletzt«, rief ein Handwerksbursche über die Menge hinweg. »Erlaubt, dass wir ihn fortbringen.«

»Hier geblieben!«, brüllte der Anführer. »Keiner rührt sich vom Platz!«

Zwei weitere Menschen knieten sich neben den Verletzten. Die Umstehenden machten Platz. Alles geschah ruhig, mit Bedacht. Dieselben Menschen, die eben noch gestampft und gekreischt hatten, wirkten auf einmal so besonnen, als wäre ihnen der Druck von der Seele genommen.

Nur der Anführer gebärdete sich wie einer, der sich seiner Macht nicht sicher war. »Meine Geduld hat Grenzen! Bringt mir endlich den Verbrecher oder ich reite euch nieder und hole mir das Schwein selber.«

Seine Stimme überschlug sich. Die Drohung klang eher kläglich. Er schien es selber zu merken, denn nun riss er sein Gewehr hoch und zielte auf die Menge.

Die Menschen wichen auseinander.

»Mut, Bürger!«, rief eine feste Stimme, die Anna Katrijn zusammenzucken ließ. »Wir sind weit in der Überzahl. Fürchtet euch nicht vor den Schergen der Obrigkeit. Niemand kann den Fortschritt aufhalten. Es lebe die Freiheit!«

Benja warf leidenschaftlich die Arme in die Luft. Dann drängte er vorwärts. »Mir nach, Leute! Wir lassen uns nicht länger knechten!«

Er schob die Menschen, die vor ihm standen. Hinter ihm folgten andere nach. Angefeuert und mitgerissen von Benja durchbrachen die Menschen ihre Umzingelung. Die Befehle des Anführers gingen unter in dem lauter und lauter anschwellenden Schrei nach Freiheit.

Wenzel hörte Schüsse krachen. Er sah, wie die Wachen zu Benja vordrängten. Doch der Handwerksbursche, der eben noch für den Verwundeten gesprochen hatte, riss einem das Gewehr aus der Hand. Ein Handgemenge entstand. Weitere Männer griffen ein.

Da packte auch Wenzel einen der Berittenen am Bein und holte ihn vom Pferd.

Freiheit! Freiheit! Wie ein Sturm brauste der Ruf über den Platz. Das Pferd des Anführers wieherte schrill und stieg hoch. Die Menge stürmte nach allen Seiten auseinander. Die Wachen rannten um ihr Leben.

Anna Katrijn hatte nur Augen für Benja. Während sich der Platz leerte, stand er da und umarmte den Redner, der recht kläglich aussah, aber durchaus noch lebendig war. Auch Benja blutete am Arm. Seine Jacke war eingerissen. Er sah sehr blass aus. Aber ein Lächeln, das Schmerz und Glück zugleich war, gab ihm einen verklärten Ausdruck.

Anna Katrijn, die durchaus zwischen einem Roman und der Wirklichkeit unterscheiden konnte, lief herbei.

»Weg hier!«, stieß sie atemlos hervor. »Wollt ihr warten, bis die Büttel mit Verstärkung zurückkommen? Jetzt ist keine Zeit für Verbrüderung.«

Der Redner löste sich aus Benjas Umarmung. »Komm, Bruder, sie hat Recht. Hilf mir, dass ich unbemerkt aus der Stadt komme. Sonst hängen sie mich.«

»Die Tore sind bestimmt schon geschlossen«, sagte Anna Katrijn. »Da kommt keiner mehr heraus.«

Benjas verklärtes Lächeln wich aus seinem Gesicht. Er sah auf einmal grau aus. Der Redner stöhnte auf. »Gott steh uns bei! Wir sitzen in der Falle.«

»Noch nicht, aber beeilt euch!«, drängte Anna Katrijn. »Ich schließe unser Tor auf. Wir dürfen keine Zeit verlieren. Es ist besser, wenn die Leute uns nicht zusammen sehen. Mich kennt hier doch jeder.«

Sie lief los, ohne sich weiter um die Männer zu kümmern. Am liebsten wäre sie nach Hause getanzt. Sie hatte Benja berührt und er hatte sie nicht von sich gestoßen. Nein, er hatte ihre Hand genommen und war mit ihr vor allen Juden die Gasse hinuntergelaufen. Der Freiheit entgegen.

Die neue Zeit brach an. Die Menschen auf dem Platz, alles Christen, waren Benja gefolgt, hatten die Büttel entwaffnet und in die Flucht geschlagen. Sie würde Benja und den anderen durch die Büßerpforte hinauslassen. Es war besser, wenn Benja für ein paar Wochen verschwand, bis alles in Vergessenheit geriet. Sonst hieß es wieder: Natürlich die Juden! Die ewigen Unruhestifter. – Und Benja kam in den Kerker.

Doch sie würde dafür sorgen, dass Benja nichts geschah. Vielleicht nahm er noch einmal ihre Hand. Sie wagte nicht sich auszumalen, was noch alles Wunderbares geschehen könnte, beim Abschied am Büßertor. Wenn er wieder nach Paris ginge – sie käme mit ihm, ohne einen Augenblick zu zögern. Er bräuchte sie nur darum zu bitten. Sie würde das Geld ihrer Mitgift aus der Truhe holen und ihm folgen, wohin auch immer. In glückseligen Träumen versunken eilte sie die Gasse hinauf.

Als sie zu Hause ankam, stand Meister Hans in der Tür.

Anna Katrijn brach ohnmächtig zusammen.

Peter Holzapfel

Der Redner, der so viel Wirbel ausgelöst hatte, hieß Peter Holzapfel. Er war aus Bonn gekommen.

Dort gab es seit gut zwei Jahren einen ›Salon‹. Die Gäste, die sich hier in lockerer Runde trafen, waren Studenten, einige Juden, ein etwas verschroben wirkender Professor, zwei Schauspielerinnen, und verschiedene andere, die von Freunden einfach mitgebracht wurden.

Diese moderne Art der Zusammenkunft gebildeter Menschen aus ganz unterschiedlichen Schichten der Bevölkerung – ja, sogar aus dem Ausland – war nicht nur ungewöhnlich, sie war revolutionär. Es war Frau von Stetten, die den Mut zu diesem Wagnis gehabt hatte. Ihre Nachbarn waren entsetzt und hielten Abstand. Aber Dorothea von Stetten ließ sich davon nicht abschrecken. Sie hatte mit ihrem Mann, einem Offizier, der im diplomatischen Dienst tätig gewesen war, mehrere Jahre in Paris gelebt. Dort waren Salons gerade in Mode gekommen. Man traf sich ganz ungezwungen, diskutierte, musizierte, lernte einander kennen und verstehen. Das erweiterte das eigene, begrenzte Weltbild und war ein guter Weg um Freundschaften zu schließen. Zurück in der deutschen Provinz führte sie ebenfalls einen Salon ein. Bonn war natürlich nicht Berlin. Dort wären glanzvollere Gäste bei ihr ein- und ausgegangen. Aber fortschrittlich denkende Menschen gab es überall. Vielleicht war es hier sogar noch notwendiger, mit Vorurteilen, Aberglauben und Engstirnigkeit aufzuräumen als dort, wo der liberale Preußenkönig seine Macht ausstrahlte. Jeder war ihr als Gast willkommen, vorausgesetzt er war geistreich, weltoffen, tolerant und kein patriotischer Eiferer.

Peter Holzapfel verehrte diese Frau.

Seine eigene Familie war alles andere als geistreich. Sein Vater war bis zu seinem frühen Tod ein Verschwender gewesen. Er hatte das Erbe seiner Frau vertrunken, verspielt oder in undurchsichtige Geschäfte gesteckt, bei denen am Ende auch nur Schulden herausgekommen waren. Seit seinem Tod war Peters Mutter verbittert und in Selbstmitleid versunken. Ein großzügiger Onkel hatte Peter eine gute Schulausbildung ermöglicht. Aber da er keinen Familienbesitz übernehmen konnte und zum Offiziersdienst keinerlei Neigung verspürte, blieb Peter nur die Möglichkeit zu studieren. Er hatte sich für die Mathematik entschieden. Doch glücklich war er damit nicht. Die Gesetzmäßigkeit der Zahlen hatte etwas Totes für ihn und die verknöcherten Professoren auch. Als er durch einen Freund in den Bonner Salon eingeführt wurde, lebte er auf. Neben seinem tristen Elternhaus und den verstaubten Studiersälen kam ihm der Umgang in diesem Kreis wie die reine edle Freiheit des aufrechten Homo sapiens vor.

Peter begann sein Studium zu vernachlässigen. Er saß nur noch in Studentenkneipen herum und diskutierte. In der Jackentasche trug er stets ein Buch von Voltaire bei sich. Er war der Meinung, nicht nur an den Universitäten müsse endlich ein neuer Wind wehen, sondern in jeder Stube. Die einfachen Leute waren die Grundlage der Gesellschaft. Wenn die Freiheit nicht hier begann, war alle Erneuerung nur wie ein Tropfen im Ozean.

Peter war klar, dass er zum Volk direkt sprechen musste, aber vorsichtshalber erst einmal dort, wo man ihn nicht kannte. Es gab nämlich genug Menschen, die an den alten Strukturen von Macht und Unterdrückung festhalten wollten. Er hatte das schon öfters zu spüren bekommen. Man hatte ihn verhöhnt, verlacht und aus Lokalen hinausgeworfen. Das konnte ihn aber nicht entmutigen. Es zeigte nur, wie notwendig seine Mission war. Die Wahrheit musste unters Volk.

An diesem klaren Februartag hatte er sich früh auf den Weg nach Steinweiler gemacht. Dort wollte er den Menschen auf der Straße das Glück des Lebens vor Augen führen. Doch dann war alles anders gekommen.

Er war Benja in die Judengasse gefolgt, um von dort durch Gott-weiß-welche geheime Pforte zu entkommen. Aber irgendwas verzögerte sich. Er saß bei Benja und kühlte sich mit einem nassen Tuch den Kopf. Seine Gedanken kreisten nicht mehr um die geistige Freiheit, sondern nur noch darum, wie er möglichst rasch aus diesen Mauern herauskam.

»Wo bleibt das schöne Mädchen, das uns helfen will?«, fragte er. »Wer ist sie?«

»Die Henkerstochter.«

Peter hielt das für einen dummen Witz. Er brach in überreiztes Gelächter aus. »Im Ernst, mein Freund, ist sie deine Braut?«, stieß er prustend hervor.

»Nein, ich kann sie nicht heiraten. Meine Familie würde mich verstoßen.«

Peter nahm sich zusammen. »Eine Christin also?«

»Ja, und die Tochter des Henkers.«

Nun erst hatte er es begriffen. Ein Schauder lief ihm den Rücken hinunter. Seine Lage kam ihm noch aussichtsloser vor. Er saß nicht nur in der Falle, sondern der Henker hatte ihm gewissermaßen schon gegenübergestanden, verkleidet als schönes Mädchen. Er war kurz davor den Verstand zu verlieren.

Im Henkershaus war die Lage nicht weniger angespannt.

Meister Hans hatte bei seiner Rückkehr nur Jakob angetroffen. Als er im Hof vom Pferd gestiegen war, hatte der Knecht ihm das Reisegepäck abgenommen.

»Sind alle weg«, war Jakobs Begrüßung.

»Wer ist weg?« Der Henker sah ihn verständnislos an.

»Der andere und die Weiber.«

167

Meister Hans konnte sich nicht vorstellen, dass die Weiber Frau Meike und Anna Katrijn sein sollten. Er war ins Haus gegangen, hatte gerufen, aber keine Antwort bekommen. In der Stube lag ein Buch auf dem Tisch. Am Türhaken in der Schlafkammer hing Frau Meikes Hochzeitskleid, die Küche war unaufgeräumt. Durchs Fenster sah er Jakob im Hof stehen. Ganz der treue Knecht.

Meister Hans rief ihn zu sich. »Was ist hier los?«

»Haben alle Vergnügen. Mit dem Jud«, sagte Jakob zusammenhanglos. Er zeigte die Gasse hinunter. Dort kam Anna Katrijn in seligen Träume versunken und bemerkte ihren Vater erst als er vor ihr stand.

Kurz nach ihr kam auch Frau Meike.

Sie war rechtzeitig in die Apotheke geflüchtet, ehe der Tumult ausgebrochen war. Menschen wie dieser Redner machten ihr Angst. Sie war zu sehr an die Zwänge ihres Lebens gewöhnt, die ihr auch Sicherheit gaben. Jede Veränderung brachte Unbekanntes mit sich und darin lag Gefahr. Hinter geschlossener Tür, wo es keiner merkte, mochte sie sich mit Anna Katrijn in einen Roman hineinfantasieren. Das war nur ein Spiel. Sie selbst konnte es jederzeit abbrechen. Die Wirklichkeit war anders. Da musste man sich fügen. Freiheit war auch so etwas wie ein Roman. Man wusste am Anfang nie, wie es endete. Aber es war kein Spiel. Wenn man sich erst einmal darauf eingelassen hatte, konnte man die Freiheit nicht einfach abbrechen. Und was dabei herauskam, davon war sie gerade Zeuge geworden.

Als sie ins Haus trat und unerwartet ihrem Mann gegenüberstand, wusste sie augenblicklich, wie sie sich zu verhalten hatte.

»Hast du einen Freier für Anna Katrijn gefunden?«, fragte sie und kam damit direkt auf das Anliegen seiner Reise. »Du warst lange fort.«

Er antwortete nicht gleich, sah sie nur an und versuchte zu begreifen, was sich in seiner Abwesenheit verändert hatte.

»Komm, wir setzen uns in die Stube. Du wirst müde sein.

Dort kann ich dir erzählen, wie es uns ergangen ist«, sagte sie. »Ich bin froh, dass du heil zurückgekehrt bist.« Sie lächelte ihn an und das war aufrichtig.

»Anna Katrijn liegt in ihrem Bett«, fuhr er sie an. »Als sie mich sah, wurde sie blass und fiel um. Warum?«

Frau Meikes Haltung wurde nun doch unsicher. »Ich muss zu ihr«, stammelte sie und wollte an ihm vorbei.

»Nein!« Meister Hans hielt sie fest. »War der Jude wieder hier?«

Sie schüttelte den Kopf. »Wo denkst du hin? Nein. Es war niemand Fremdes im Haus. Lass mich zu Anna Katrijn.«

Er ließ sie nicht los. »In der Stube liegt ein Buch.«

Sie blickte ihn an. »Wir haben es zusammen gelesen«, sagte sie betont ruhig. »Es war so einsam ohne dich. Aber glaub doch nicht, dass Anna Katrijn davon krank geworden ist.«

»Sie ist nicht krank«, polterte der Henker los. »Sie ist verwirrt. Das hat sich in meiner Abwesenheit noch gesteigert. Daran ist dieses ungesunde Lesen Schuld.«

Sie sah ihn noch immer an und darin lag Stärke. So unsicher sie allem Fremden und Neuen gegenüber war, in ihrem Haus wusste sie sich zu behaupten. Langsam löste sie sich aus seinem Griff. Dann ging sie ohne noch etwas zu erwidern zu Anna Katrijn.

Wenzel erfuhr die Neuigkeit von Daniel. »Der Henker ist zurück«, sagte er ganz beiläufig, als sie auf der Gasse aneinander vorbei gingen.

Wenzel fragte sich, ob Daniel ahnte, was diese Nachricht für ihn bedeutete. Hatte der Freund es einfach nur so dahin gesagt oder wollte er ihm einen Wink geben? Egal, er musste sich eine passende Ausrede einfallen lassen, warum er nicht bei der Arbeit war. Aber ihm fiel nichts ein. Vielleicht konnte er sich unbemerkt in die Abdeckerei schleichen, durchs Fenster, wie schon einmal. Das Fenster war fast immer einen Spalt geöffnet, wegen des üblen Gestanks. Auch jetzt.

Er kletterte hinein, griff nach dem Reisigbesen, der neben dem Tor stand, stellte ihn zurück, nahm sich einen der Bottiche vor, in denen Fett und Blut aufgefangen wurden. Er trug ihn zum Brunnen um ihn auszuwaschen, obwohl er das längst schon getan hatte. Seine Finger waren so wenig bei der Arbeit wie seine Gedanken. Ihm glitt das Seil der Brunnenwinde aus den Händen, der volle Eimer sauste in den Schacht und zog das Seil mit nach unten. Am liebsten hätte sich Wenzel hinterher gestürzt, wäre einfach untergetaucht wie der Eimer. Einen Moment lang erwog er, Jakob um Hilfe zu bitten. Doch welche Hilfe konnte er von dem schon erwarten? Als Antwort würde ihm Jakob wahrscheinlich auf die neuen Stiefel spucken.

Während er sich über den Brunnenrand beugte, hörte er das Auf- und Zuklappen der Haustür. Aus den Augenwinkeln sah er den Meister über den Hof kommen.

Wenzel richtete sich auf um ihn zu begrüßen. Er versuchte sich einen erfreuten Anschein zu geben, was ihm nicht gelang. Der Henker kam mit festen Schritten auf ihn zu, das Gesicht verschlossen, über der Nase die steile Falte, die nichts Gutes verriet. Er gab ihm zwei heftige Ohrfeigen. Dann drehte er sich um ohne etwas zu sagen und ging ins Haus zurück.

Es war das erste Mal, dass der Meister ihn geschlagen hatte.

Kurz darauf kam der Henker erneut aus dem Haus. Er hatte seine Reisekleidung abgelegt und trug wieder die engen roten Hosen, das graue Wams und den kegelförmigen Hut.

Er rief Jakob und Wenzel zu sich. Gefolgt von seinen Knechten schritt er in den Ort hinunter. Wie immer wichen die Menschen vor ihm zurück.

Meister Hans war sich seiner einschüchternden Wirkung bewusst. Er machte einen Rundgang durch die Stadt, die ihm liederlich vorkam. Er wusste noch nicht genau, was geschehen war, aber er spürte überall, dass Unruhe in der Luft lag. Der frühlingshafte Wind allein war dafür nicht verantwortlich. Es war mehr.

Er ging über den Marktplatz, vorbei an der Kirche, bog ab zum Rathaus, überquerte die Straße dort und nahm dann die Gasse, die zum Hospiz führte. Von hier ging er weiter zum Cöllnischen Tor. Es war geschlossen. Zwei Wachen standen davor. Weiter führte der Rundgang an der Stadtmauer entlang, an ihren Wehrtürmen und Schießscharten, bis zum Johannistor. Auch das war geschlossen.

Meister Hans erkundigte sich bei einem Wächter nach dem obersten Stadtbüttel. »Wo finde ich ihn?«

»An seinem Platz«, sagte der Wächter kurz.

Meister Hans wusste Bescheid. Neben dem Johannistor lag die Weinschenke ›Höllenfeuer‹. Hier war der Stadtbüttel meistens zu finden. So auch jetzt.

Da der Wirt einem Scharfrichter keinen Zutritt zu seiner Gaststube erlaubte, musste Meister Hans auf der Türschwelle warten. Er tat es mit erhobenem Kopf.

Wenzel schlug die Augen nieder.

Kurz darauf erschien ein Mann an der Tür, den Wenzel sofort als den berittenen Anführer erkannte, der vor noch nicht mal einer Stunde die Menschen vor dem Hospiz in Angst und Schrecken versetzt hatte.

Der Büttel und der Henker gingen nun auf direktem Weg zu der Vogtei. Die beiden Henkersknechte liefen hinterher.

Wenzel hätte lieber verseuchtes Vieh abgedeckt als diesen Männern folgen zu müssen, deren Aufgabe es war, Schuldige zu finden und zu strafen. Wo mochte Benja jetzt sein?

Vor der Vogtei mussten die Knechte auf der Straße warten. Wenzel fand es entsetzlich, nichts tun zu können, nur den Gedanken ausgeliefert zu sein. Wenn jetzt einer hier vorbeikam, mit dem Finger auf ihn zeigte und schrie: »Der da war auch dabei«, was dann? Wie viel hatte Jakob mitgekriegt? Und die quälendste aller Fragen: Wo war Benja? Wenzel hatte ihn zuletzt zusammen mit Anna Katrijn und dem Redner gesehen, als der Platz sich fast geleert hatte und er selbst schon ein gutes

Stück entfernt war. Warum war Benja nicht um sein Leben gerannt? Fragen über Fragen. Und Meister Hans kam noch immer nicht aus dem Haus.

Aber dann, nach einer Ewigkeit wie es Wenzel schien, trat der Scharfrichter wieder auf die Straße. Allein. Mit einer kurzen Kopfbewegung wies er seine Knechte an ihm zu folgen, zurück zum Henkershaus. Jakob verschwand hinter der Stalltür. Wenzel zog die Stiefel aus und ging sofort in die Küche.

Wieder einmal war der Herd ausgegangen. Wenzel war beinahe froh darüber. Er konnte sich nützlich machen und dabei Meister Hans aus dem Wege gehen. Die Asche war viel zu schnell mit dem Gänseflügel aus der Luke gefegt. Er brachte sie hinaus und suchte im Schuppen nach Reisig und Stroh. Als er sich umdrehte, stand Anna Katrijn hinter ihm.

»Wenzel«, flüsterte sie, »du musst Benja und den anderen heute Nacht durchs Tor lassen. Den Schlüssel findest du in der Stube, dort wo die Bibel liegt. Ich wollte es selber tun. Aber es ging nicht mehr, weil mein Vater schon zurück war.«

An der Haustür erschien Frau Meike. »Anna Katrijn, komm ins Haus! Was machst du da?«

»Sie lässt mich nicht aus den Augen. Als ob sie etwas ahnt. Du musst es tun!«

Anna Katrijn wandte sich um, lief zurück ohne seine Antwort abzuwarten.

Wenzel stand eine Weile unschlüssig da. Den Schlüssel entwenden, aus dem Haus schleichen, das Büßertor öffnen? Das konnte nicht gut gehen. Nicht heute Nacht, nach allem, was geschehen war.

Langsam ging er in die Küche zurück. Er legte das Feuer im Herd neu an. Stroh und Reisig entzündeten sich rasch. Wasser stand schon bereit. Ihm fiel ein, dass noch immer Eimer und Seil im Brunnen lagen. Wenzel ging hinaus, barfuß, um die Stiefel zu schonen. In einem Winkel der Abdeckerei überwinterten Frau Meikes Bohnenstangen. Er nahm sich eine davon, befestigte einen Haken an der Spitze und angelte damit so lange im Brunnenschacht, bis er das Seil mit dem Haken zu fassen bekam und hochziehen konnte. Der Eimer hing noch daran.

Dann war auch das getan. Und wieder waren da nur die Gedanken. Das Büßertor öffnen, wie stellte Anna Katrijn sich das vor? Wenn Jakob auf der Lauer lag, würde der ihn wieder beim Meister anschwärzen. Es hatte heute schon genug Ärger gegeben. Benja wird längst fort sein, versuchte er sich einzureden und glaubte doch nicht daran.

Als es Zeit für die Vorbereitung des Abendessens war, kam Frau Meike in die Küche.

»Was sitzt du hier rum? Bist ein Faulpelz«, schimpfte sie gleich los. »Zur Strafe bekommst du keine Suppe.«

»Verzeiht, Frau Meisterin, Ihr habt mir nicht gesagt, was ich tun soll«, murmelte Wenzel.

»Arbeit gibt es immer«, schnauzte sie. »Hol mir gelbe Rüben, aber bummel nicht.«

Er lief in den Vorratsschuppen, wo neben Brennholz auch eine Wintermiete aus feuchtem Sand war, um Gemüse einzulagern. Mit den Händen grub er mehrere knollig längliche Rüben aus, strich sorgfältig den Sand ab und brachte sie Frau Meike.

Sie tauchte das Gemüse in einen Wassereimer. »Geh in die Stube. Der Meister will mit dir reden«, sagte sie ohne aufzusehen.

Wenzel erschrak. Waren die Ohrfeigen nicht genug? Was denn noch? Er zögerte. Hilfe suchend blickte er zur Meisterin.

Aber sie hatte sich wieder in die Pflicht genommen. Die Zügellosigkeit war vorbei. Sie wollte nicht mehr daran erinnert werden. Um keine Wehmut aufkommen zu lassen, übertrieb sie mit Strenge und schroffer Zurückweisung.

»Hörst du schlecht?«, fuhr sie ihn an.

Wenzel senkte den Kopf. Von schlimmen Vorahnungen geplagt, ging er hinüber zur Stube. Auf der Schwelle blieb er stehen und wartete.

»Komm herein und schließ die Tür hinter dir.«

Wenzel gehorchte.

Der Henker saß an seinem Eichentisch, vor sich einen Krug Bier. Die kräftigen Hände und Unterarme lagen auf der Tischplatte. Wenzel hatte Mühe den Blick auszuhalten. Noch immer umklammerte er den Türgriff.

»Willst du weglaufen?«, fragte Meister Hans.

»Nein, Meister.«

Wenzel nahm sich zusammen. Er merkte selber, wie unsicher er sich benahm. Ein schiefes Lächeln huschte über sein Gesicht. Er ließ den Türgriff los und kam einige Schritte näher.

Der Henker beugte sich vor.

»Warst du auch bei dem Aufstand?«, fragte er. »Versuch nicht, mich zu belügen. Die Wahrheit kommt doch ans Licht.«

»Nicht richtig«, stammelte Wenzel. »Ich kam erst dazu, als der Tumult schon zu Ende ging. Ich wusste nicht, was da los war, und ich weiß es auch jetzt noch nicht.«

»Hast du den Unruhestifter gesehen?«, fragte Meister Hans weiter.

»Das glaube ich nicht«, wich Wenzel aus. »Ich könnte nicht sagen, wer unter den vielen Leuten es war.«

Der Henker beugte sich noch weiter vor. »Aber seinen Komplizen, den hast du erkannt.«

Wenzel wurde heiß von dieser Frage. Die Zunge klebte ihm am Gaumen. »Kom-plizen?« stotterte er. »War da ein Komplize?«

»Das habe ich dich gefragt«, sagte der Henker, der ihn nicht aus den Augen ließ.

»Meister!«, stieß Wenzel in seiner Not hervor. »Ich hätte nicht aus dem Haus laufen dürfen. Es war nicht richtig von mir. Verzeiht! Da war plötzlich dieser Lärm unten im Ort. Der hat mich neugierig gemacht. Aber als ich kam, schrien die Leute durcheinander und rannten nach allen Seiten weg.«

»Du hast den Lärm bis hier oben hin gehört?«

Wenzel wand sich. »Nicht so richtig. Ich bin ein bisschen in der Gasse herumgebummelt, weil doch die Sonne so schön schien. Naja, an der Brücke habe ich dann den Lärm gehört.«

»Ich hoffe, du sagst die Wahrheit.« Der Henker ließ kein Auge von ihm. Er schwieg lange.

Wenzel kam es endlos vor. Er hätte gern gefragt, ob er jetzt hinausgehen dürfe. Aber er traute sich nicht. Dieses Schweigen war ebenso schrecklich wie der Blick, dem er ausgesetzt war. Er weiß alles, dachte Wenzel. Er weiß, dass ich einen Büttel zu Boden gerissen habe. Er weiß es.

Meister Hans lehnte sich zurück, griff nach seinem Bierkrug und trank. »Es ist nun fast ein halbes Jahr, dass du bei mir in Lohn und Brot stehst«, begann er dann. »Du bist gewachsen und breiter in den Schultern geworden. Es geht dir also gut.«

»Ja, Meister.«

»Du hast dich daran gewöhnt, ein Henkersknecht zu sein. Nachdem du vorher bei einem Quacksalber gelebt hast, ist dir die Arbeit zu Anfang recht schwer gefallen. Ich habe es wohl bemerkt.« Der Henker sah ihn spöttisch an. »Auch vor meiner Person hat dir gegraut.«

»Ja, Meister.«

»Ich habe aber auch bemerkt, dass du nicht ungeschickt bist«, fuhr er schließlich fort, »und meistens auch zuverlässig. Ich will dich in die Lehre nehmen.«

Wenzel zuckte zusammen. Er glaubte, etwas falsch verstanden zu haben.

»Aber ich arbeite doch schon für Euch, Meister«, sagte er. »Ist das nicht dasselbe?«

Meister Hans trank einen Schluck aus dem Krug, lehnte sich zurück und sah sehr zufrieden aus.

»Ein Knecht ist ein Knecht. Wer Meister werden will, muss sein Handwerk erlernen. Das Strafen und Richten ist ein Handwerk wie jedes andere auch. Wehe dem Scharfrichter, der dem Sünder in die Schulter schlägt, statt ihn zu enthaupten. Die

Schöffen, der Vogt und die Herren vom Rat schauen zu, ob das Schwert genau trifft. Wenn der Henker keine ordentliche Arbeit leistet, wird er aus seinem Amt vertrieben. Das ist auch richtig so«, betonte Meister Hans. »Jeder Mensch bekommt von Gott seinen Platz auf Erden zugewiesen und dereinst muss er sich vor dem Herrn des Himmels verantworten für das, was er getan hat. Das gilt für Kaiser und König genauso wie für den Scharfrichter. Jeder muss seine Aufgabe im Leben gut machen. Verstehst du das?«

»Ja, Meister.«

»Gott hat mir einen Sohn versagt«, fuhr der Henker fort. »Aber er hat dich in dieses Haus geführt. Du könntest mein Nachfolger werden. So wie ich dich vor Elend bewahrt habe, wirst du dann mir und der Meisterin Unterkunft und Essen gewähren bis zu unserem Tod. Wie es auch ein Sohn tun würde. Und wenn dieser Vinzenz, der uns bald besuchen wird, Anna Katrijn nicht will – aber lassen wir das. Geh jetzt und denk darüber nach. Du bist nicht dumm. Ich bin sicher, du freust dich darüber.«

»Ja, Meister.«

Wenzel hatte das Gefühl, als ob die Möbel schief stünden, als ob die Dielenbretter sich zur Seite neigten und er gleich abrutschen würde ins Bodenlose. Er drehte sich um, griff wieder nach der Türklinke und stolperte über die Schwelle.

»Wenzel!« Noch einmal rief ihn die Stimme des Henkers zurück. »Komm her zu mir. Nun komm schon!«

Der Henker griff in die Tasche seines Wamses. Er zog einen Gulden heraus. »Das ist der Lohn für deine Arbeit als Knecht. Ab jetzt bist du Lehrjunge.«

Im dunklen Flur setzte sich Wenzel auf die Treppe. Noch immer war ihm schwindelig. Er umklammerte den Gulden, bis ihm die Finger schmerzten. Rechts von ihm drangen Geräusche aus der Küche. Von links hörte er die Schritte des Henkers, der in seiner Stube auf und ab ging. Wieder presste er die Hand um den Gulden. Ich bin kein Knecht mehr. Jetzt bin ich Lehrjunge beim Henker. Er will es so.

Als Jakob an die Tür klopfte, weil er hungrig war, stand Wenzel auf und ging in die Küche.

Frau Meike sah ihm forschend ins Gesicht. »Du bist ganz blass. Was hat der Meister von dir gewollt?«

Statt zu antworten öffnete Wenzel die Hand.

»Ein Gulden! Sieh einer an«, rief Frau Meike überrascht aus. »Womit hast du dir den verdient?«

»Ich weiß nicht«, murmelte Wenzel.

»Nun denk schon nach! Der Meister hat dir nicht das Geld in die Hand gedrückt, ohne jede Erklärung.«

»Er hat gesagt, das ist der Lohn für meine Arbeit als Knecht.«

Frau Meike nickte langsam. »Deshalb bist du so blass. Er hat dich hinausgeworfen.«

»Nein, Frau Meisterin. Ab heute bin ich Lehrjunge.«

Vor Überraschung war sie sprachlos. Draußen hämmerte Jakob gegen die Tür und auf dem Herd dampfte das Essen.

Später gab sie Wenzel doch Suppe. Sie legte auch ein Stück Brot dazu, ohne etwas zu sagen. Aber es war kein angespanntes Schweigen, auch kein vorwurfsvolles, sondern glich der Ruhe nach dem Sturm.

Im Henkershaus spielten sich die alten Gewohnheiten wieder ein wie von selbst. Fast schien es, als sei Meister Hans gar nicht fort gewesen.

Doch die Äußerlichkeiten täuschten.

Als Anna Katrijn nach dem Abendessen die Bibel hervorholte, wie immer um diese Zeit, rief Meister Hans Wenzel zu sich.

»Geh hinunter in die Stadt und hör dich um, ob der Gerichtsbote schon unterwegs ist. Vielleicht hat er am Rathaus und an der Kirchentür eine Erklärung zur Ergreifung der Täter angeschlagen. Du kannst doch lesen«, fügte er etwas knurrig hinzu.

Wenzel zog die Stiefel an und lief nach draußen. Vor Meister Salomons Haus standen die Juden zusammen. Wenzel sah beinahe alle, die hier wohnten. Er verlangsamte seine Schritte und suchte Daniel mit den Augen. Doch Daniel wandte sich ab.

Als er die Gruppe erreichte, wichen einige vor ihm zurück. Die Gespräche verstummten. Kalte Ablehnung schlug ihm entgegen. Wenzel grüßte höflich. Keiner erwiderte seinen Gruß.

»Hat schon einer die Büttel gesehen?«, fragte er zu Meister Salomon gewandt.

Er bekam keine Antwort von dem Schneider. Stattdessen fing Frau Rebecca an zu schreien. »Er ist keiner von uns. Er ist ein Christ. Wir haben ihn nie zuvor gesehen. Was muss er uns mit ins Unglück reißen?« Daniels Mutter versuchte sie zu beruhigen und ihr den Mund zuzuhalten.

»Sie durchkämmen jedes Haus«, murmelte Daniel, ohne Wenzel anzusehen. »Gleich sind sie hier.«

»Nimm ihn mit, Henkersknecht!«, schrie Frau Rebecca. »Hol dir den Verrückten, aber lass unsere Familie in Frieden. Wir haben damit nichts zu tun.« Sie wehrte sich heftig gegen die Umarmung der Nachbarin. »Die Juden müssen immer herhalten, wenn ein Sündenbock gebraucht wird.«

»Ich will ihn nicht holen«, versicherte Wenzel. »Ich habe damit nichts zu tun. Den Magister würde ich nie verraten.«

»Du bist Henkersknecht und steckst mit dem Vogt und seinen Bütteln unter einer Decke. Geh! Geh weg!« Sie verbarg ihr Gesicht an der Schulter der Nachbarin.

Der Schneider packte die beiden Frauen und schob sie in sein Haus. Daniel folgte ihnen. Auch die anderen Juden verschwanden eilig. Bald war die Gasse leer.

Wenzel drehte sich um, lief ein paar Schritte zurück und verschwand hinter der Schusterwerkstatt. Die Tür zur Studierstube war verriegelt.

»Bist du da drin, Benja?«, fragte er und klopfte leise gegen das Fenster.

Der Riegel wurde zurückgeschoben. Benja riss ihn fast über die Schwelle. »Sind die Büttel schon in unserer Gasse?«

»Nein, aber Daniel sagt, sie sind schon unterwegs«, stieß Wenzel hervor. »Was sitzt du hier noch rum?«

»Wohin soll ich denn gehen?« Benja schrie es fast. »Sie werden jeden Schrank aufreißen und das Kellerloch im Fußboden ausheben. Sie werden alles kurz und klein schlagen, weil sie wissen, dass ich irgendwo hier sein muss. Ich kann ihnen nicht mehr entkommen. Und Peter auch nicht.«

»Ich weiß ein Versteck, wo euch keiner suchen wird«, sagte Wenzel ruhig. »In der Abdeckerei. Unter dem Dach des Henkers seid ihr sicher. Für heute Nacht wenigstens.«

Benja sah ihn verblüfft an. »Wie kommen wir dort hinein, ohne dass uns Meister Hans bemerkt?«

»Durch das Fenster. Es ist immer offen. Man kann es vom Haus aus nicht sehen. Ihr könnt dort unbemerkt einsteigen. Beeilt euch! Jetzt gerade liest Anna Katrijn aus der Bibel vor. Danach verriegelt Meister Hans die Haustür. Wenn alle schlafen, dann mach ich's, dann schließe ich das Büßertor auf. Anna Katrijn hat mir gesagt, wo der Schlüssel liegt.«

Einen Augenblick lang schien Benja es nicht glauben zu können. Doch dann entspannte sich sein Gesicht. Er breitete die Arme aus und schickte einen dankbaren Blick zum Himmel.

»Bis Ryssbach kommen wir rasch. Von dort wird uns Onkel Aaron weiterhelfen.« Er wandte sich zu Peter Holzapfel um, der auf dem Bett kauerte. »Mein Freund, es war nicht umsonst. Die Freiheit hat überall Verbündete.«

Wenzel lief voraus.

Die Gasse war wie ausgestorben. Er gab Benja einen Wink. Vor der Gerberei lag der alte Hund, der hier zu Hause war. Wenzel kraulte ihn, damit er nicht zu bellen anfing. Ohne Zwischenfälle erreichten die beiden die Abdeckerei. Es war wie ein Spuk, und schon vorbei.

Inzwischen dämmerte es bereits. Was konnten die Büttel da noch ausrichten? Wenzel glaubte, dass sie die Suche abbrechen und am nächsten Tag fortsetzen würden. Aber sie kamen doch noch in die Judengasse. Es waren sechs. Zwei trugen Gewehre, die übrigen waren unbewaffnet.

Sie schlugen mit den Gewehrkolben gegen die Haustür bei Meister Salomon und verlangten, dass alle Bewohner auf die Straße traten. Dann drangen sie in das Haus ein. Sie machten viel Lärm dabei. Scheiben klirrten, Geschirr ging zu Bruch und man hörte sie weithin fluchen.

Der Krach lockte nun auch die Henkersfamilie in den Hof hinaus. Wenzel musste nicht mehr berichten, ob die Suche schon begonnen hatte. Meister Hans sah nun selber, wie die Dinge standen. Er ging ein paar Schritte in die Gasse hinein und stellte sich zu dem Gerber, der mit seinem Gesellen und den beiden Lehrjungen auch dort stand.

Nachdem die Büttel Meister Salomons Haus gründlich durcheinander gebracht hatten, drangen sie bei dem Steuereintreiber ein. Nathan hielt den Arm um seine Schwester geschlungen, während sie in der Gasse ausharren mussten.

Wenzel schob sich unauffällig näher zu Anna Katrijn. Er wollte mit ihr reden, ihr zuflüstern, wo Benja war. Doch es war unmöglich. Frau Meike wich nicht von Anna Katrijns Seite.

Inzwischen war es ganz dunkel geworden. Und dennoch nahmen sich die Büttel das Schuhmacherhaus vor. Sie entzündeten Laternen, die sie bei sich hatten und polterten in Werkstatt, Wohnräumen und im Hof herum. Sie fanden die Gesuchten nicht. Sie fanden sie auch nicht beim Gerber. Dort suchten sie nur flüchtig. Der ätzende Geruch von Lohe und Lauge ließ sie nachlässig werden. Als sie wieder auf der Gasse waren, husteten sie und spuckten auf den Boden.

»Der Zweite ist ein Jude aus Steinweiler«, rief einer der Büttel Meister Hans zu. »Dieses Pack kann sich doch nicht in Luft auflösen.«

»Lass gut sein für heute«, erwiderte ein anderer. »Morgen nehmen wir uns die Judenhäuser noch einmal vor. Uns geht keiner durch die Lappen. Die Torwachen sind verstärkt und die Scharwächter* für diese Nacht auch.«

Wenzel lächelte in sich hinein. Die Gefahr war vorbei. Gleich würden sie abziehen.

Da trat Jakob aus dem Dunkel hervor. Er ging zu dem Henker, der sich mit den Bütteln unterhielt. Mit ausgestrecktem Arm zeigte er auf das große Tor der Abdeckerei.

Wenzel sah die Handbewegung. Er ahnte das Grinsen in Jakobs dreckigem Gesicht. Er verstand kein Wort und wusste doch, was Jakob krächzte: »Da sind sie.«

* nächtliche Polizeistreife

Schafott und Galgen

Nachdem Benjamin Levin und Peter Holzapfel abgeführt und in den Kerker gesperrt worden waren, dachte Wenzel daran, Jakob zu ermorden. In Gedanken schüttete er ihm Gift ins Essen, stieß ihn von der Stadtmauer, erstickte ihn auf seinem Strohsack. Aber in Wirklichkeit tat er es nicht. Er war wie gelähmt. Die Büttel hatten ihre Schuldigen gefasst. In Steinweiler kehrte wieder Ruhe ein.

Der Winter kam noch einmal zurück.

Tagsüber tat Wenzel seine Arbeit. Nachts wälzte er sich auf seinem Strohsack.

Von dem vielen Regen im Herbst war der Galgen an einigen Stellen morsch geworden. Meister Hans klopfte ihn ab, prüfte, wie fest er noch im Boden stand und beschloss, den kurzen Querbalken erneuern zu lassen. Doch kein Handwerker in Steinweiler wollte diesen Auftrag übernehmen, auch nicht für doppelten Lohn.

So mussten Jakob und Wenzel den Galgen ausbessern.

Auf der Richtstätte gab es auch ein Holzpodest, 16 Fuß lang und 12 Fuß breit: das Schafott.

»Hierauf werden die Enthauptungen vorgenommen«, erklärte Meister Hans auf Wenzels fragenden Blick. »Wo das Blut zu tief ins Holz gesickert ist, haben sich Schimmel und Schwamm gebildet. Erneuert die Bretter.«

Wenzel sägte und hämmerte. Am Tag konnte er seine Gedanken auf die Arbeit richten. Nachts hatte er keine Ablenkung. Dann sah er Benja vor sich in dem nasskalten Gewölbe.

Er sah den Kerkermeister an seinem Tisch sitzen, auf dem die Peitsche lag und ein Krug Bier stand. Er sah die dicken Mauern, an denen Fackeln rußten und die keinen Laut auf die Straße hinausließen.

Wenzel grübelte über die Freiheit nach, von der Benja so oft gesprochen hatte und von der er nun unendlich weit entfernt war.

Im Kerker saß auch ein zweifacher Mörder. Meister Hans hatte es beiläufig erwähnt. Er war zum Tode durch das Schwert verurteilt. »Den richte ich am Morgen nach Vollmond«, sagte der Henker. »Am Tag darauf werden die Aufrührer gehenkt. Der Vogt will kein Gnadengesuch an den Landesherrn weiterleiten. Sie sind wegen Aufruhr und Volksverhetzung verurteilt. Das ist ein schweres Verbrechen.«

Wer hatte um Gnade gebeten? Die Verurteilten selbst oder ihre Angehörigen? Wenzel wagte nicht zu fragen. Als er den Balken für den Galgen zurechtsägte, wusste er, dass er Benjas Hinrichtung vorbereiten half. Dann dachte er daran wegzulaufen. Aber er tat es nicht. Irgendwas hielt ihn zurück.

Einmal lief er doch fort, aber nicht weit. Er konnte Jakobs Grinsen und sein Schweigen nicht mehr aushalten. Er rannte in den kahlen Wald, bis er Jakob nicht mehr sah und ihn nicht mehr roch. Diesen Stinker. Für eine Weile lehnte er sich an einen Baumstamm und schaute in die Wolken. Aber in diesem Augenblick war ihm Gott fern. Er zweifelte daran, dass es Gott überhaupt gab. Und er zweifelte daran, dass es Freiheit gab. Er konnte sich nichts mehr darunter vorstellen.

Benja hatte ihn oft aufgefordert seinen Verstand zu gebrauchen. »Du bist kein Tier«, hatte er einmal gesagt. »Tiere können sich nur mit Klauen und Zähnen ihr Recht auf Leben verschaffen. Du bist ein Mensch und hast einen Verstand. Nutze ihn. Er ist besser als die schärfsten Klauen und Zähne.«

Sein Verstand sagte ihm, dass es Gott und die Freiheit nicht gab.

Aber wenn er nachts wach lag, drehten sich die Zweifel um. War doch alles Gottes Wille? Verbarg sich in diesem Unglück vielleicht eine Gerechtigkeit, die sein Verstand nicht begreifen konnte? Und wie stand es mit der Freiheit? Die Welt war voller Verbote. Doch Benja hatte sich die Freiheit genommen, Verbote zu missachten. Also gab es Freiheit und ebenso Gerechtigkeit. Gab es vielleicht eine himmlische Gerechtigkeit, die Gottes Wille war und eine irdische Gerechtigkeit, die Freiheit genannt wurde?

Er sprach mit Anna Katrijn darüber. Sie kam manchmal nachts in die Küche, setzte sich auf den Boden neben dem Herd und redete mit ihm.

Die Dunkelheit machte es leichter, geheime Gedanken auszusprechen. Sie machte auch vertraulich.

»Benja hat mich verändert«, sagte sie. »Ich werde nie so denken wie meine Eltern und ich kann nicht so leben wie sie.«

In einer anderen Nacht sagte sie: »Wenn mein Vater Benja hinrichtet, gehe ich fort aus Steinweiler.«

»Wie willst du dann leben?«, fragte er.

»Ich möchte nach Berlin. Dort suche ich mir Unterkunft und Arbeit als Dienstmagd. Ich kann kochen, putzen und vorlesen. Es ist bestimmt nicht schön, bei fremden Herrschaften zu leben, aber immer noch besser, als einen Henker zu heiraten.«

»Man wird dich fragen, woher du kommst«, gab er zu bedenken.

»Dann sage ich, dass ich ein Bauernmädchen aus der Eifel bin. Weil meine Eltern arm sind, haben sie mich zu einer Tante nach Berlin geschickt. Aber die Tante ist gestorben und ich habe kein Geld mehr um zu den Eltern zurückzureisen.«

Er staunte über ihren Mut und wie vernünftig sie sich das ausgedacht hatte.

Einmal erkundigte sie sich auch nach Prag. Ob das eine aufgeklärte Stadt sei, vom neuen Denken beseelt, wollte sie wissen.

Darauf wusste Wenzel keine Antwort. Seine Erinnerungen

waren kindlicher Art. Er versuchte ihr zu erklären, dass Prag für ihn eine andere Bedeutung hatte als Berlin für sie.

»Es ist meine Heimatstadt. Dort bin ich zur Schule gegangen. Der eine oder andere Lehrer wird mich wieder erkennen. Vielleicht lebt meine Schwester noch. Oder der Uhrmacher-Onkel. Meine Mutter hatte auch Verwandte. Ich weiß nicht, wo sie jetzt sind. Aber ich werde es herausfinden, wenn ich nur erst in Prag bin«, sagte Wenzel.

»Du willst also nicht in Steinweiler bleiben und bei meinem Vater das Scharfrichten lernen?«

»Ich will fort«, gestand er. »Genau wie du.«

Da hatte sie einen Einfall. »Wenn ich in Berlin eine Bleibe gefunden habe, schreibe ich dir einen Brief. Benja bekommt oft Briefe von einem Freund aus Paris. Ich schicke ihn an die Schule des Jesuitenklosters in Prag. Meinst du, dass er ankommt und dass sie dich dort finden?«

»Bestimmt«, sagte Wenzel. »Ich kann fragen, wenn ich je wieder nach Hause komme.«

»Wirst du mir antworten?«, wollte sie wissen.

»Ich werde dir sofort schreiben. Und wenn es dir in Berlin nicht gut geht, kannst du auch nach Prag kommen.«

Pläne, im Dunkeln geschmiedet, gaben ihnen ein wenig Hoffnung. Sie suchten beieinander Halt in ihrer Verzweiflung um Benja. Sie wollten nicht hinnehmen, dass er sterben musste, weil er für Freiheit und Menschenwürde eingetreten war. Sein Traum von einer neuen Zeit war auch ihr Traum von einem besseren Leben. Wenn Benja starb, starben auch ihre Hoffnungen.

Frau Meike erwähnte Benja mit keinem Wort.

Anna Katrijn wagte nicht, ihre Mutter ins Vertrauen zu ziehen. Als Kind hatte sie öfters Geheimnisse mit ihr geteilt, die der Vater nicht wissen durfte. Und in den vergangenen Tagen waren sie wie Freundinnen gewesen. Aber dass Anna Katrijn ihre Eltern verlassen wollte, um ihr Leben selbst in die Hand zu nehmen, das hätte Frau Meike für Wahnsinn gehalten und mit allen Mitteln zu verhindern versucht. Dennoch merkte sie, dass ihre Tochter voll Widerspenstigkeit war.

»Gottes Wille ist stärker als deiner«, sagte sie beinahe jeden Tag. »Als Frau musst du gehorchen. Es ist nun mal so.«

Wenn Anna Katrijns Gesicht dann noch einen Zug trotziger wurde als es ohnehin schon war, fuhr sie besänftigend fort. »Man gewöhnt sich daran. Glaub mir, ich weiß, wovon ich rede. Jede Frau fügt sich irgendwann. Von da an wird es leichter.«

Solche Worte beruhigten Anna Katrijn nicht. Sie vertieften nur die Kluft zwischen ihr und der Mutter. In der schwärmerischen Liebe zu Benja kamen ihr die mütterliche Erfahrungen wie Verrat vor. Sie hätte alles getan um ihn zu retten.

Die nächtlichen Gespräche mit Wenzel brachten Anna Katrijn ein wenig Erleichterung. Er war für sie wie ein Bruder. Er verstand sie und ohne dass er es wusste oder wollte, stärkte er sie in ihrem Entschluss, sich gegen die Eltern aufzulehnen.

Jeden Abend schaute sie durchs Fenster zum Mond hinauf. Der rundete sich immer mehr. In wenigen Tagen war Vollmond.

Da hielt sie es nicht mehr aus. Alles Bangen und Hoffen schlug um in Entsagung. Wenn kein Mensch mehr helfen konnte, gab es nur noch Gott.

Gott konnte Wunder tun. Wenn er wollte. Aber Wunder verlangten Opfer. Große Opfer. In ihrer wilden Verzweiflung war Anna Katrijn schließlich bereit, das Größte zu opfern, was sie sich vorstellen konnte: ihre Freiheit. Wenn Benja nicht den Tod am Galgen erleiden musste, würde sie sich klaglos fügen, in das Leben, das ihr vorherbestimmt war. Sie bot Gott einen Tausch an, ihre Freiheit gegen Benjas.

Sie vertraute es Wenzel an und verlangte dasselbe von ihm.

Er schwieg.

»Zwei Opfer bringen mehr als eins«, flüsterte sie.

Er schwieg noch immer.

»Es geht dir doch nicht schlecht«, fuhr sie eindringlich fort.

»Mein Vater behandelt dich wie einen Sohn. Er will dich zu seinem Nachfolger machen. Wenzel, was gibst du denn auf?«

»Einen Traum«, sagte er. »Benjas Traum. Wenn er ihn nicht verwirklichen kann, dann will ich es versuchen!«

»Mein Vater wird ihm die Schlinge um den Hals legen«, flüsterte Anna Katrijn. »Dann wird er dir befehlen, den Karren, auf dem Benja steht, fortzuschieben. Du wirst ihm den Todesstoß geben.«

»Hör auf, Anna Katrijn! Ich will das nicht hören.«

»Es ist die Wahrheit«, fuhr sie unbarmherzig fort. »Bring Gott dich selbst als Opfer dar. Für Benja. Ich tue es auch.«

»Aber wenn es Gott nun gar nicht gibt?«, fragte er ebenso unbarmherzig. »Benja muss sterben, weil die Menschen ihn in ihrer Engstirnigkeit umbringen. Sie fürchten sich vor der Freiheit. Und du? Wo ist dein Mut geblieben, dein Leben in die eigenen Hände zu nehmen? Glaubst du wirklich, dass Benja so ein Opfer will?«

Sie lief hinaus, ohne etwas zu erwidern. Seit dieser Nacht kam sie nicht mehr.

Abends, wenn Anna Katrijn aus der Bibel vorlas, ging Wenzel in den Hof hinaus, manchmal auch bis zum Haus des Gerbers. Er wollte Daniel sehen, ihm ein Zeichen geben, dass er zum Fluss kommen solle. Aber Daniel schien nie mehr draußen zu sein. Zweimal lief Wenzel an Meister Salomons Haus vorbei. Dabei blickte er verstohlen zu den Fenstern. Daniels Gesicht tauchte nicht auf.

Er will mich nicht sehen, dachte Wenzel verzweifelt. Auch für ihn bin ich jetzt nur noch der Schinderhannes. Warum hat Jakob das nur getan? Wenzel wusste, dass er nie eine Antwort darauf bekommen würde. Denn Jakob schwieg. Nie redete er freiwillig. Aber Benja hatte er verraten.

Unerwartet traf er den Freund dann doch, als ihn Frau Meike zur Apotheke schickte und Daniel zur gleichen Zeit ausgebesserte Schneiderarbeit im Hospiz abgeben musste.

»Daniel, ich habe mir jeden Abend den Hals nach dir verrenkt«, rief ihm Wenzel entgegen. »Ich muss mit dir reden.«

»Nein«, sagte Daniel. »Ich will dich nicht mehr treffen.«

»Warum nicht?«, fragte Wenzel. »Zwischen uns ist doch alles wie immer. Oder glaubst du, ich bin nicht genauso unglücklich wie du? Ich habe einen Büttel zu Boden gerissen, als er Benja niederschlagen wollte. Ich habe ihm geraten sich in der Abdeckerei zu verstecken. In der Nacht wollte ich heimlich das Büßertor aufschließen. Wie hätte ich denn ahnen können, dass Jakob –«

»Das ändert nichts mehr«, unterbrach ihn Daniel. »Benja ist zum Tode verurteilt. Dein Meister bringt ihn an den Galgen und du hilfst dabei. Von uns wird niemand mehr mit euch sprechen. Mein Vater wird dir kein Hemd mehr nähen. Benjas Vater ist krank vor Kummer. Er wird den Tod seines einzigen Sohnes nicht überleben. Und jetzt geh du deine Wege und ich gehe meine.«

»Daniel, es ist nicht meine Schuld, dass alles so gekommen ist. Benja werde ich mein Leben lang nicht vergessen. Und dich auch nicht. Weißt du noch, wie verängstigt ich war, als ich hier ankam und du mich auf der Brücke angesprochen hast? Damals war ich wie ein geschundenes Tier. Benja hat mich gelehrt, dass ein Mensch Würde hat. Diese Würde lasse ich mir von niemandem mehr nehmen. Was auch geschieht.«

Daniel senkte den Kopf. »Juden und Christen können keine Freunde sein. Vielleicht gibt es irgendwann einmal die neue Zeit, von der Benja so oft gesprochen hat. Aber er wird sie nicht erleben.«

»Die neue Zeit gibt es schon«, ereiferte sich Wenzel. »Wir haben sie doch zusammen erlebt. Auch wenn sie nur kurz war.«

Daniel schüttelte heftig den Kopf. »Wir haben uns heimlich getroffen wie Verbrecher, weil es nicht sein darf, dass Juden und Christen gleichwertige Menschen sind. Benja hat dieselbe Strafe bekommen wie Peter Holzapfel, obwohl eigentlich nur den die Schuld trifft. Benja hat ihn nicht einmal gekannt. Aber Juden werden härter verurteilt als Christen. Und da redest du von der neuen Zeit, von der es heißt, dass Freiheit und Gleichheit unter allen Menschen gelten soll? Nein, Wenzel, vergiss, was war, ehe noch mehr Leid geschieht.«

»Leb wohl«, murmelte Wenzel. »Du wirst immer mein Freund bleiben, wenn es auch nur in der Erinnerung sein darf.«

Dann rannte er zurück zum Henkershaus. Er zog einen Eimer Wasser aus dem Brunnen und steckte den Kopf hinein. Aber auch das kühlte sein Gemüt nicht.

Als der Tag der öffentlichen Enthauptung gekommen war, lief im Henkershaus alles so ab wie immer. Frau Meike hatte schlechte Laune. Anna Katrijn trug Suppe und Brot in die Stube. Meister Hans hatte seine Henkerskleider angezogen.

Es war ein frostiger Morgen nach einer klaren Vollmondnacht im März.

Meister Hans rief seinen Lehrjungen zu sich in die Stube. Vor ihm auf dem Eichentisch lag ein blankes Schwert mit einem verzierten Griff und einer eingravierten Inschrift auf der Klinge.

»Nimm das Schwert in die Hand«, befahl Meister Hans.

Wenzel gehorchte nur zögernd.

»Es ist nicht heiß«, sagte der Henker. »Nimm es wie ein Mann.«

Wenzel schloss die Finger um den Griff und hielt die Klinge nach oben zur Zimmerdecke. Er drehte das Schwert ein wenig hin und her. Es lag gut in der Hand, fest und schwer. Er streckte den Arm aus und führte das Schwert dann quer vor die Brust. Noch nie hatte er eine solche Waffe in den Händen gehalten. Unwillkürlich richtete er sich auf. Ein Gefühl von Stärke ergriff ihn, von Stolz und Mut. Er dachte an den Ritterroman, den er gelesen hatte. Ein Mann, ein Schwert. Er kam sich in diesem Augenblick selber ein bisschen wie ein Ritter vor. Doch als ihm bewusst wurde, wie schnell ein Schwert Macht über einen Menschen bekommen konnte, legte er es wieder auf den Tisch.

Meister Hans hatte ihn beobachtet. »Noch steht es dir nicht zu«, sagte er. »Lies die Worte laut, die auf der Klinge stehen.«

Wenzel drehte das Schwert so, dass er die Inschrift gut erkennen konnte. Er las: »GOTT, DU bist Richter, ich bin DEIN Knecht, lenk meine Hand, für Ehr und Recht. – 1618.«

»So ist es«, sagte Meister Hans. »Dieses Schwert ist seit über hundert Jahren im Besitz meiner Familie. Mein Vater hat damit gerichtet, mein Großvater, mein Urgroßvater. Sie alle waren gute Scharfrichter. Ich werde dich lehren, was sie mich gelehrt haben. Wenn du mich nicht enttäuschst, werde ich eines Tages dieses Schwert an dich weitergeben. Heute sollst du zum ersten Mal einer Hinrichtung beiwohnen. Denk daran, nicht ich richte, sondern Gott.«

»Ja, Meister.«

»Zieh deine Stiefel an und die Jacke. Am Rabenstein weht ein kalter Wind.«

»Ja, Meister.«

Kurz darauf gingen sie gemeinsam in den Hof hinaus. Dort wartete Jakob. Er hatte einen kastenförmigen Karren auf zwei Rädern aus der Abdeckerei geholt. Wenzel hatte den Arme-Sünder-Karren dort stehen sehen und immer einen Bogen darum gemacht. Bisher war er nicht gebraucht worden. Jetzt spannte Jakob den Braunen davor.

Meister Hans gab Wenzel den Schlüssel für das Büßertor. »Schließ es auf und öffne beide Torflügel weit. Bis die Hinrichtung vorbei ist, bleibt das Tor offen. Gib gut Acht auf den Schlüssel. Du trägst dafür die Verantwortung.«

»Ja, Meister.«

Der Karren rumpelte die teils holprige, teils matschige Gasse hinunter. Jakob lief neben dem Pferd her. Meister Hans stand breitbeinig auf dem Karren und balancierte geschickt die Schaukelei mit dem Körper aus. Über sein Wams hatte er einen breiten Ledergurt gebunden, an dem das Schwert in einer Scheide hing. Wenzel trabte hinter dem Karren her, den Kopf voll wirrer Gedanken.

Als sie am Johannistor ankamen, wäre er am liebsten aus der Stadt gerannt, hinaus auf die Landstraße. Einfach nur fort, egal wohin. Aber er folgte dem Befehl des Scharfrichters, mit in den Kerker hinabzusteigen um den Verurteilten abzuholen.

Jakob wartete bei dem Karren.

Wieder nahm Meister Hans die Fackel, die neben dem Eingang brannte. Der flackernde Schein huschte über die Stufen abwärts. Feuchtigkeit und Moder machten das Atmen schwer und legten sich kalt auf die Haut.

Während Meister Hans mit dem Kerkermeister sprach, suchte Wenzel hinter den Gitterstäben Benjas Blick. Aber es war zu dunkel in dem Verließ um Gesichter zu unterscheiden.

Der Kerkermeister kannte sich hier aus und seine Augen waren an das matte Licht gewöhnt. Er schloss auf und zerrte einen Mann heraus, der mühsam vorwärts schlurfte. Seine Füße waren mit schweren Ketten so eingeengt, dass er nur ganz kleine Schritte machen konnte.

»Nehmt ihm die schweren Fußeisen ab«, befahl Meister Hans.

Der Kerkermeister dehnte seinen Brustkorb und stützte beide Hände in die Hüften, wodurch er noch breiter wirkte als er war.

»Seit wann geht ein Mörder freien Fußes zu seiner Hinrichtung?«, knurrte er.

Meister Hans ließ sich zu keiner Erklärung herab. »Runter mit den Eisen«, befahl er.

»Ihr nehmt Euch viel raus, Scharfrichter! Auch wenn ich nur Kerkermeister bin, braucht Ihr nicht auf mich herabzublicken. Der Tag wird kommen, wo Euch ein Fehler unterläuft. Dann will ich Henker von Steinweiler werden. Ich kann warten.«

In seinem Gesicht spiegelte sich Neid und Hass. Aber da

war auch etwas Unterwürfiges, das sich noch verstärkte, als er jetzt umständlich auf die Knie ging um dem Gefangenen die Eisen abzunehmen. Bei seiner Körperfülle konnte er sich nur mühsam bücken.

Der plustert sich auf wie ein Gockel, dachte Wenzel. Aber wirklichen Widerstand leistet er nicht. Dazu ist er viel zu fett und zu versoffen. Wahrscheinlich ist er auch feige.

Als der Gefangene seine Füße frei bewegen konnte, befahl ihm Meister Hans die Treppe hinaufzusteigen. Er folgte ihm mit Wenzel.

Der Kerkermeister blieb zurück. »Mörder gehen nicht ohne Ketten zum Schafott«, schrie er ihnen nach. »Das ist gegen das Gesetz. Ich werde mich beim Rat beschweren, Scharfrichter!«

Seine Worte verhallten, ohne dass er eine Antwort bekam.

Der Verurteilte brauchte seinen letzten Weg nicht zu Fuß zurückzulegen. Mit gebundenen Händen stand er auf dem Karren vor Meister Hans. Er wirkte teilnahmslos, schlotterte vor Kälte, vielleicht auch vor Angst, aber sonst war ihm keine Erregung anzumerken.

Der Karren fuhr zunächst zum Rathaus, wo sich vier Ratsherren zu Fuß anschlossen. Von dort ging es weiter, am Hospiz vorbei zur Vogtei. Der Vogt und alle sieben Schöffen, die das Todesurteil beschlossen hatten, gingen ebenfalls mit zur Richtstätte.

Die Herren vom Rat und aus der Vogtei plauderten angeregt. Nur der Dreck entlang der Stadtmauer, den die Räder des Karrens aufwirbelten, war ihnen lästig.

»Muss denn eine Hinrichtung immer so viel Staub aufwirbeln?«, fragte einer.

»Sei froh, wenn es nur Staub ist«, widersprach ein anderer. »Die Gemüter der Gaffer sind erhitzt. Das Volk ist unzufrieden. Es will mehr Rechte. Ich kann nur hoffen, dass morgen genug Büttel um den Galgen stehen, wenn die zwei Juden gehenkt werden.«

»Nur einer ist Jude, der andere ein Christ«, hörte Wenzel einen sagen.

»Das macht kaum einen Unterschied. Jeder Aufruhr hat was Jüdisches an sich.«

»Wohl wahr«, bestätigte eine tiefe Stimme. »Wohl wahr!«

Wenzel, der vor ihnen ging, direkt am Karren, hörte sie reden, ohne ihre Gesichter zu sehen. Immer wieder blickte er zu Meister Hans hoch, der mit starrer Miene und erhobenem Kopf über den Verurteilten hinwegschaute. Sein Gesicht unter dem roten Hut wirkte ernst und gesammelt.

Wenzel empfand Bewunderung für diesen Mann, der sein grausiges Handwerk mit Würde erledigte und alle Verachtung, die es ihm einbrachte, klaglos hinnahm. Er ist Henker mit Leib und Seele, dachte Wenzel. Gott steh ihm bei. Und mir auch.

Als der Karren durch das Büßertor und den Berg hinauf bis auf den Rabenstein gekommen war, hatte sich dort schon eine große Menge eingefunden.

»Platz da für den Sünderkarren!«

Mehrere Büttel drängten die Menschen auseinander und bahnten eine Gasse bis vor die Richtstätte. Dort standen einige Bänke für Ratsherren, Vogt und Schöffen bereit. Sofort näherten sich ihnen einige Händler. Eine Frau bot frisch gebackene Hefeküchlein an. Ein Mann ging mit kleinen gebratenen Fischen herum, die in einem Korb lagen.

Auch etwa zehn oder zwölf Mönche standen in einem Grüppchen zusammen. Einer trug ein Kruzifix, mit dem er sich dem Karren näherte, auf dem der Verurteilte immer noch ausharren musste.

Aber das Elend dieses Mannes war zu groß, um noch auf kirchlichen Beistand zu hoffen. Der Priester hielt das Kreuz zu ihm hoch, doch der Verurteilte wendete das Gesicht zur Seite. Er schloss die Augen und blieb in dieser ablehnenden Haltung, bis ihn Wenzel und Jakob packten, vom Karren holten und auf das Schafott schoben.

Der Verurteilte musste sich nun niederknien. Mit aufrechtem Rücken, das Kinn bis an die Brust gezogen, die Hände auf dem Rücken gebunden, erwartete er den Tod.

Doch es war immer noch nicht so weit.

Die Büttel schrien um Ruhe. Nur allmählich wurde das Geschnatter der Menge leiser und verebbte schließlich ganz.

Mit lauter Stimme sprach der Scharfrichter nun die vorgeschriebenen Worte: »Ist dieser Mann mit Fug und Recht zum Tode durch das Schwert verdammt?«

Und ebenso vorschriftsmäßig antwortete der Vogt: »Im Namen Gottes und der Gerechtigkeit – so sei es.«

Meister Hans zog das Schwert aus der Scheide. Er nahm es in beide Hände. Aufrecht, in großer Konzentration verharrte er, den Blick auf den Knienden gerichtet. Dann ein fester Schritt, der fast ein Sprung war. Die Holzplanken des Schafotts bebten. Wenzel erschrak. Er zuckte zusammen und wendete den Kopf zur Seite.

Als Meister Hans ihn ansprach und ihm das Schwert zu halten gab, sah er das Blut und wusste, dass es vorbei war.

Nachdem die vornehmen Bürger gegangen waren und auch das Volk in die Stadt zurückströmte, trat ein bärtiger Mann an das Schafott. An seiner Kleidung war er als Seemann zu erkennen. Sein zerfurchtes Gesicht und der schiefe Hals ließen ahnen, dass er schon viel Mühsal hinter sich hatte. Er trug ein zusammengefaltetes Segeltuch unterm Arm. Ohne den Scharfrichter anzusehen bat er darum, für seinen toten Bruder die Grube selbst ausheben zu dürfen.

Als Begründung gab er an, er habe sich sein Leben lang nicht um seinen kleinen Bruder kümmern können, aber nun wolle er dafür sorgen, dass er gut in die Erde komme, tief genug, dass kein Tier ihn wieder ausscharre. Und da Gott ihm fern sei, draußen vor der Stadt, neben all den anderen Sündern, möchte er ihm noch einen Fetisch gegen den Teufel mitgeben. Es sei nur ein kleiner Stein, gar nicht auffällig. Aber der Stein könne Menschen magische Kräfte geben. Er habe ihn von einem Häuptling auf der anderen Seite der Erde bekommen, sagte er. Für besondere Notfälle. Und dieser Tod sei ja wohl so ein Notfall. Der Fetisch sei gewiss keine Gefahr für die Stadt, aber für seinen Bruder vielleicht eine Hilfe auf seinem Weg durch die Hölle.

Meister Hans blickte ratlos auf den Geköpften. So etwas war noch nicht vorgekommen. Konnte er zulassen, dass ein heidnischer Gegenstand in christliche Erde kam? Allerdings war die Erde gerade an der Stelle nicht so besonders christlich und der Mörder hatte nun seine gerechte Strafe verbüßt. Wie er mit dem Teufel klarkam, dafür konnte man keinen Henker verantwortlich machen. Außerdem kam ihm der Bärtige recht einfältig vor in seinem Kummer um den toten Bruder. Das Ganze war wohl nur ein fauler Zauber. Wie der Finger eines Gehenkten, der unverwundbar machen sollte. Meister Hans brummte zustimmend, verlangte aber von Wenzel, dass er dabei bliebe um sich zu überzeugen, dass der Mörder auch wirklich außerhalb der Stadtmauer in die Erde kam, gleich unterhalb des Schindangers, wo Hingerichtete und Selbstmörder verscharrt wurden. Wenzel kannte die Stelle.

Der Mann breitete das Segeltuch aus und wickelte seinen toten Bruder hinein. Er tat es langsam und mit großer Sorgfalt. Dann verschnürte er die Leiche und hob sie sich auf die Schulter. Von Wenzel ließ er sich den Sünderhang zeigen. Er nahm Hacke und Schaufel von ihm entgegen und begann eine Grube auszuheben.

Wenzel setzte sich ein wenig abseits auf den dicken Ast einer Kiefer. Über ihm zankten sich zwei Elstern. Von unten hörte er das dumpfe Schlagen der Hacke im steinharten Boden. Der Himmel war grau wie die Stadtmauer, wie das Gras, wie Wenzels Gemüt. Nichts schien mehr Farbe zu haben.

Morgen muss Benja hier in die Grube. Dann vergrabe ich den Freund, nicht anders als verseuchtes Vieh, dachte Wenzel. Der Gedanke verursachte ihm Übelkeit. Erst jetzt gestand er sich ein, dass er diese Vorstellung verdrängt hatte, obwohl er wusste, dass es so war. Er wollte den Gedanken nicht zulassen, so als würde Benjas Hinrichtung nicht stattfinden, wenn man sie gar nicht erst dachte. Doch was eben auf dem Schafott geschehen war, ließ keine Selbsttäuschung mehr zu. – Morgen kommt Benja an den Galgen.

Wenzel stöhnte und krümmte sich zusammen. Warum bin ich nicht längst fortgelaufen? Warte ich vielleicht auch auf ein Wunder wie Anna Katrijn? Soll Gott die Kerkertüren mit unsichtbarer Hand öffnen? Unsinn, entschied er und erschrak, denn dieser Gedanke war ketzerisch.

Benja glaubt an die Vernunft. Wenn ich nur wüsste, was vernünftig ist. Ich hocke auf diesem Baum und weiß überhaupt nicht mehr, was ich glauben soll. Auf Gott kann ich nicht hoffen. Ich muss die Dinge selbst in die Hand nehmen. Wieder erschrak er, denn auch dieser Gedanke war ketzerisch.

Warum versuche ich nicht, die Sache hinter mich zu bringen und Benja ganz schnell zu vergessen? Das wäre doch wohl vernünftig. Meister Hans will mich zu seinem Nachfolger machen. Dann kann ich in diesem festen Haus bleiben, solange ich lebe. Vielleicht wird Anna Katrijn meine Frau? Sie ist nicht langweilig. Mir tät's gefallen. Ihrer Mutter und dem Meister wohl auch. Es wäre ein Leben in Sicherheit. Ich hätte ein Bett, ein Haus, ein gutes Einkommen vom Rat der Stadt. Kann ich mehr vom Leben erwarten, fragte er sich beinahe wütend. Alles was ich dafür aufgeben muss, ist mein Traum von Freiheit. Benjas Traum. Für den er sterben muss. Durch Meister Hans, durch mich. Ich müsste ein elender Verräter sein, ein Schuft, der vor sich selber keine Ruhe mehr fände. Und Anna Katrijn würde mich verachten.

Er sah zu dem Mann hin, der eine Pause machte und sich auf die Schaufel stützte. Morgen stehe ich hier und muss den Freund begraben und mit ihm alle Hoffnung auf die neue Zeit. Nein, dachte Wenzel.

Er sprang vom Baum. »Nein!«, schrie er, dass es vom nahen Wald widerhallte. Es war ihm egal, was der Seemann dachte oder tat. Er rannte auf die Kuppe zurück, wo der ausgebesserte Galgen wartete. Er sah die dunklen Flecken, die das Blut auf den Holzplanken des Schafotts hinterlassen hatte. Erst jetzt brach das zurückgehaltene Grauen hervor, mit solcher Gewalt, dass er geschüttelt wurde wie im Fieber.

Er kauerte sich auf die Erde und schlug die Hände vors Gesicht. Ich will nicht, dass Benja stirbt! Er hat mir beigebracht, was Würde ist und soll nun selber würdelos am Galgen enden.

Wenzel achtete nicht auf die feuchte Kälte, die aus dem Boden drang, nicht auf die spitzen Steine. In seinem Inneren war ein solcher Aufruhr, wie er ihn in der langen Zeit seiner Entbehrungen nicht erlebt hatte. Immer hatte er mit kindlicher Angst erduldet, was nicht zu ändern war. Jetzt durchströmte ihn eine neue, jugendliche Kraft. Ich habe diesen verdammten Galgen ausgebessert, dachte er. Und morgen soll ich Benja auch noch den Todesstoß geben? Niemals! Heute Nacht renne ich weg aus Steinweiler.

Der Entschluss erleichterte ihn nur wenig. Es war nicht das, was er wirklich wollte. Dennoch stand er auf und ging zum Sünderhang zurück.

Der Seemann war fort. Er hatte das Grab zugeschaufelt und obendrauf ein paar dicke Steine geschichtet. Ein kleiner Hügel. Hacke und Schaufel lagen daneben.

Wenzel nahm das Werkzeug und machte sich auf den Weg in die Stadt. Das Büßertor war noch immer weit geöffnet. Er schloss beide Torflügel, zog den Schlüssel aus der Jackentasche, zögerte und überlegte es sich dann anders. Ich werde in der Dunkelheit durch dieses Tor aus der Stadt gehen. Der Meister wird nicht kontrollieren, ob es abgeschlossen ist. Er vertraut mir. Doch ich werde ihn hintergehen, dachte Wenzel. Es muss sein. Ich kann mir keinen besseren Meister wünschen – wenn er nur nicht der Henker wäre!

Als er zum Haus zurückkam, stellte er Hacke und Schaufel an ihren Platz. Dann gab er Meister Hans den Schlüssel. Er war ganz ruhig dabei.

Der Henker musterte ihn mit steiler Falte auf der Stirn.

»Ist etwas nicht in Ordnung, Meister?«, fragte Wenzel.

»Heute habe ich einen Mann hingerichtet, der mir fremd war«, sagte der Henker. »Ich weiß nichts über sein Leben. Morgen aber muss ich Benjamin Levin an den Galgen bringen. Das ist nicht dasselbe.«

Wenzel zuckte zusammen. »Wollt Ihr ihn nicht richten?«, fragte er und ein irrwitziges Fünkchen Hoffnung flackerte in ihm auf.

Meister Hans schüttelte unwillig den Kopf. »Gott richtet, der Vogt spricht das Urteil aus und ich führe es aus, vergiss das nicht.« Er machte eine Pause. »Mit dem Magister ist das nicht anders. Und doch ist es anders.«

Wenzel, der nicht begriff, auf was der Meister hinauswollte, wurde ganz aufgeregt. Sein Herz begann heftig zu pochen. Gab es doch noch ein Entkommen für Benja?

»Meister, ich verstehe Euch nicht«, stieß er hervor.

»Ein Scharfrichter darf keine Gefühle für den Verurteilten haben, sonst ist seine Hand unsicher. Er muss sich immer bewusst machen, dass er nur Gottes Werkzeug ist, der Vollstrecker seines Willens. Aber wenn der Verurteilte ein Freund, ein Verwandter oder Nachbar ist, fällt das schwer.«

Meister Hans ging in der Stube auf und ab. Es war das erste Mal, dass Wenzel ihn in erregter Gemütsverfassung erlebte.

Er will Benja gar nicht henken, dachte er. Was wird er tun?

Der Henker ließ sich Zeit. Er blieb am Fenster stehen und schaute in die Judengasse hinunter.

Wenzel wartete, ohne sich zu rühren. Er hatte schon oft Respekt, sogar Hochachtung vor dem Scharfrichter empfunden. Doch in diesem Augenblick fühlte er so etwas wie Nähe zu diesem unnahbaren Mann.

Der Henker drehte sich zu ihm um. »Geh zum Kerkermeister und verlange Benjamin Levin zu sprechen. Dann frage ihn, ob er noch einen Wunsch hat. Diese kleine Gefälligkeit will ich ihm zukommen lassen. Nimm Papier und Tinte mit. Er ist ein Gelehrter. Wenn er noch Briefe schreiben will, dann soll es ihm gewährt sein. Mehr kann ich nicht für ihn tun. Hast du zugehört?«

Wenzel stand noch immer nahe bei der Stubentür. Die Gedanken wirbelten durch seinen Kopf. Benja noch einmal sehen? Ja! Von ihm Abschied nehmen? Nein! Er war so durcheinander, dass er nur stottern konnte. »Aber, das ist – was soll ich sagen? Der Kerkermeister, er wird es nicht zulassen.«

»Er muss!«, sagte Meister Hans und die Falte auf seiner Stirn vertiefte sich noch ein bisschen mehr. »Geh hin und verlange es. Wenn du ihm fest entgegentrittst, dann kriecht er wie ein geschlagener Hund. Er ist eine elende, feige Kreatur. Und dumm. Du wirst dich schon durchsetzen.«

»Ja, Meister. Aber wo finde ich ihn?«

»Er wohnt im Turm über dem Johannistor. Dort führt eine Treppe nach oben. Du kannst dich bei den Wachen erkundigen, ob er im Kerker oder in seiner Stube ist. Und nun geh!«

In der Küche fand Wenzel Frau Meike und Anna Katrijn.

»Der Meister schickt mich in den Kerker. Ich soll dem Magister Tinte, Papier und Feder bringen. Ich soll fragen, ob er noch einen Wunsch hat.« Wenzel hielt inne um die eigene Erregung zu verbergen.

Anna Katrijn ließ die Arbeit liegen. Sie lief hinaus um das Schreibzeug zu holen. Frau Meike, die mit ihren Heil- und Wundermitteln beschäftigt war, blickte nicht auf. Wenzel bat sie um einen Becher Wasser. Sie nickte nur stumm.

Er trank gierig. Die Anspannung und Aufregung hatten ihn durstig gemacht. Da war so viel, was er gern hinuntergeschluckt oder fortgespült hätte. Einen Augenblick lang überlegte er, ob er nicht jetzt schon durchs Stadttor verschwinden sollte. Das

Wiedersehen mit Benja würde wehtun. Da war er sich ganz sicher. Doch er entschied sich dagegen.

Anna Katrijn kam mit einem Päckchen zurück, das sie in ein Halstuch eingeschlagen und mit einem Band umschlungen hatte. »Es ist auch eine Kerze dabei«, sagte sie tonlos. »Sonst ist es zu dunkel dort unten.«

Wenzel nahm das Päckchen und ging. In der Judengasse schien das Leben ausgestorben zu sein, wie seit Tagen schon. An der Brücke kauerte die Alte, die sonst vor dem Hospiz um ihr tägliches Brot bettelte. Aus der Weinstube neben dem Johannistor klang Gelächter.

Der Aufstieg im Torbogen war eine Wendeltreppe. Bisher war sie ihm noch nicht aufgefallen, weil er immer nur abwärts in den Kerker gestiegen war. Er scheute sich, die Wachen nach dem Kerkermeister zu fragen. Wenn er ihn nicht fand, konnte er das immer noch tun.

Die Stufen in den Turm hinauf waren ebenso ausgetreten wie hinunter in den Kerker. Aber hier war es heller. Von oben fiel Licht in den engen, sich aufwärts windenden Treppengang. Wenzel stieg Stufe um Stufe hinauf, bis er vor einer Tür stand.

Er griff nach dem runden, eisernen Klopfer und schlug damit gegen das Holz. Die Schläge hallten dumpf und hohl von dem Gemäuer ringsum wider. Er klopfte ein zweites Mal, lauter und fester.

Es dauerte eine Weile, dann aber wurde die Tür aufgestoßen und das von Äderchen durchzogene Gesicht des Kerkermeisters erschien im Türrahmen. Er wirkte verschlafen oder betrunken oder beides. »Was störst du mich?«, knurrte er.

Wenzel hielt das Päckchen hoch. »Das ist Schreibzeug für den Gefangenen Benjamin Levin. Mein Meister befiehlt, dass Ihr mich zu ihm lasst.«

»Der Henker hat nichts zu befehlen. Wenn er was will, soll er selber kommen und nicht seinen Knecht schicken.« Der Ton des Kerkermeisters war grimmig.

»Ich bin nicht Knecht, sondern Lehrjunge bei Meister Hans«, sagte Wenzel, der hoffte, dass er damit etwas besser ankam.

»Was bist du?« Das gerötete Gesicht des Kerkermeisters kam ganz dicht heran. Seine Augen verengten sich. »Lehrjunge bist du?«, schrie er.

Wenzel wich einen Schritt zurück. »Was geht es Euch an? Schließt den Kerker auf.«

Der Kerkermeister ging nicht darauf ein. »Lehrjunge, so einer wie du!«, brüllte er Wenzel an. »Kommst einfach dahergelaufen und willst Nachfolger vom Scharfrichter werden!«

Nun erst begriff Wenzel, was den anderen so erboste. »Beruhigt Euch, Kerkermeister«, sagte er. »Ich verrate Euch etwas, ganz vertraulich. Aber schwärzt mich nicht bei meinem Meister an.«

»Willst du mich reinlegen?«

»Gott bewahre!«, beteuerte Wenzel. Er senkte die Stimme. »Ich will gar nicht Scharfrichter werden. Ich laufe weg. Bald schon. Aber jetzt müsst Ihr mir dafür den Gefangenen herausholen. Ich will nicht mit Euch streiten.«

Der Kerkermeister schnaufte wie ein Ochse. »Was geht mich der Jude an. Morgen baumelt er. Dann ist er weg. – Aber du willst wirklich kein Scharfrichter werden?«

Wenzel hob die Hand zum Schwur. »Gott ist mein Zeuge«, sagte er mit feierlicher ernster Miene.

Das schien den Kerkermeister zu überzeugen. »Begreife ich zwar nicht, aber was geht's mich an. Wenn du nicht Henker werden willst, soll's mir nur recht sein. Komm!«

Er wirkte jetzt zufrieden wie einer, der sich durchgesetzt hatte. Ohne weitere Umstände nahm er einen Schlüsselbund vom Haken neben der Tür und stieg in den Kerker hinunter.

Wenzel folgte ihm.

Vor dem vergitterten Verließ entzündete er eine neue Fackel an der alten, die nur noch matt glühte.

»Levin, wach auf«, rief er beinahe freundlich. »Du hast Besuch.«

Er schlug mit den Schlüsseln gegen die Eisenstäbe des Gitters. »Na, nun komm schon nach vorne. Raus lasse ich dich nicht, aber reden kannst du von mir aus.«

Aus der Tiefe des Gewölbes war Rascheln und Murmeln zu hören. Die Gefangenen erwachten aus ihrem dumpfen Dahindämmern. »Ist es so weit?«, fragte eine Stimme irgendwo in der Dunkelheit. »Sei froh. Lieber der Galgen als bei lebendigem Leib verfaulen.«

Es dauerte eine Weile, bis Wenzel hinter dem Gitter Benja erkannte. Er stieg über Gestalten hinweg, die am Boden lagen. Seine Füße waren nicht mit Eisen beschwert. Nur um seine Handgelenke war ein Strick gebunden, der ihm gerade genug Bewegungsfreiheit ließ um einen Suppennapf zu halten.

Als sie dann voreinander standen, nur durch rostige Stäbe getrennt, fiel es beiden schwer, etwas zu sagen.

Schließlich schob Wenzel das Päckchen, das er die ganze Zeit nicht losgelassen hatte, durch das Gitter.

»Dies schickt dir Meister Hans, damit du noch Briefe schreiben kannst. – Morgen wirst du und der andere geholt. Anna Katrijn hat alles für dich eingepackt.«

Benja hob die gebundenen Hände und nahm das Päckchen entgegen. Er drückte es an sich. »Wie soll ich in diesen Fesseln schreiben«, stöhnte er. »Sag der Henkerstochter, sag ihr von mir –« Benja brach ab. Der Kerkermeister stand neugierig hinter Wenzel, damit ihm ja nichts entging. »Sag ihr, ich kann jetzt nicht reden. Aber die Gedanken sind frei. Auch Kerkermauern können sie nicht bannen.«

»Was der noch für Sprüche macht«, höhnte der Kerkermeister. »Die Gedanken sind frei, dass ich nicht lache! Aber du nicht.«

Benja kam mit dem Gesicht ganz dicht an die Gitterstäbe. Er sah Wenzel fest an. »Ich habe getan, was ich vor meinem Gewissen tun musste. Sie werden mich dafür hängen. Aber die neue Zeit können sie nicht mehr aufhalten. Die Freiheit siegt auch ohne mich.«

»He, du Jud, fang nicht schon wieder einen Aufstand an«, knurrte der Kerkermeister. »Du kannst es wohl gar nicht abwarten an den Galgen zu kommen.«

Hinter Benja murmelte eine Stimme: »Freiheit ist ein Witz.«

»Freiheit, ein Witz?«, empörte sich ein anderer Gefangener. »Versündige dich nicht. Freiheit ist heilig.«

»Freiheit, Freiheit, Freiheit!«, fing ein Dritter an und brach in schrilles Gelächter aus.

»Maul halten, da hinten!«, donnerte der Kerkermeister. »Freiheit gibt's hier nicht. Hat euch der Jude etwa den Kopf verdreht?«

Die Gefangenen scharrten mit den Füßen. Das Gemurmel schwoll an. Hinter Benja erschienen ausgemergelte Gestalten. Hände umklammerten die Stäbe und rüttelten daran. Ehe Wenzel überhaupt begriff, was geschah, brach ein Tumult aus. Doch der Kerkermeister brüllte ihn nieder. Er nahm die Peitsche vom Tisch und stieß Wenzel zur Seite.

Benja zog sich in die Dunkelheit zurück. Die Gefangenen verstummten so plötzlich wie sie aufbegehrt hatten.

Als Wenzel wieder das Tageslicht sah, wurde ihm bewusst, dass er sich nicht von Benja verabschiedet hatte. Es war so ganz anders gekommen, als er es sich gewünscht hätte. Nicht ein vertrauliches Wort war möglich gewesen.

Wie er den Kerkermeister hasste! Die Welt war voll von solchen Kreaturen. Er dachte an die Zeit, in der er selber eingesperrt war bei dem Alten. Wie billiges Vieh hatte der ihn verschachert. Laurenz und Jakob waren auch nicht besser. Aber es gab auch Menschen wie Benja.

Wenzel blieb auf der Gasse stehen und schaute sich nach dem Turm um, der sich über dem Kerker erhob und durch dessen Tor gerade ein Pferdefuhrwerk aus der Stadt rollte. Er blickte dem Wagen nach, bis er verschwunden war. Bald würde er auch wieder da draußen auf der Landstraße sein. Und das war dann wohl die Freiheit. Für ihn jedenfalls. Wenn er nur Benja mitnehmen könnte. Flucht aus dem Kerker! Unter dem fahrenden Volk machten solche Geschichten schnell die Runde. Wer das von sich behauptete und als Beweis entsprechende Narben vorzeigen konnte, war immer willkommen bei den Lagerfeuern am Rande der Rummelplätze oder in den Kaschemmen entlang der Heerstraßen. Er hatte welche getroffen, die dem Galgen entkommen waren.

Jemand rempelte ihn an, weil er wie versteinert auf der Gasse stand und den anderen den Weg versperrte. Wenzel nahm es kaum wahr. Flucht aus dem Kerker. Der Gedanke hatte sich in seinem Kopf festgesetzt, so plötzlich und so heftig, dass er für einen Augenblick vergaß, wo er war. Langsam ging er weiter, merkte es gar nicht, sah auch nicht den Blick des anderen, der ihn angerempelt hatte. Erst vor der Kirche tauchte er wieder aus seinen Gedanken auf und wunderte sich, dass er schon hier war. Ein Mönch hielt das Portal für zwei vornehme Damen auf, die mit ihren weiten langen Mänteln über die Stufen wischten. Die treffen sich mit dem Gott der reichen Leute, kam es Wenzel in den Sinn. Er dachte es ohne Verbitterung, wunderte sich nur über diesen komischen Einfall. Ob es auch einen Gott für die auf der Landstraße gab? Oder hatte Gott zwei Gesichter? Eins für die Reichen und eins für die Armen? Ich jedenfalls gehöre nicht zu denen, die in der Kirche willkommen sind. Morgen früh, wenn es hell wird, kann Gott mir zeigen, ob er auch die Armen und Verfolgten sieht.

Als er ins Henkershaus kam, wartete Anna Katrijn schon ungeduldig an der Tür auf ihn. »Konntest du ungestört mit ihm reden?«, flüsterte sie. »Hat er dir etwas für mich aufgetragen? Wenzel, bitte, du musst mir alles ganz genau erzählen.«

»Anna Katrijn!«, Frau Meike rief fordernd aus der Küche. »Wo bleibst du?«

Anna Katrijn stöhnte leise und wendete sich mit einer gereizten Geste um. Doch Wenzel packte sie am Arm und hielt sie zurück.

»Wenn es morgen hell wird, muss ein Reisewagen an der Stelle warten, wo der Weg oberhalb der Stadtmauer auf die Landstraße nach Ryssbach trifft. Du musst es den Juden sagen!« Er ließ sie los. »Frag nicht, geh zu deiner Mutter und lass dir nichts anmerken.«

Sie begriff sofort, dass er ihr Ungeheuerliches anvertraut hatte. Auch wenn sie nicht ahnte, was dahinter steckte, begann sie doch sofort zu hoffen. Sie stieß die Küchentür auf. »Wenzel ist aus dem Kerker zurück«, rief sie leichthin. Und dann zu ihm gewandt: »Hat der Magister sich über das Schreibzeug gefreut?« Sie gab ihrer Stimme einen so harmlosen Klang, dass ihre Mutter sie erstaunt ansah.

»Der Magister will noch die ganze Nacht Briefe schreiben«, behauptete Wenzel. »Er sieht dem Tod gefasst entgegen. Es tut ihm nicht Leid, was geschehen ist.«

Frau Meike fuhr zu ihm herum. »Hör auf, solchen Unsinn zu reden! Er will leben wie jeder Mensch. Alles andere ist Lüge. Und du, Anna Katrijn, versuche nicht, mir etwas vorzumachen. Glaubst du, ich weiß nicht, dass du den Magister gern hast? Diese Hinrichtung ist ein Unglück für uns alle. Wie soll ich künftig Meister Isaak begegnen und den andern aus unserer Gasse? Niemand will, dass Benjamin Levin gehenkt wird. – Und nun genug davon. Kein Wort mehr!«

Sie zog einen rußgeschwärzten Topf von der Ofenkante. »Scheuer ihn blank!«, befahl sie Anna Katrijn. »Arbeit ist gut gegen trübe Gedanken. Wenzel, du gehst zum Holzhacken. Und kein Getuschel auf dem Flur! Der Magister hat sich selbst an den Galgen gebracht. Nun wird geschehen, was geschehen muss.«

Wenzel verzog sich in den Schuppen um im letzten Dämmerlicht noch ein paar Kloben zu zerkleinern. Er strengte sich nicht sonderlich dabei an. In Gedanken war er noch immer bei dem Gott mit den zwei Gesichtern und bei Benja.

Als es zu dunkel geworden war, ging er ins Haus zurück. Meister Hans saß in seiner Stube. Wenzel wartete darauf, dass der Henker ihn zu sich rief um zu erfahren, wie es mit dem Kerkermeister abgelaufen war. Aber Meister Hans verlangte nicht nach ihm. Wenzel war froh darüber.

Frau Meike wirbelte durchs Haus als erwarte sie Gäste. Sie hielt auch Anna Katrijn auf Trab. Dennoch gab es ein paar unbewachte Augenblicke.

»Hat deine Mutter ein Schlafmittel? Kannst du Jakob davon etwas in die Suppe streuen?«, fragte Wenzel. »Ich brauche auch eine Stalllaterne.«

Anna Katrijn blickte auf die Sammlung von Fläschchen und Gläsern ihrer Mutter und nickte. »Halt sie irgendwie in der Stube oder auf dem Flur auf.«

Sofort liefen sie wieder auseinander um keinen Verdacht zu erregen.

Wenzel holte aus dem Schuppen ein paar Mäuseködel, die es dort genug gab. Heimlich streute er sie in den Flur. Dann ging er zu Frau Meike.

»Frau Meisterin, ich habe da was unter den Füßen gespürt, dort, an der Treppe.«

»Mäuse im Haus!« Die reinliche Frau Meike war außer sich und suchte gleich nach weiteren verdächtigen Spuren der Nager. »Immer wieder versuchen die Biester ins Haus zu kommen«, schimpfte sie. »Wir müssen uns wieder eine Katze zulegen.«

Anna Katrijn blieb derweil in der Küche, damit das Essen nicht anbrannte. Als Jakob an die Tür klopfte, gab sie ihm die Suppe.

Etwas später stellte sie auch Wenzel sein Essen hin. Leise fragte sie: »Was hast du vor? Sag es mir. Du weißt, dass ich dich nicht verrate.«

Doch er schüttelte den Kopf. »Frag nicht. Kümmere dich um den Reisewagen. Wenn es nicht klappt, komme ich auch an den Galgen.«

»Hast du Angst?«

Er sah sie an. »Wenn ich daran denke, werde ich verrückt. Also lass mich in Ruhe mit deinen Fragen.«

Anna Katrijn lächelte. »Du bist ein Rebell. Genau wie er.«

Dann redeten sie nicht mehr miteinander. Sie fühlten den Abschied. Doch weil alles so ungewiss war, wagten sie nicht davon zu sprechen.

Kurz vor dem Bibellesen holte Anna Katrijn die Laterne aus dem Stall. Sie war arg schmutzig und verrußt. Anna Katrijn machte sich daran sie zu putzen und neu mit Tran zu füllen. Noch ehe sie ganz fertig war, rief Meister Hans aus der Stube. Die Lampe blieb achtlos auf dem Küchentisch stehen.

Wenzel legte sich auf seinen Strohsack. Es gab nichts mehr zu tun.

Als die Glocke der Kirchturmuhr die vierte Stunde des neuen Tages anschlug, erhob er sich von seinem Lager. Er zog die Jacke an, die unter seinem Kopf gelegen hatte und stieg in die Stiefel. Er legte noch einmal Holz im Herd nach, wartete bis die Glut aufflammte und nahm dann einen glimmenden Span, um den Docht in der Lampe zu entzünden. Als er sie zu sich heranzog, sah er den Taler, den Anna Katrijn darunter versteckt hatte. Er freute sich. Ein Gulden, ein Taler und ein Kreuzer! Ein gutes Reisegeld. Unerwartet ergriff ihn Abschiedsschmerz, als er an Anna Katrijn dachte. Doch er verscheuchte ihn ganz schnell, steckte noch ein Küchenmesser ein, nahm die Laterne und ging.

Draußen war es stockfinster. Im Hof knirschte der Sand leise unter seinen Sohlen. Die Gasse hinunter ging er schneller, ohne sich noch einmal umzuschauen, obwohl ihm ein Kribbeln im Nacken saß. Es war geisterhaft still. Kein Wind regte sich. Die letzten Zecher lagen irgendwo um ihren Rausch auszuschlafen, und die ersten Frühaufsteher waren noch nicht unterwegs.

Am meisten Angst hatte Wenzel vor den Scharwächtern, die jeden gleich festnahmen. Es war verboten um diese Zeit auf der Straße zu sein. Wenn ihn bloß nicht das Licht verriet! Er hätte den Weg auch ohne Lampe gefunden. Doch im Turm brauchte er sie.

Von seinem eigenen Herzklopfen getrieben, erreichte er die Johannisgasse, die geradewegs auf das Tor zu führte. Die Laterne verdeckte er mit der Jacke, so gut es ging.

Das Tor war geschlossen. In der Wachstube brannte kein Licht. Doch Wenzel wusste, dass ein Wächter da drinnen vor sich hin döste oder schlief und leicht munter werden konnte. Er leuchtete den Torbogen aus, bis er die Treppe sah. Langsam stieg er hoch, bemüht, auf den Stufen nicht zu stolpern. Er hielt verkrampft die Lampe hoch. Ein kalter Wind blies durch eine der Schießscharten. Eine Eule flatterte auf, vom Licht geblendet. Wenzel stieg weiter, bis er vor der Tür des Kerkermeisters stand. Mit klammen Fingern griff er nach dem Türklopfer. Die Schläge hallten dumpf und hohl. Irgendwo oben schrie die Eule. Er klopfte ein zweites Mal, heftiger und länger, versuchte es auch mit der Faust, aber der eiserne Türklopfer war lauter.

Weil sich drinnen nichts rührte, presste er den Mund gegen den Türspalt und rief: »Kerkermeister, macht auf! Hört Ihr nicht? Aufmachen!«

Noch immer regte sich nichts. Um ihn herum die entsetzliche Stille. Und da oben die Eule, die kein gutes Vorzeichen war. Jeder Schlag gegen die Tür dröhnte. Wieder bewegte Wenzel den Klopfer. Da fiel drinnen etwas um.

Wenzel war auf einen Wutausbruch des Kerkermeisters gefasst. Doch der schlotterte. Sein schlaftrunkenes Gesicht wirkte blöde. »Feuer?«, stammelte er. »Wo?«

»Nein, kein Feuer. Die Hinrichtung eilt. Meister Hans schickt mich«, stieß Wenzel hervor. »Ihr müsst den Kerker öffnen und mir die zwei übergeben, die heute gehenkt werden. Jetzt, sofort!«

Dem Kerkermeister klappte der Unterkiefer herunter und er sah noch blöder aus.

»Wacht auf!« Wenzel versuchte Selbstsicherheit vorzutäuschen. »Habt Ihr denn nichts davon gehört, dass die Aufrührer vor Tagesanbruch an den Galgen kommen?«

»Vor Tagesanbruch?«, nuschelte der Kerkermeister und kratzte sich im Nacken.

Wenzel zitterte und hatte Mühe seine Aufregung zu verbergen. Er redete weiter: »Der Vogt und der Rat haben es so beschlossen. Es soll eine heimliche Hinrichtung werden, damit es nicht noch einmal zu einem Aufstand kommt. Der Jude ist gefährlich. Denkt doch nur, was gestern im Kerker los war. Und im Volk braut sich etwas zusammen. Dem Rat ist da was zu Ohren gekommen. Aber natürlich muss das alles ganz geheim bleiben. Das versteht Ihr doch, Kerkermeister! Deshalb kommen Benjamin Levin und Peter Holzapfel vor Tagesanbruch an den Galgen. Nun beeilt Euch. Ich habe eine Ewigkeit an Eure Tür geklopft.«

Allmählich wurde der Kerkermeister munterer. Er rülpste. »Der Vogt und der Rat, sagst du? Noch nie sind zwei im Morgengrauen gehenkt worden. Die Leute sollen doch was zu sehen kriegen.«

»Habt Ihr denn nicht zugehört? Es gibt da Gerüchte, dass die beiden Aufrührer befreit werden sollen. Deshalb muss die Hinrichtung schnell geschehen, noch vor Tagesanbruch. Die Menschen können sich danach an den Gehenkten ergötzen. So ist es beschlossen worden«, sagte Wenzel. »Natürlich alles im Geheimen.«

Der Kerkermeister kratzte sich nun mit beiden Händen. »Das alles passt mir gar nicht. Im Geheimen an den Galgen? Das hat's noch nie gegeben«, knurrte er. »Wo ist der Henker?«

»Er wartet am Büßertor.«

Der Kerkermeister kniff die Augen zusammen. »Du willst mich reinlegen, du lausiger Schinderhannes. Die Sache stinkt. So läuft keine Hinrichtung ab.«

Wenzel stellte die Laterne auf den Boden, weil ihr Schein seine eigene Angst übergroß an den Wänden erzittern ließ. »Ich tu, was Meister Hans von mir verlangt. Aber nicht mehr lange. Das wisst Ihr doch. Verratet mich bloß nicht. Ihr könnt Euch beim Rat beschweren, weil mein Meister Euch nicht eher was von der Sache gesagt hat. Wir wissen es nämlich schon seit gestern. Wenn der Henker einen Fehler gemacht hat, kann das Euer Schaden nicht sein.«

Nun war der Kerkermeister wirklich munter. »So steht die Sache also«, knurrte er. »Dein hochnäsiger Meister hält es nicht für nötig mit mir zu reden. Der nimmt sich verdammt viel heraus. Ich weiß schon, was ich dem Rat sage.«

Er stieß Wenzel zur Seite. »Du, Bürschchen wirst jedenfalls nicht Henker von Steinweiler«, drohte er. »Mitten in der Nacht Gefangene abholen! Steht das irgendwo im Gesetz?« Weiter vor sich hin schimpfend tastete er sich mit einer Hand an der Mauer die Treppe hinunter. Wenzel bemühte sich, ihm zu leuchten. Aber der Kerkermeister schien jede einzelne Stufe zu kennen. Er brauchte kein Licht.

»Benjamin Levin, Peter Holzapfel«, brüllte er, dass es von den Kerkerwänden hallte. »Raus mit euch, ihr Ratten! Es geht an den Galgen.« Er schlug mit dem Schlüsselbund gegen die Gitterstäbe, dass es schepperte und dröhnte. »Nun los! Wenn ihr baumelt, könnt ihr weiterschlafen.«

Der Kerkermeister zerrte die beiden Gefangenenn heraus. »So, ihr Galgenvögel, ab mit euch. Wenn ihr unterwegs Schererei macht, reiße ich euch die Fetzen vom Leibe und ihr hängt nackt im Wind.«

Er spuckte Benja an. Dann nahm er einen Strick von der Wand und fesselte beide Gefangenen aneinander. Er band ihnen auch die Füße, sodass sie nur kleine Schritte machen konnten.

»Da hast du das Pack«, sagte er dann zu Wenzel. »Ich werde mich beim Rat beschweren. Mir kann man nichts vorwerfen. Du bist mein Zeuge!«

Wenzel sagte nichts. Er schob die Gefesselten vor sich her die Treppe hinauf. In der Gasse war es noch dunkel, aber eine Ahnung vom Tage lag bereits in der Luft. Kaum waren sie einige Schritte vom Turm entfernt, löschte Wenzel schnell die Laterne. Dann zog er das Messer hervor und zerschnitt die Fesseln.

Er musste Peter Holzapfel stützen, der offensichtlich Schmerzen in einem Bein hatte. Beide Gefangenen waren erschöpft und fiebrig von der Kerkerhaft. Doch die Hoffnung setzte ungeahnte Kräfte in ihnen frei. Sie sprachen kein Wort. Fragten nichts. So verwirrend ihnen das alles vorkam. Sie wollten nur dem Tod entkommen.

Als sie die Brücke erreichten, schlug die Uhr fünfmal.

Die Judengasse hinauf keuchten sie, doch Wenzel zog sie weiter.

Um das Büßertor zu öffnen, waren kräftige Männerhände nötig. Wenzel zog mit aller Kraft einen Schnapphebel zurück. Ein harter metallischer Klick, dann sprang das Schloss auf. Mit wenigen Schritten waren sie aus der Stadt. Wenzel drückte das Tor wieder zu.

Nun tasteten sie sich den holprigen Weg oberhalb der Stadtmauer hinauf. Es war beschwerliches Gehen und sie kamen viel zu langsam vorwärts. Äste und Steine lagen herum. Der geschmolzene Schnee hatte Geröll von den Hängen gespült. Als sie fast die Höhe erreicht hatten, färbte sich der Himmel grau. Wie ein schwarzer Scherenschnitt hob sich der Galgen davor ab.

Sie blieben in dem Hohlweg, der hier stark von Karrenspuren zerfurcht war. Über ihnen der Galgen wie eine Mahnung. Das Sonnenlicht kam schnell. Ein klarer kalter Tag kündigte sich an.

Als sie den höchsten Punkt erreicht hatten, verschnauften sie einen Augenblick. Sie keuchten alle drei. Doch noch waren sie nicht in Sicherheit und Wenzel drängte: »Wir müssen weiter.«

Der Weg führte nun abwärts. Das Gehen fiel ein wenig leichter. Nur Peter hinkte immer mehr, obwohl Benja und Wenzel ihn abwechselnd stützten.

Plötzlich hielten sie inne. Ein Geräusch. Und vor ihnen, von jungen Fichten gut verborgen, ein Wagen. Zwei Pferde davor und ein Mann, der zu ihnen hinschaute.

»Da ist Jonas, der Kutscher von Onkel Aaron!« Benja schrie es fast und stürzte, lief, taumelte dem Mann entgegen. »Jetzt glaube ich doch noch an die Freiheit«, schluchzte er.

Sie stolperten die letzten Schritte wie Betrunkene, wie Kranke, denen die Sinne schwanden. Der Kutscher musste ihnen in den Wagen helfen.

»Wohin soll die Fahrt nun gehen?«, fragte er, ohne eine Regung zu zeigen. Ganz der Kutscher feiner Herrschaften.

»Nach Bonn«, entschied Peter ohne nachzudenken. »Dort weiß ich eine Adresse, wo wir uns ausruhen können und erst mal in Sicherheit sind.«

Jonas nickte kaum merklich und trieb die Pferde an.

Dorothea von Stetten

Dorothea von Stetten war eine Frau im reifen Alter, die von dem unerschütterlichen Glauben erfüllt war, dass man die Ungleichheit in der Welt mit gutem Willen und Herzlichkeit abschaffen könnte. Freundschaft hieß ihr Zauberwort. Ihr ganzes Denken und Handeln war darauf ausgerichtet Freundschaften zu schließen. Über alle Grenzen und Schranken hinweg. Sie schrieb leidenschaftlich gern Briefe, oft ein halbes Dutzend am Tag, und ebenso leidenschaftlich empfing sie Gäste in ihrem Bonner Salon. Je ausgefallener und internationaler die Gesellschaft war, die sich zusammenfand, desto glücklicher war die Gastgeberin.

Als an diesem späten Vormittag eine Kutsche vor ihrem Haus hielt, aus der drei Gestalten stiegen, die keineswegs so aussahen, als könnten sie sich einen gefederten Reisewagen samt Kutscher leisten, überraschte sie das nicht. »Freunde«, seufzte sie, erschrak dann aber sehr, als sie das bleiche, verschmutzte Gesicht Peter Holzapfels erkannte.

Sie eilte vor die Tür. »O, mein Lieber, hat man Euch wieder aus einer Studentenkneipe hinausgeworfen, weil der neue Geist nicht in alte Holzköpfe passt?«, fragte sie.

»Schlimmer! Wir sind mit knapper Not dem Galgen entkommen. Darf ich Euch Wenzel aus Prag vorstellen und Benjamin Levin, ein Gelehrter, der in Paris studiert hat.«

»Mein Haus steht Euch offen«, sagte Frau von Stetten schlicht.

Sie wies sofort eine Magd an warmes Wasser bereitzustellen

und frische Kleidung für Benja und Peter zu holen. Aus ihrer Hausapotheke nahm sie duftendes Öl für die Wunden und Schrunden, die von der Kerkerhaft herrührten. Eigenhändig legte sie einen Essigverband um Peters geschwollenen Knöchel. Dann ließ sie ein Frühstück auftischen, das allen dreien fürstlich vorkam.

Nachdem sie die aufregende Geschichte der Verhaftung und Befreiung erfahren hatte, schwieg sie eine Weile, sichtlich bewegt über den drohenden Tod, dem Peter und Benja mit knapper Not entkommen waren. Gerührt nahm sie Wenzels Hände zwischen ihre.

»Du bist ein wunderbarer Mensch«, sagte sie. »Ein wahrer Held.«

Wenzel wurde rot bis über die Ohren. Niemals hatte jemand so etwas zu ihm gesagt. Er entzog ihr seine Hände und ging rückwärts zum Fenster um ein wenig Abstand zu der Dame zu bekommen. Dabei stieß er gegen ein zierliches Tischchen, das mitten im Zimmer stand. Er kam sich wie ein Tölpel vor. Unten im Hof tränkte der Kutscher die Pferde. Wie gern hätte Wenzel ihm geholfen, statt in diesem Salon eingepfercht zu sein, wo einem die Möbel den Weg versperrten und man nicht wusste, was man sagen sollte.

»Werden wir lange bleiben?«, murmelte er.

»Ich würde gern noch mehr aus deinem aufregenden Leben erfahren«, erwiderte Frau von Stetten. »Doch man wird euch auf die Spur kommen. Ihr müsst für eine Weile ins Ausland gehen.«

»Nach Prag!«, rief Wenzel.

»Nach Paris«, sagte Benja. »Mit den Pferden meines Onkels können wir in zwei Tagen schon in Frankreich sein.«

Peter, der erschöpft und wortkarg im Sessel zusammengesunken war, wurde munter. »Paris! Ja, da komme ich mit. Ich bin es Leid, mich bei diesen Spießbürgern um Leib und Leben zu bringen. Lasst uns heute noch aufbrechen.«

Auch Frau von Stetten stimmte zu. »Paris ist voller Lebendigkeit. Ihr werdet den neuen Geist überall spüren. Unter der Stadt scheint ein Pulverfass zu liegen, das jederzeit explodieren kann. Glaubt nur nicht, dass es in Paris überall brüderlich zugeht. Aber man spürt die Veränderung wenigstens. Hier ist noch kaum etwas in Bewegung geraten. Ich werde Euch Briefe an Freunde mitgeben, die Euch Zugang zu den dortigen Salons verschaffen. Und du Wenzel? Willst du wirklich nach Prag?«

Er konnte nicht gleich antworten. Sein Herz zog sich zusammen bei dem Gedanken, Benja, der ihm so viel bedeutete, zu verlassen. Die Angst, die er ausgestanden hatte vor der Unberechenbarkeit der Umstände – Jakob, der Kerkermeister, das nicht verschlossene Büßertor, es kam ihm jetzt wie Wahnsinn vor, was er getan hatte. Und auf einmal war alles zu Ende. Benja brach nach Paris auf. Der Abschied hatte gewissermaßen schon begonnen.

Wenzel wollte nicht nach Frankreich. Das wusste er genau. Er war lange genug umhergeirrt. Oft, wenn es ihm besonders schlecht ergangen war, hatte nur der übermäßige Wunsch, wieder nach Hause zu kommen, ihn am Leben gehalten. Was immer von seinem Zuhause übriggeblieben sein mochte, es lag in Prag. Dort gehörte er hin, dort war er kein Leibeigener, kein Schinderhannes, kein Fremder. Außerdem wollte ihm Anna Katrijn einen Brief schreiben und an die Jesuitenschule schicken. Wenn sie wirklich fortlief um nicht Henkersfrau zu werden, und es ihr in Berlin nicht gefiel, dann konnte er sie nach Prag holen. – Vielleicht, wenn sie wollte, wenn nichts dazwischenkam.

»Ich gehöre nach Prag«, sagte Wenzel. »Es wird Zeit, dass ich nach Hause komme.«

Eine lange Pause entstand.

Oberst von Stetten, der sich bisher nur kurz hatte blicken lassen, trat ins Zimmer. Im Gegensatz zu seiner lebhaften Frau war er behäbig, nüchtern, sachlich.

»So ernste Gesichter?«, wunderte er sich. »Mir scheint, ich komme ungelegen.«

»Im Gegenteil, wir brauchen deinen Rat«, sagte Frau von Stetten. »Peter Holzapfel und Herr Levin werden gleich nach Frankreich weiterreisen. Aber der Junge hier? Er ist aus Böhmen und will nach Prag.«

»Nun denn!«, sagte der Oberst. »Warum nicht? Wo liegt das Problem?«

»Er hat weder Pferd noch Wagen«, gab seine Frau zu bedenken. »Auf der Landstraße wird man ihn aufgreifen und nach Steinweiler zurückbringen. Dort erwartet ihn die Hinrichtung.«

Der Oberst reckte das Kinn vor und schritt im Zimmer auf und ab. »Ein taktisches Problem«, überlegte er laut. »Er muss dem Feind unerkannt entkommen. Gute Tarnung also.« Er marschierte weiter auf und ab. Dann blieb er vor seiner Frau stehen. »Unser Freund, Professor Hofstaden«, sagte er und sah sie erwartungsvoll an. »Wittenberg, erinnerst du dich? Das Treffen der Philosophen an der Universität dort. Ein Diener für Hofstaden wäre nicht schlecht. Wenn mich meine Kenntnisse nicht täuschen, kann man von Wittenberg aus mit dem Schiff nach Prag fahren.«

Benja sprang auf. »Wenzel wäre ein großartiger Reisebegleiter«, rief er. »Er ist Jesuitenschüler und hat bei mir ein wenig die Philosophie studiert. Nur der Krieg hat ihn zu dem gemacht, was er jetzt ist.«

Frau von Stetten strahlte. »Ich werde unserm Freund Hofstaden sofort schreiben. Die Magd kann ihm den Brief überbringen und gleich auf Antwort warten.«

Sie eilte hinaus.

»Das Briefschreiben ist sehr in Mode gekommen, seit die Postillone hin- und herjagen«, sagte der Oberst. »Selbst nach Polen und Russland kann heutzutage jeder Depeschen schicken. Großartig, dieser Fortschritt!« Zu Wenzel gewandt fügte er hinzu: »Hofstaden ist ein Kauz. Er redet unaufhörlich und lässt seine Sachen überall liegen. Aber gutmütig, das muss man sagen.«

Dann entschuldigte er sich bei seinen Gästen. Er wolle dem Kutscher erklären, wie er am schnellsten aus Bonn hinaus auf die Straße nach Trier komme. Von dort sei es nur noch ein Katzensprung bis zur Grenze.

Als Oberst von Stetten das Zimmer verlassen hatte, trat eine bedrückende Stille ein. Der Augenblick des Abschieds war nun endgültig gekommen.

Benja kam zu Wenzel ans Fenster. Beide sahen in den Hof hinunter, wo die Kutsche bereit stand zur Weiterreise. Die Pferde schüttelten ihre Mähnen.

»Sei nicht traurig«, sagte Benja. »Wir werden Freunde bleiben und uns schreiben. Über Daniel können wir unsere Adressen austauschen.«

»Hm«, Wenzel nickte.

»Es ist noch ein langer Weg, bis alle Menschen in Frieden und Gerechtigkeit miteinander auskommen werden«, fuhr Benja fort. »Im Kerker habe ich mich manchmal gefragt, ob es diese neue Zeit überhaupt einmal geben wird. Vielleicht ist das nur ein Traum von ein paar unverbesserlichen Philosophen, Spinnern, Weltverbesserern wie uns. Aber so lange es Menschen gibt, die daran glauben, dass dieser Traum irgendwann einmal Wirklichkeit wird, lohnt es sich zu leben.«

Er umarmte Wenzel. Dann wandte er sich ab und folgte Peter Holzapfel, der schon hinausgegangen war.

Köln - Leipzig und zurück

Nina Rauprich
Köln - Leipzig und zurück
168 Seiten, ab 12 Jahre

ISBN 3-7707-3099-2

»Liebe Kai!
Jetzt bin ich aber froh, dass ich angerufen habe.
Mulmig war mir schon, weil ich nicht wusste,
ob du mir ratz-fatz was um die Ohren knallst
und dann auflegst. Langsam fange ich an zu
begreifen, dass deine Familie und all die anderen
bei euch eine große Umstellung durchgemacht
haben. Wenn man das selbst nicht miterlebt hat,
sollte man darüber besser nicht urteilen.
Gruß und Kuss von Tina «

Eine Annäherung zwischen Ost und West über
zehn Jahre nach der Wiedervereinigung aus der
Sicht zweier Mädchen: Vorurteile und
Unwissenheit werden abgebaut. Und alles hat
plötzlich zwei Seiten.

ELLERMANN VERLAG

Dunkle Geheimnisse, gefahrvolle Reisen, interessante Entdeckungen – Spannende Abenteuerromane von Rainer M. Schröder

Für Leser ab 12

ABBY LYNN -
Verbannt ans Ende der Welt
OMNIBUS Nr. 20080

ABBY LYNN -
Verschollen in der Wildnis
OMNIBUS Nr. 20346

GOLDRAUSCH IN KALIFORNIEN
OMNIBUS Nr. 20103

DIE IRRFAHRTEN DES DAVID COOPER
Eine abenteuerliche Schatzsuche
OMNIBUS Nr. 20061

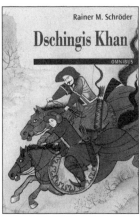

DSCHINGIS KHAN -
König der Steppe
OMNIBUS Nr. 20050

ENTDECKER, FORSCHER,
ABENTEURER
OMNIBUS Nr. 20619

DAS GEHEIMNIS DER WEISSEN
MÖNCHE
OMNIBUS Nr. 20428

SIR FRANCIS DRAKE
Pirat der sieben Meere
OMNIBUS Nr. 20126

Der Taschenbuchverlag für Kinder und Jugendliche von Bertelsmann

Ralf Isaus Neschan-Trilogie
Ein Meisterwerk der phantastischen Literatur

Für Leser ab 12

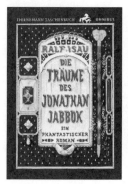  

OMNIBUS Nr. 26002   OMNIBUS Nr. 26012   OMNIBUS Nr. 26020

Der König sprach: »Ich will einen Verwalter zum Fürsten eures Landes senden, mit meinem Zepter in der Hand, damit eine jede Seele ihn erkenne. Er soll meinen Gesetzen Recht verschaffen und den Fürsten tadeln, auf dass er umkehre von seinem verkehrten Wege.«

Die Tränenland-Prophezeiung

Jonathan besucht in seinen Träumen das geheimnisvolle Land Neschan. Immer mehr wird er in die Ereignisse, die diese phantastische Welt erschüttern, hineingezogen. Ist er der Auserwählte – der Einzige, der Neschan von den Mächten der Finsternis erlösen kann?

»Prächtiger Lesestoff ... Ralf Isau erzählt von der ersten bis zur letzten Seite spannend und kompakt.«

Stuttgarter Nachrichten

Thienemann Taschenbuch bei OMNIBUS

Als Kind wird Animur auserwählt, ins Mala-Kloster aufgenommen zu werden – ein großes Glück für den Sohn armer Ackerbauern. Doch eine Reihe merkwürdiger Unglücks- und Todesfälle zerstört das besinnliche Klosterleben. Hat der Großkhan hier seine Hände im Spiel, der wegen einer geheimnisvollen Prophezeiung um seine Macht fürchtet? Für Animur beginnt ein gefährliches Abenteuer.

Max Kruse
DER AUSERWÄHLTE
Für Leser ab 12 Jahre

OMNIBUS Nr. 20000

Der Taschenbuchverlag für
Kinder und Jugendliche von Bertelsmann

Abenteuer in Nordamerika
Für Leser ab 12

Vier Jahre ist es her, dass Charlie Browns Vater auf ungeklärte Weise in den Zuckerrohrfeldern Floridas ums Leben kam. Da kreuzt Privatdetektiv Kevin Mack auf Jamaica auf. Er hat den Auftrag, den Tod einer Studentin aufzuklären, die sich gegen die ausbeuterischen Methoden eben jener Gesellschaft energisch einsetzte, für die Charlies Vater gearbeitet hatte. Mack braucht einen Partner und überredet Jamaica Charlie Brown, sich als Schnitter anstellen zu lassen.

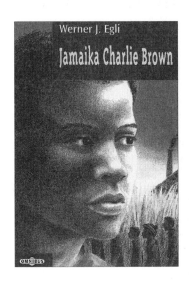

Werner J. Egli

JAMAICA CHARLIE BROWN

OMNIBUS Nr. 20038

Der Taschenbuchverlag für
Kinder und Jugendliche von C. Bertelsmann

»Ein Buch, das jeden eingeschworenen Joan-Aiken-Fan begeistern wird!« *Eselsohr*

London, Ende des 19. Jahrhunderts. Immer mehr Kinder verschwinden auf geheimnisvolle Weise aus der Stadt. Niemand weiß warum, und niemand weiß wohin. Als schließlich auch der Cousin von Isa Twite vermisst wird, beschließt sie, der Sache auf den Grund zu gehen, und tritt eine abenteuerliche Reise ins Ungewisse an.

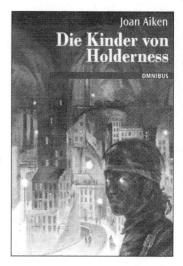

Joan Aiken

DIE KINDER VON HOLDERNESS
Für Leser ab 12

OMNIBUS Nr. 20605

Der Taschenbuchverlag für
Kinder und Jugendliche von Bertelsmann